# 国际货运代理实务

主　编　陶春柳

副主编　刘　浩　胡　佳

参　编　李　华

北京理工大学出版社
BEIJING INSTITUTE OF TECHNOLOGY PRESS

**图书在版编目（CIP）数据**

国际货运代理实务 / 陶春柳主编 . —北京：北京理工大学出版社，2017.7
ISBN 978 - 7 - 5682 - 3662 - 1

Ⅰ.①国…　Ⅱ.①陶…　Ⅲ.①国际货运 – 货运代理 – 高等学校 – 教学参考资料
Ⅳ.①F511.41

中国版本图书馆 CIP 数据核字（2017）第 023354 号

出版发行 / 北京理工大学出版社有限责任公司
社　　址 / 北京市海淀区中关村南大街 5 号
邮　　编 / 100081
电　　话 / （010）68914775（总编室）
　　　　　　（010）82562903（教材售后服务热线）
　　　　　　（010）68948351（其他图书服务热线）
网　　址 / http：//www.bitpress.com.cn
经　　销 / 全国各地新华书店
印　　刷 / 北京国马印刷厂
开　　本 / 787 毫米 × 1092 毫米　1/16
印　　张 / 16.5　　　　　　　　　　　责任编辑 / 武丽娟
字　　数 / 389 千字　　　　　　　　　文案编辑 / 武丽娟
版　　次 / 2017 年 7 月第 1 版　2017 年 7 月第 1 次印刷　责任校对 / 周瑞红
定　　价 / 58.00 元　　　　　　　　　责任印制 / 李志强

本书遵循教育部职业教育改革的原则，内容的设置以就业为导向，紧扣专业课程教学大纲的要求，从职业岗位及岗位群对技能要求的实际出发，具有实用、管用、够用的特色。内容主要包括国际货运代理企业建立、国际贸易基础知识认知、国际海运出口货运代理、国际海运进口货运代理、国际航空出口货运代理、国际航空进口货运代理、国际多式联运、货运事故与索赔等八个项目。

本书在编写过程中力求突出以下几个方面的特点：

（1）采用任务驱动、项目导向的教学模式。全书以项目细分任务来诠释国际货运代理的理论和操作经验，每个项目以实际业务作为背景，引出若干相关的任务，每一个任务通过理论知识的掌握和实训技能的操练来实现学生对货运代理基础知识、基本理论和操作方法的了解和把握。

（2）强调实践性和操作性。本书在编写时重点突出对实际操作能力的培养，详细地阐述了几种运输方式下货运代理业务的操作流程及所涉及的业务单据的作用、内容和填制方法等，并附有相应的实训内容。

（3）以先进的教学理念贯穿始终。作为行动导向型的课程，本书突出对学生综合能力的培养，以学生为主体，通过角色扮演、项目实训及小组讨论等教学模式，充分发挥学生自主学习的能动性。

本书既可作为各类高等院校物流管理、国际贸易专业及其他相关专业的教学用书，也可作为国际货运代理行业管理人员和从业人员的培训教材或参考书籍。本书配套网络课程平台（http：//mooc1. chaoxing. com/course/93793466. html）以供学生课前学习、课后巩固。

本书由陶春柳任主编，刘浩、三门峡职业技术学院的胡佳任副主编，李华参加编写，在本书的编写过程中，中国太仓外轮代理有限公司毛强副总经理在业务程序、项目设计和任务选定方面提供了具体的建议；在教材定稿期间，对教材提出了修改意见，使教材内容更贴近实际业务，同时，北京络捷斯特科技发展有限公司提供了长风网丰富的数字化资源，包含企业导师在线平台（http：//cfnet. org. cn/home/Skycourse/index. html）、与企业岗位标准完全适应的职业资格认证体系平台（http：//cfnet. org. cn/index2. php？ m ＝ NewApprove&c ＝

Approve&a = quarter#zx），在此，一并表示衷心的感谢。

由于编者水平所限，书中如有不足之处敬请使用本书的师生与读者批评指正，以便修订时改进。如读者在使用本书的过程中有其他意见或建议，恳请向编者踊跃提出宝贵意见。

编 者

| | | |
|---|---|---|
| 课程网络平台 | 长凤物流职业资格认证 | 长凤网导师在线栏目 |

# 目 录

项目一　国际货运代理企业建立 ·········································· 1

　　任务一　认知国际货运代理 ·········································· 2
　　任务二　组建国际货运代理企业 ······································ 9
　　任务三　设置国际货运代理企业岗位 ································· 20

项目二　国际贸易基础知识认知 ········································· 23

　　任务一　认知信用证 ·············································· 24
　　任务二　订立和履行国际贸易合同 ··································· 40

项目三　国际海运出口货运代理 ········································· 54

　　任务一　认知整箱货海运出口货运业务流程 ··························· 56
　　任务二　海运出口货运代理委托 ····································· 61
　　任务三　出口租船订舱 ············································ 65
　　任务四　出口单据审核 ············································ 71
　　任务五　出口货物交接 ············································ 84
　　任务六　出口货物检验检疫 ········································· 97
　　任务七　出口报关 ·············································· 111
　　任务八　出口海运保险 ··········································· 119
　　任务九　海运提单缮制 ··········································· 135

项目四　国际海运进口货运代理 ········································ 145

　　任务一　认知海运进口货运业务流程 ································ 146
　　任务二　进口委托及资料准备 ······································ 148
　　任务三　进口接货准备 ··········································· 151

　　任务四　进口报检 ……………………………………………………………… 155

　　任务五　进口报关 ……………………………………………………………… 159

　　任务六　提取货物 ……………………………………………………………… 165

项目五　国际航空出口货运代理 ……………………………………………… 169

　　任务一　认知航空出口货运业务流程 ……………………………………… 171

　　任务二　航空出口货代委托与订舱 ………………………………………… 183

　　任务三　航空出口单据准备与货物交接 …………………………………… 190

　　任务四　航空出口报检与报关 ……………………………………………… 194

　　任务五　航空运单签发与货物发运 ………………………………………… 196

项目六　国际航空进口货运代理 ……………………………………………… 203

　　任务一　认知航空进口货运业务流程 ……………………………………… 204

　　任务二　接单接货 …………………………………………………………… 207

　　任务三　理货理单 …………………………………………………………… 210

　　任务四　货物交接 …………………………………………………………… 212

项目七　国际多式联运 ………………………………………………………… 216

　　任务一　认知国际多式联运 ………………………………………………… 217

　　任务二　国际多式联运方案设计 …………………………………………… 226

　　任务三　组织国际多式联运业务 …………………………………………… 231

项目八　货运事故与索赔 ……………………………………………………… 238

　　任务一　认知货运事故 ……………………………………………………… 239

　　任务二　货运事故索赔 ……………………………………………………… 247

参考文献 ………………………………………………………………………… 255

# 国际货运代理企业建立

## 一、技能目标

1. 具有能够协助企业方设立、组建国际货代公司的能力。

（1）具有能根据企业的实际情况，向企业提供设立国际货代企业应具备的条件、可开展的业务及服务内容的合理化建议的能力。

（2）具有填制国际货代企业申请表的能力。

（3）具有填制国际货代企业备案表的能力。

2. 具有能描述国际货代企业主要部门岗位要求及工作内容的能力。

## 二、知识目标

1. 掌握国际货运代理的概念及种类。

2. 了解国际货运代理业的国内外现状。

3. 掌握国际货运代理的主要业务及服务内容。

4. 了解主要的国际货运代理行业组织。

5. 掌握国际货运代理的责任。

6. 熟悉国际货代企业的机构设置及岗位要求。

## 三、工作任务

1. 认知国际货运代理。

2. 组建国际货运代理企业。

3. 设置国际货运代理企业岗位。

# 四、实训项目

## 项目背景

目前，全球经济不断增长，国际贸易量也得到了有效的发展。本地区处于沿海地区，与机场距离只有数十千米，依托优越的区域位置和稳定的业务优势，决定在此成立"广浩国际货运代理有限公司"，从事国际货运代理业务。

## 项目分析

本项目需要认知国际货运代理，组建国际货运代理企业，设置国际货运代理企业岗位，可通过以下任务来完成。

# 任务一　认知国际货运代理

## 知识准备

我国货运代理行业发展十分迅速，已经成为我国对外贸易运输事业的重要力量。据不完全统计，目前我国80%的进出口贸易货物运输和中转业务，以及大部分国际航空货物运输业务都是通过货运代理企业完成的。

### 一、国际货运代理的概念

国际货运代理的英文是"international freight forwarding"；国际货运代理人的英文是"international forwarding agent"，或者"international freight forwarder"，实际工作中一般不做区分，简称"国际货代"或者"货运代理"或者"货代"。

国际货运代理业（industry of international freight forwarding）是指接受进出口货物收货人、发货人的委托，以委托人的名义或者以自己的名义，为委托人办理国际货物运输及相关业务并收取服务报酬的行业。

国际货运代理行业的主体是国际货运代理企业，我国商务部（原对外贸易经济合作部）作为国际货运代理行业的主管部门，除对"国际货运代理业"下了定义外，还对"国际货运代理企业"从事的业务活动进行了界定："国际货运代理企业可以作为进出口货物收货人、发货人的代理人，也可以作为独立经营人，从事国际货运代理业务。国际货运代理企业作为代理人从事国际货运代理业务，是指国际货运代理企业接受进出口货物收货人、发货人或其代理人的委托，以委托人名义或者以自己的名义办理有关业务，收取代理费或佣金的行为。国际货运代理企业作为独立经营人从事国际货运代理业务，是指国际货运代理企业接受进出口货物收货人、发货人或其代理人的委托，签发运输单证、履行运输合同并收取运费以及服务费的行为。"

货运代理起初作为"佣金代理"，只代表货主安排货物的装卸、储存及货物在境内的运输，同时从事为客户报关、收取费用等日常业务。随着国际贸易和国际运输的发展，货运代理服务范围不断扩大，为客户提供的服务也从传统的基础性业务，如订舱和报关等，扩展至全方位的系统性服务，包括货物的全程运输和配送服务。

国际货运代理人是"国际货运中间人"，既代表货方，保护货方的利益，又协调承运人进行承运工作。国际货代扮演着"代理"角色，也扮演着"当事人"角色。当然，国际货代在扮演不同角色时，其权利、义务是不同的。国际货运代理行业属于社会产业结构中的第三产业。

## 二、国际货运代理的范围

货代业务的服务范围很广泛，通常为接受客户的委托，完成货物运输的某一个环节或与此有关的各个环节的任务。货运代理的服务对象包括：发货人（出口商）、收货人（进口商）、海关、承运人、班轮公司、航空公司，在物流服务中还包括工商企业等。货运代理的服务内容包括：选择运输路线、运输方式和适当的承运人；订舱；接收货物；包装；储存；称重、量尺码；签发单证；报关；办理单证手续；运输；安排保险；支付运费及其他费用；进行外汇交易；交货及分拨货物；协助收货人索赔；提供与工程、建筑有关的大型、重型机械、设备，挂运服务和海外展品等特种货物的服务。此外，货运代理还根据客户的需要，提供与运输有关的其他服务、特殊服务，如混装、拼箱、拆箱、多式联运、无船承运及现代物流服务等。

按照商务部的有关规定，我国的国际货运代理企业可以以代理人或独立经营人的身份接受货物收货人、发货人的委托，从事下列全部或者部分业务。

（1）揽货、订舱（含租船、包机、包舱）、托运、仓储、包装。

（2）货物的监装、监卸、集装箱装拆箱、分拨、中转及相关的短途运输服务。

（3）报关、报检、报验、保险。

（4）缮制签发有关单证、交付运费、结算及交付杂费。

（5）国际展品、私人物品及过境货物的运输代理。

（6）国际多式联运、集运（含集装箱拼箱）。

（7）国际快递（不含私人信函）。

（8）咨询及其他国际货运代理业务。

除以上各项业务外，现在的国际货运代理企业还可以从事第三方国际物流服务、无船承运业务等。

## 三、国际货运代理的作用

从事国际货运代理业务的人员需要通晓国际贸易环节，精通各种运输业务，熟悉有关法律、法规，业务关系广泛，信息来源准确、及时，与各种运输方式的承运人、仓储经营人、保险人、港口、机场、车站、堆场、银行等相关企业，海关、检验检疫、进出口管制等有关政府部门存在密切的业务关系，不论是对于进出口货物的收货人、发货人，还是对于承运人和港口、机场、车站、仓库经营人都有重要的桥梁和纽带作用。在国际货运服务方面，对委托人或者货主而言，国际货运代理至少可以发挥以下作用。

1. 组织协调作用

国际货运代理人历来被称为"运输的设计师"，"门到门"运输的组织者和协调者。凭借其拥有的运输知识及其相关知识，组织运输活动，设计运输线路，选择运输方式和承运人、协调货主、承运人、仓储保管人、保险人、银行、港口、机场、车站、堆场经营人以及海关、检验检疫、进出口管制等有关当局的关系。因此，货主可以省去亲自办理这些事情的时间，减少许多不必要的麻烦。

2. 专业服务作用

国际货运代理人的本职工作是利用自身专业知识和经验，提供国际货物运输中的货物承揽、交运、拼装、集运、接卸、交付等服务。他可以接受委托人的委托办理货物的保险、海关、检验检疫、进出口管制等手续，有时甚至可以代理委托人支付运费、垫付税金和政府规费。国际货运代理人通过向委托人提供各种专业服务，可以使委托人不必在自己不够熟悉的业务领域花费更多的心思和精力，使不便或难以依靠自己力量办理的事宜得到恰当、有效的处理，有助于提高委托人的工作效率。

3. 沟通控制

国际货运代理人拥有广泛的业务关系、发达的服务网络、先进的信息技术手段，可以随时保持货物运输关系人之间、货物运输关系人与其他有关企业、部门之间的有效沟通，对货物运输的全过程进行准确跟踪和控制，保证货物安全、及时运抵目的地，顺利办理相关手续，准确送达收货人，并应委托人的要求提供全过程的信息服务及其他相关服务。

4. 咨询顾问

国际货运代理人通晓国际贸易环节，精通各种运输业务，熟悉有关法律、法规，了解世界各地有关情况，信息来源准确、及时，可以就货物的包装、储存、装卸和照管，货物的运输方式、运输路线和运输费用，货物的保险、进出口单证和价款的结算，领事、海关、检验检疫、进出口管制等有关当局的要求等向委托人提供明确、具体的咨询意见，协助委托人设计、选择适当处理方案，避免、减少不必要的风险、周折和浪费。

5. 降低成本

国际货运代理人掌握货物的运输、仓储、装卸、保险市场行情，与货物的运输关系人，仓储保管人，港口、机场、车站、堆场经营人和保险人有着长期、密切的友好合作关系，拥有丰富的专业知识和业务经验，有利的谈判地位，娴熟的谈判技巧，通过国际货运代理人的努力，可以选择货物的最佳运输路线、运输方式，最佳仓储保管人、装卸作业人和保险人，争取公平、合理的费率，甚至可以通过集运效应使所有相关各方受益，从而降低货物运输关系人的业务成本，提高其主营业务效益。

6. 资金融通

国际货运代理人与货物的运输关系人、仓储保管人、装卸作业人及银行、海关当局等相互了解，关系密切，长期合作，彼此信任。国际货运代理人可以代替收、发货人支付有关费用、税金，提前与承运人、仓储保管人、装卸作业人结算有关费用，凭借自己的实力和信誉向承运人、仓储保管人、装卸作业人及银行、海关当局提供费用、税金担保或风险担保，可以帮助委托人融通资金，减少资金占压，提高资金利用效率。

### 四、国际货运代理行业组织

目前，国际货运代理行业组织只有非政府组织，因此，国际货运代理行业组织可以说是一种自律组织。世界上最具行业代表性的国际货运代理行业组织是国际货运代理协会联合会。中国国际货运代理协会是全国性的行业组织，我国还有很多地方性的国际货运代理行业协会组织。

（一）国际货运代理协会联合会

"FIATA"是国际货运代理协会联合会的法文缩写，并被用作该组织的标识。它是一个非营利的世界性国际货运代理行业组织，代表了由大约 40 000 家货运代理企业、1 000 万从业人员组成的国际货运代理行业，具有广泛的国际影响。

为了保障和提高货运代理行业的全球利益，1926 年 5 月 31 日，116 个国家的货运代理协会根据《瑞士民法典》第 60 条在奥地利的维也纳成立了国际货运代理协会联合会。该联合会总部设在瑞士的苏黎世，并在欧洲、美洲、亚洲和太平洋、非洲和中东 4 个区域设立地区办事处，并任命地区主席。其中，亚洲和太平洋地区秘书处设在印度孟买。该联合会现有来自 86 个国家和地区的 96 个一般会员，分布于 150 个国家和地区的 2 700 多家联系会员。在中国，国际货运代理协会联合会拥有中国国际货运代理协会和台湾地区、香港特别行政区的货运代理协会 3 个一般会员，并在大陆拥有 13 个、在台湾地区拥有 48 个、在香港地区拥有 105 个联系会员。

根据 1999 年 10 月 26 日会员代表大会修改的章程，国际货运代理协会联合会的宗旨是保障和提高国际货运代理在全球的利益。工作目标是团结全世界的货运代理行业，以顾问或专家身份参加国际性组织，处理运输业务，代表、促进和保护运输业的利益；通过发布信息、分发出版物等方式，为贸易界、工业界和公众熟悉货运代理人提供服务；通过制定和推广统一货运代理单据、标准交易条件，改进和提高货运代理的服务质量；协助货运代理人进行职业培训，处理责任保险问题，提供电子商务工具。

（二）中国国际货运代理协会

中国国际货运代理协会（以下简称 CIFA）是国际货运代理行业的全国性中介组织，于 2000 年 9 月 6 日在北京成立，2000 年 11 月 1 日在民政部批准登记。CIFA 是 FIATA 的国家级会员，是我国各省市自治区国际货运代理行业组织、国际货运代理企业、与货运代理相关的企事业单位自愿参加的社会团体，也吸纳在中国货代、运输、物流行业有较高影响的个人。

CIFA 的业务指导部门是商务部。作为联系政府与会员之间的纽带和桥梁，CIFA 的宗旨是：协助政府部门加强对我国国际货代行业的管理；维护国际货代业的经营秩序；推动会员企业间的横向交流与合作；依法维护本行业的利益；保护会员企业的合法权益；促进对外贸易和国际货代业的发展。

### 五、国际货运代理的责任

从国际货运代理的传统地位来讲，作为代理人负责代发货人或货主订舱、保管货物和安排货物运输、包装、保险等，并代他们支付运费、保险费、包装费、海关税等，然后收取一定的代理手续费（通常是整个费用的若干百分比）。上述所有的成本均由客户承担，其中包括国际货运代理因货物的运送、保管、保险、报关、签证、办理汇票的承兑和为其服务所引起的一切费用，同时还应支付由于国际货运代理不能控制的原因导致合同无法履行而产生的其他费用。客户只有在提货之前全部付清上述费用，才能取得提货的权利。否则，国际货代企业对货物享有留置权，有权以某种适当的方式将货物出售，以此补偿其所应收取的费用。国际货代接受承运人支付的订舱佣金。国际货运代理享受上述权利的同时，也要承担相应的义务和责任。国际货运代理的责任，是指国际货运代理作为代理人和当事人两种情况时的责任。目前，各国法律对货运代理所下的定义及对其业务范围的规定有所不同，但按其责任范围的大小，原则上可分为三种情况：

第一种情况，作为国际货运代理，仅对其自己的错误和疏忽负责。

第二种情况，作为国际货运代理，不仅对其自己的错误和疏忽负责，而且还应使货物完好地抵达目的地，这就意味着应承担承运人的责任和造成第三人损失的责任。

第三种情况，国际货运代理的责任取决于合同条款的规定和所选择的运输工具等。例如，FIATA 规定：国际货运代理仅对属于其本身或其雇员所造成的过失负责。如其在选择第三人时已恪尽职守，则对于该第三人的行为或疏忽不负责任；如能证明他未做到恪尽职责，则其责任不应超过与其订立合同的任何第三人的责任。正是由于各国法律规定的不同，要求国际货运代理所承担的责任就大不相同了。

（一）国际货运代理的责任

（1）国际货运代理作为代理人的责任。国际货运代理作为代理人，受货主的委托，在其授权范围内，以委托人的名义从事代理行为，由此产生的法律后果由委托人承担。在内部关系上，委托人和货运代理之间是代理合同关系，货运代理享有代理人的权利，承担代理人的义务。在外部关系上，货运代理不是货主与他人所签合同的主体，不享有该合同的权利，同时也不承担该合同的义务。

国际货运代理作为纯粹的代理人，通常应对其本人及其雇员的过错承担责任。其错误和疏忽可能包括：未按指示交付货物；尽管得到指示，办理保险仍然出现疏忽；报关有误；运往错误的目的地；未能按必要的程序取得再出口（进口）货物退税；未取得收货的货款而交付货物。国际货运代理还应对其经营过程中造成的第三人财产灭失或损坏或人身伤亡承担责任。如果国际货运代理能够证明他对第三人的选择做到了合理谨慎，那么一般不承担因第三人的行为或不行为而引起的责任。

（2）国际货运代理作为当事人的责任。国际货运代理作为当事人，是指在为客户提供所需的服务中，以其本人的名义承担责任的独立合同人，他应对其为履行国际货运代理合同而雇佣的承运人、分货运代理的行为或不行为负责。一般而言，他与客户接洽的是服务的价格，而不是收取代理手续费。国际货运代理以自己拥有的运输工具进行运输，或以自己的名义与承运人签订运输合同，或租用他人的运输工具进行运输，在此情况下，货运代理均为运输合同的一方，处于承运人地位，无论是实际承运人，还是契约承运人，都承担承运人的责任和义务。

国际货运代理往往还经营国际多式联运业务，在此情况下，只要其签发了多式联运提单，不管是否实际参与了运输，均不影响其多式联运经营人的地位。根据有关多式联运的法律规定，多式联运经营人对全程运输负责。如在运输过程中发生货物的灭失、损坏或延误，多式联运经营人均应承担赔偿责任，除非能证明其为避免货物的灭失、损坏或延误已采取了一切适当的措施。因此，在多式联运过程中，一旦发生货物灭失或损坏，作为多式联运经营人的货运代理，理应向委托人承担货损、货差的赔偿责任，然后向发生货损、货差区段的实际承运人（责任人）追偿。

作为当事人，国际货运代理不仅对其本身和雇员的过失负责，而且应对在履行与客户所签合同过程中提供的其他服务的过失负责。其中对客户的责任主要表现在以下三个方面：

① 对于大部分情况属于货物的灭失或残损的责任。

② 对于因工作过失尽管既非出于故意也非由于粗心，却给客户造成了经济损失。如不按要求运输；不按要求对货物投保；报关有误而造成延误；运货至错误的目的地；未能代表客户履行对运输公司、仓储公司及其他代理人的义务；未收回提单而放货；未履行必要的退税手续而再出口；未通知收货人；未收取现金费用而交货；向错误的收货人交货。

③ 对于迟延交货。尽管按惯例货运代理一般不确保货物的到达日期，也不对迟延交货负责，但目前的趋势是对过分的延误要承担适当的责任，此责任限于被延误货物的运费或两倍运费。

（3）国际货运代理对海关的责任。有报关权的国际货运代理在替客户报关时应遵守海关的有关规定，向海关当局及时、正确、如实地申报货物的价值、数量和性质，以免政府遭受税收损失。同时报关有误，国际货运代理将被罚款，并难以从客户那里得到此项罚款的补偿。

（4）国际货运代理对第三人的责任。国际货运代理对第三人的责任一般是指对装卸公司、港口当局等参与货运的第三人提出索赔所承担的责任。这类索赔可分为两大类：一是第三人财产的灭失或损坏及由此产生的损失；二是第三人的人身伤亡及由此产生的损失。

**（二）国际货运代理的责任限制**

国际货运代理在对其过失或疏忽承担责任的同时也享有责任限制。责任限制是一项特有的法律制度，即依据法律的有关规定，责任人将其赔偿责任限制在一定范围内的法律制度。

在国际货物运输中，往往会由于责任人（如船长、船员或货运代理）的过失造成货物的损害或造成第三人的重大财产损失。这种损害或损失常常是严重的，涉及的赔偿金额也是巨大的，有时甚至会超过货物本身的价值或船舶的价值。为了保护本国的航运业，各国通常将这种赔偿责任用法律加以限制。国际货运代理与承运人一样，均有权将其责任限制在合理的限额内。当国际货运代理为承运人时，则享有有关承运人的责任限制。承运人的责任限制适用于对船上货物的损害赔偿，即基于合同关系产生的赔偿责任。这种责任限制一般按照损失一件货物或一个货物单位（一个集装箱）来确定赔偿限额。承运人的责任限额可以由合同当事人在法律规定的限额之上另行约定。国际货运代理通常在标准交易条件中规定其最高的责任限额，其赔偿限额无论在何种情况下，都不得超过国际货运代理在接收货物时货物的市价。各国有关国际货运代理的责任和责任限制是不一致的，有些国家采取的是严格责任制，有些国家采取的是对过失或疏忽负责，而且赔偿限额也不相同，这完全取决于每宗案件所涉及的法律和合同的规定。但是许多国家有关货物运输的法律，尤其有关货运代理行为的法律是很不完备的，多数国家只有一些原则性的规定。FIATA 推荐的标准交易条件范本成为各国制定本国标准交易条件的总原则。根据该原则，英国货运代理协会标准交易条件规定：赔偿限额为 2SDR/千克（毛重），每宗案件最高赔偿限额不超过 75 000SDR；新加坡货运代理协会标准交易条件规定：赔偿限额为 5 新元/千克，每宗案件最高赔偿限额不超过 10 万新元；马来西亚货运代理协会标准交易条件规定：赔偿限额为 5 林吉特/千克，每宗案件最高赔偿限额不超过 10 万林吉特；印度货运代理协会标准交易条件规定：赔偿限额为 15 卢比/千克，每宗案件最高赔偿限额不超过 15 000 卢比。

（三）国际货运代理的除外责任

除外责任，又称免责，是指根据国家法律、国际公约、运输合同的有关规定，责任人免于承担责任的事由。国际货运代理与承运人一样享有除外责任，对于承运人，我国《海商法》规定了 12 项免责事由，《海牙规则》和《海牙—维斯比规则》规定了 17 项免责事由。对于国际货运代理，其除外责任，通常规定在国际货运代理标准交易条件或与客户签订的合同中，归纳起来可包括以下七个方面：

（1）客户的疏忽或过失所致。

（2）客户或其代理人在搬运、装卸、仓储和其他处理中所致。

（3）货物的自然特性或潜在缺陷所致，如由于破损、泄漏、自燃、腐烂、生锈、蒸发，或由于对冷、热、潮湿的特别敏感性。

（4）货物的包装不牢固，缺乏或不当包装所致。

（5）货物的标志或地址的错误或不清楚、不完整所致。

（6）货物的内容申报不清楚或不完整所致。

（7）不可抗力所致。

尽管有上述免责条款的规定，国际货运代理仍须对因其自己的过失或疏忽造成的货物灭失、短少或损坏负责。如另有特殊约定，货运代理还应对货币、证券或贵重物品负有责任。

## 实训技能

1. 实训内容

查找 CIFA 会员企业，制作企业业务介绍 PPT。

2. 实训目的

了解货运代理的业务范围和作用。

3. 实训准备

将学生分组，每组 5~6 人。

4. 实训步骤

步骤一：分组上网查找当地 CIFA 会员的公司名录。

步骤二：上网查阅 5~10 家经营国际货代业务的企业的详细资料。

步骤三：选择一家较有代表性的国际货代企业，制作一份介绍该企业的 PPT，并在课堂上分享。

具体内容见表 1-1。

5. 实训评价

**表 1 – 1　查找并介绍国际货代企业名录和业务范围**

| | | | | | | |
|---|---|---|---|---|---|---|
| 被考评人 | | | | | | |
| 考评地点 | | | | | | |
| 考评内容 | 查找并介绍国际货代企业名录和业务范围 | | | | | |
| 考评标准 | 内　容 | 分值 | 自我评价 | 小组评价 | 教师评价 | 综合评价 |
| | 各组材料准备的充分程度 | 60 | | | | |
| | 各组上台分享的演讲能力 | 20 | | | | |
| | PPT | 20 | | | | |
| | 该项技能得分 | | | | | |

注：（1）实际得分 = 自我评价 × 20% + 小组评价 × 40% + 教师评价 × 40%。

（2）考评满分为 100 分，60 ~ 74 分为及格，75 ~ 84 分为良好，85 分以上为优秀。

# 任务二　组建国际货运代理企业

### 知识准备

国际货运代理企业指接受进出口货物收货人、发货人的委托，以委托人的名义或者以自己的名义，为委托人办理国际货物运输以及相关业务并取得报酬的法人企业。国际货物运输代理企业除了应当具备《民法通则》《公司法》等法律、法规规定的企业法人条件以外，还必须具备接受进出口货物收货人、发货人的委托，以委托人的名义或者以自己的名义，为委托人办理国际货物运输及相关业务的特征。

## 一、国际货运代理企业概述

1. 国际货运代理企业的名称和组织形式

1）国际货运代理企业的名称

（1）要取得相关规定的法人资格，其名称、标志、业务性质、业务范围要符合国家有关规定，同时还要体现行业特点。

（2）企业名称中要包含"货运代理"、"运输服务"、"集运"或者"物流"等字样。根据《关于国际货物运输代理企业登记和管理有关问题的通知》，取消国际货运代理企业经营资格审批后新成立的以国际货运代理为主要业务的企业，其名称中必须体现"国际货运代理企业"类似字样。

2）国际货运代理企业的组织形式

目前，我国规定国际货运代理企业只能是有限责任公司或者股份有限公司。个人独资企业、个人合伙企业等其他组织形式的国际货运代理企业非常少见。

2. 国际货运代理企业的分类

国际货运代理企业以投资主体、所有制形式为标准，可以分为以下几种：

（1）全民所有制国际货运代理企业：指由全民所有制单位单独或与其他全民所有制单位共同投资设立的国际货运代理企业，即国有国际货运代理企业。如国有独资的中国对外贸易运输（集团）总公司、中国租船公司、中国速递服务公司，国有企业共同投资设立的中国国际展览运输有限公司、民航快递有限责任公司等。这类国际货运代理企业约占我国国际货运代理企业总数的70%。

（2）集体所有制国际货运代理企业：指由集体所有制单位投资设立的国际货运代理企业。如上海国际航空服务公司、大连华南国际货运代理有限公司。由于国家政策的限制，目前我国这类国际货运代理企业的数量极少。

（3）私人所有制国际货运代理企业：指由私营企业或个人投资设立的国际货运代理企业，即私营国际货运代理企业。由于我国现行有关政策不允许私人和个体户经营国际货运代理业务，目前我国尚无合法存在的私营国际货运代理企业。

（4）股份制国际货运代理企业：指由不同所有制成分的多个投资主体共同投资设立的混合所有制国际货运代理企业。如中外运空运发展股份有限公司、大连锦程国际货运股份有限公司等。由于我国股份制企业的历史较短，目前我国股份制国际货运代理企业的数量很少。

（5）外商投资国际货运代理企业：指由境外投资者以中外合资、中外合作或外商独资形式设立的国际货运代理企业。如大通国际运输有限公司、大田—联邦快递有限公司、金鹰国际货运代理有限公司、华诚国际运输服务有限公司等。这类企业约占我国国际货运代理企业总数的30%。由于国家政策、法规的限制，目前我国中外合作国际货运代理企业很少，尚无外商独资国际货运代理企业。

国际货运代理企业以企业的成立背景和经营特点为标准，可以分为以下几种：

（1）以对外贸易运输企业为背景的国际货运代理企业：指中国对外贸易运输（集团）公司及其分、子公司，控股、合资公司。这类国际货运代理企业的特点是以一业为主，多种经营，经营范围较宽，业务网络发达，实力雄厚，人力资源丰富，综合市场竞争能力较强。

（2）以实际承运人企业为背景的国际货运代理企业：指由公路、铁路、海上、航空运输部门或企业投资或控股的国际货运代理企业。如中国铁路对外服务总公司、中国外轮代理总公司、中远国际货运有限公司、中国民航客货运输销售代理公司等。这类国际货运代理企业的特点是专业化经营，与实际承运人关系密切，运价优势明显，运输信息灵通，方便货主，在特定的运输方式下市场竞争能力较强。

（3）以外贸、工贸公司为背景的国际货运代理企业：指由各专业外贸公司或大型工贸公司投资或控股的国际货运代理企业。如五矿国际货运公司、中化国际仓储运输公司、中粮国际仓储运输公司、中机国际仓储运输公司、中成国际运输公司、长城国际运输代理有限公司等。这类国际货运代理企业的特点是货源相对稳定，处理货物、单据经验丰富，对某些类型货物的运输代理竞争优势较强，但多数规模不大，服务功能不够全面，服务网络不够发达。

（4）以仓储、包装企业为背景的国际货运代理企业：指由仓储、包装企业投资、控股的国际货运代理企业或增加经营范围而组成的国际货运代理企业。如北京友谊包装运输公司、天津宏达国际货运代理有限公司、中储国际货运代理公司等。这类国际货运代理企业的特点是凭借仓储优势揽取货源，深得货主信任，对于特种物品的运输代理经验丰富，但多数规模较小，服务网点较少，综合服务能力不强。

（5）以港口、航道、机场企业为背景的国际货运代理企业：指由港口、航道、机场企业投资、控股的国际货运代理企业。如上海集装箱码头有限公司货运公司、天津振华国际货运有限公司。这类国际货运代理企业的特点是与港口、机场企业关系密切，港口、场站作业经验丰富，对集装货物的运输代理具有竞争优势，人员素质、管理水平较高，但是服务内容较为单一，缺乏服务网络。

（6）以境外国际运输、运输代理企业为背景的国际货运代理企业：指由境外国际运输、运输代理企业以合资、合作方式在中国境内设立的外商投资国际货运代理企业。如华迅国际运输有限公司、华辉国际运输服务有限公司、天保名门（天津）国际货运代理有限公司、深圳彩联储运有限公司等。这类国际货运代理企业的特点是国际业务网络较为发达，信息化程度、人员素质、管理水平较高，服务质量较好。

（7）其他背景的国际货运代理企业：指由其他投资者投资或控股的国际货运代理企业。这类国际货运代理企业投资主体多样，经营规模与范围不一，人员素质、管理水平、服务质量参差不齐。有的实力雄厚，业务范围广泛，服务网络较为发达，信息化程度、人员素质、管理水平较高，服务质量较好，如天津市大田航空代理公司、北京市外国企业服务总公司等；有的规模较小，服务内容单一，人员素质、管理水平不高，服务质量一般。

## 二、国内投资国际货运代理企业的设立

### 1. 申请人资格

2004年5月19日，国务院发布关于第三批取消和调整行政审批项目的决定，取消国际货运代理企业经营资格审批以后，我国境内的投资者申请设立国际货运代理企业，从事国际货运代理业务，不再受《中华人民共和国国际货物运输代理业管理规定》的限制。但是，向工商行政管理机关申请登记注册国际货运代理企业，请求工商行政管理机关核准国际货运代理业务经营项目的境内投资者，仍然应当遵守公司的法律、法规的资格条件限制。

以下单位和个人不得投资设立国际货运代理企业：

（1）各级党政军审判检察机关。

（2）法律法规禁止从事营利性活动的自然人。

（3）会计师事务所、审计事务所、律师事务所和资产评估所。

（4）尚未取得投资资格证明的外商投资企业。

（5）尚未缴清全部注册资本的非投资类内资企业。

（6）尚未完成财产转移手续的以非货币出资登记注册的企业。

（7）不具备投资主体资格的法人分支机构。

（8）基金会不得投资举办有限责任公司。

（9）有限责任公司不得对非公司制企业投资。

（10）法律法规禁止投资举办企业的其他单位和个人。

### 2. 设立国际货物运输代理企业的条件

（1）国际货代企业注册资本的最低限额。

① 经营海上国际货物运输代理业务的，注册资本最低限额为500万元人民币。

② 经营航空国际货物运输代理业务的，注册资本最低限额为 300 万元人民币。

③ 经营陆上国际货物运输代理业务或国际快递业务的，注册资本最低限额为 200 万元人民币。

经营前款两项以上业务的，注册资本最低限额为其中最高一项的限额。国际货代企业每设立一个从事国际货代业务的分支机构，应增加注册资本 50 万元人民币。

（2）申请设立国际货代企业应该具备的营业条件。申请设立国际货代企业可由企业法人、自然人或其他经济组织组成。与进出口贸易或国际货物运输有关并拥有稳定货源的企业法人应当为大股东，且应在国际货代企业中控股。企业法人以外的股东不得在国际货代企业中控股。国际货运代理企业应当依法取得中华人民共和国企业法人资格。企业组织形式为有限责任公司或股份有限公司。禁止具有行政垄断职能的单位申请投资经营国际货运代理业务。承运人以及其他可能对国际货运代理行业构成不公平竞争的企业不得申请经营国际货运代理业务。申请设立国际货代企业应该具备的营业条件包括以下四条。

① 具有至少 5 名从事国际货运代理业务 3 年以上的业务人员，其资格由业务人员原所在企业证明；或者取得相关资格证书。

② 有固定的营业场所，自有房屋、场地须提供产权证明；租赁房屋、场地须提供租赁契约。

③ 有必要的营业设施，包括一定数量的电话、传真、计算机、短途运输工具、装卸设备、包装设备等。

④ 有稳定的进出口货源市场，是指在本地区进出口货物运量较大，货运代理行业具备进一步发展的条件和潜力，并且申报企业可以揽收到足够的货源。

3. 设立国际货物运输代理企业应提交的文件

申请经营国际货运代理业务的单位应当报送下列文件：

（1）申请书，包括投资者名称、申请资格说明、申请的业务项目。

（2）可行性研究报告，包括基本情况、资格说明、现有条件、市场分析、业务预测、组建方案、经济预算及发展预算等。

（3）投资者的企业法人营业执照（影印件）。

（4）董事会、股东会或股东大会决议。

（5）企业章程（或草案）。

（6）主要业务人员情况（包括学历、所学专业、业务简历、资格证书）。

（7）资信证明（会计师事务所出具的各投资者的验资报告）。

（8）投资者出资协议。

（9）法定代表人简历。

（10）国际货运代理提单（运单）样式。

（11）企业名称预先核准函（影印件，工商行政管理部门出具）。

（12）国际货运代理企业申请表。

（13）交易条款。

以上文件除第（3）、（11）项外，均须提交正本，并加盖公章。

**4. 申请程序**

（1）提出申请。

拟设立国际货物运输代理的企业，应按要求填写申请表，核对无误后提交，打印申请表并签字盖章，附上述须提交的书面申请材料报所在市外经贸局，同时抄送省国际货代协会。

（2）审核上报。

市外经贸局和省国际货代协会进行企业网上信息和书面材料的比对初审，同意后在网上提出意见并转报省外经贸厅；省外经贸厅根据市外经贸局和省国际货代协会的意见，按照外经贸部《中华人民共和国国际货物运输代理业管理规定》及其实施细则进行审查，符合有关规定的将上报外经贸部审批。

（3）批准证书的申领。

经外经贸部批准后，由省外经贸厅转批各市外经贸局或有关企业，同时抄送省国际货代协会。企业持修改后的章程到中国国际货代协会领取《中华人民共和国国际货物运输代理企业批准证书》，并于每年3月31日前办理年审手续。

**5. 国内投资国际货运代理企业的备案**

（1）需要备案的货运代理企业范围。

目前我国仅对全部由国内投资主体投资设立的货运代理企业及其分支机构实行登记注册后的备案制度，对于外商投资国际货物运输代理企业的设立仍然实行审批制度。国内投资主体投资设立的货运代理企业及其分支机构，不论是在取消审批以前经商务部批准成立的，还是在取消审批以后直接向工商行政管理机关注册成立的，都应当向商务部门办理备案手续。

（2）货运代理企业的备案项目范围。

根据《国际货运代理企业备案（暂行）办法》的有关规定，货运代理企业设立、变更以后，应当填写《国际货运代理企业备案表》（一），对该表所列项目信息进行备案。货运代理企业分支机构设立、变更以后，应当填写《国际货运代理企业备案表》（二），对该表所列项目信息进行备案。货运代理企业或其分支机构应在每年3月底前填写《国际货运代理企业业务备案表》（三），对其上年业务经营情况进行备案。

## 实训技能

**1. 实训内容**

完成组建国际货运代理企业。

**2. 实训目的**

掌握成立货运代理企业的必要知识。

**3. 实训准备**

将学生分组，每组5~6人。各组分别准备申请成立货代企业的有关材料。

**4. 实训步骤**

步骤一：学习申请成立货运代理企业的相关知识，并认识国际货代企业申请表范本和国际货代企业备案表范本。

步骤二：各组学生根据广浩国际货运代理有限责任公司简介讨论，成立这样一家国际货代公司应具备哪些条件并办理哪些手续；同时讨论广浩国际货运代理有限公司的章程。

### 广浩国际货运代理有限责任公司简介

广浩国际货运代理有限责任公司，创建于 2006 年，系中华人民共和国外经贸部批准成立的专业国际货运代理企业。公司承办进出口海运、空运、国内物流配送业务。在"一路成就所托"理念的指导下，经过全体员工的努力，有丰富的经验为客户选择最佳运输方式和运输路线，并能为客户提供各种要求的服务。公司提供订舱、码头接货、监装、报关、报检、报验等服务，优良的服务态度得到许多新老客户的好评和信赖；公司积极地与国内外船东和航空公司合作，不仅把服务的航线扩展到世界各地，同时运价也有一定的竞争优势；公司还依托在全国各省市的分公司，开展江海、铁运、汽运配送服务。以北京、上海、广州、大连、深圳、长沙为中心，全国的铁路、汽车配送服务；以广州、上海、深圳、天津、大连、长沙为口岸，全球的国际集装箱、大宗散货、拼箱的运输服务；北京、广州、深圳、长沙、上海、大连的国内空运和国际空运业务。如今的广浩国际货运代理有限责任公司，将不断地完善自己的运输服务，并将继续以"安全、准确、快捷、方便"为工作目标，竭诚为客户提供更优质高效的物流货运服务。

名称：广浩国际货运代理有限责任公司

地址：××省××市××路

电话：××××－×××××××× 传真：××××－××××××××

步骤三：每组根据讨论结果填制国际货代企业申请表和国际货代企业备案表。

步骤四：选派两组代表上台展示填制的表格。

步骤五：其他组学生分析、评价、补充。

步骤六：教师点评、总结，并提供标准的范例。

5. 实训评价

申请成立国际货代企业的技能评价表（表1-2）。

**表1-2 申请成立国际货代企业的技能评价表**

| 被考评人 | | | | | | |
|---|---|---|---|---|---|---|
| 考评地点 | | | | | | |
| 考评内容 | 完成组建成立货运代理企业 | | | | | |
| 考评标准 | 内　容 | 分值 | 自我评价 | 小组评价 | 教师评价 | 实际得分 |
| | 掌握成立国际货代企业的流程及相关知识 | 25 | | | | |
| | 单据、文件填写清晰，无涂改 | 25 | | | | |
| | 单据、文件填写正确，无错误 | 25 | | | | |
| | 单据、文件填写完整，无遗漏项目 | 25 | | | | |
| 合　计 | | | | | | |

备注：（1）实际得分＝自我评价×20%＋小组评价×40%＋教师评价×40%。

（2）考评满分为100分，60～74分为及格，75～84分为良好，85分以上为优秀。

附：任务所需的文件样本（表1-3至表1-6）。

表1-3　中华人民共和国国际货运代理企业申请表（一）

| 拟设企业名称 | 中文 | | | | | | |
|---|---|---|---|---|---|---|---|
| | 外文 | | | | | | |
| 地址 | | | | | | | |
| 企业法定代表人情况 | 姓名 | 性别 | 年龄 | 学历 | 所在单位 | | 职务 |
| | | | | | | | |
| 注册资本 | | 企业类型 | | | 经营地域 | | |
| 隶属部门 | | | | 投资总额 | | | |

| 投资方情况 | 名　称 | 法定代表人 | 净资产 | 投资金额 | 投资比例 |
|---|---|---|---|---|---|
| | | | | | |
| | | | | | |
| | | | | | |
| | | | | | |

| 申请经营范围 |  |
|---|---|
| 地方对外贸易主管部门意见 |  |

| 项目申请联系人 | 姓名 | 所在单位 | 联系电话 |
|---|---|---|---|
| | | | |

注：此表用于申请成立国际货运代理企业及设立子公司填写，一式两份，表中投资方情况必须如实填写，如填写不下可另附纸。

## 中华人民共和国国际货运代理企业申请表（二）

| 申请企业<br>（分公司）名称 | 中文 | | | | | | |
| | 外文 | | | | | | |
| 地址 | | | | | | | |
| 注册时间 | | 营业执照<br>注册号 | | | 国际货运代理<br>企业编号 | | |
| 法定代表人<br>（或分公司负<br>责人）情况 | 姓名 | 性别 | 年龄 | 学历 | 所在单位 | | 职务 |
| | | | | | | | |
| 注册资本 | | 企业类型 | | 经营地域 | | | |
| 隶属部门 | | | | 投资总额 | | | |

| 已设立分公司情况 | 名称 | 成立时间 | 企业编号 | 营业执照注册号 | 分公司负责人 |
|---|---|---|---|---|---|
| | | | | | |
| | | | | | |
| | | | | | |
| | | | | | |

| 申请经营范围<br>或经营地域 | |
|---|---|
| 地方对外贸易<br>主管部门意见 | |

| 项目申请<br>联系人 | 姓名 | 所在单位 | 联系电话 |
|---|---|---|---|
| | | | |

注：此表用于国际货运代理企业申请扩大经营范围、经营地域及设立分支机构填写，一式两份，表中已设立分公司情况必须如实填写，如填写不下可另附纸。

## 表1-4　国际货运代理企业备案表（一）
### （法人企业适用）

备案表编号：

| 企业中文名称 | | 企业经营代码 |
|---|---|---|
| 企业英文名称 | | |
| 住　所 | | |
| 经营场所（中文） | | |
| 经营场所（英文） | | |
| 工商登记注册日期 | | 工商登记注册号 | |
| 企业类型 | | 组织机构代码 | |
| 注册资金 | | 联系电话 | |
| 联系传真 | | 邮政编码 | |
| 企业网址 | | 企业电子邮箱 | |
| 法定代表人姓名 | | 有效证件号 | |

### 业务类型范围

| | |
|---|---|
| 运输方式 | 海运□　　空运□　　陆运□ |
| 货物类型 | 一般货物□　　国际展品□　　过境运输□　　私人物品□ |
| 服务项目 | 揽货□　　托运□　　定舱□　　仓储中转□　　集装箱拼装拆箱□<br>结算运杂费□　　报关□　　报验□　　保险□　　相关短途运输□<br>运输咨询□ |
| 特殊项目 | 是否为多式联运　　是□　　否□　　是否办理国际快递　　是□　　否□<br>信件和具有信件性质的物品除外□　　私人信函及县级以上党政军公文除外□ |

备注：

## 表1-5 国际货运代理企业备案表（二）
### （分支机构适用）

备案表编号：

| 企业中文名称 | | 企业经营代码 | |
|---|---|---|---|
| 企业英文名称 | | | |
| 住　　所 | | | |
| 经营场所（中文） | | | |
| 经营场所（英文） | | | |
| 工商登记<br>注册日期 | | 工商登记<br>注册号 | |
| 母公司名称 | | | |
| 母公司组织机构代码 | | 母公司经营代码 | |
| 注册资金 | | 联系电话 | |
| 联系传真 | | 邮政编码 | |
| 企业网址 | | 企业电子邮箱 | |
| 负责人姓名 | | 有效证件号 | |
| 业务类型范围 | | | |
| 运输方式 | 海运□　　空运□　　陆运□ | | |
| 货物类型 | 一般货物□　　国际展品□　　过境运输□　　私人物品□ | | |
| 服务项目 | 揽货□　　托运□　　定舱□　　仓储中转□　　集装箱拼装拆箱□<br>结算运杂费□　　报关□　　报验□　　保险□　　相关短途运输□<br>运输咨询□ | | |
| 特殊项目 | 是否为多式联运　　是□　　否□　　是否办理国际快递　　是□　　否□<br>信件和具有信件性质的物品除外□　　私人信函及县级以上党政军公文除外□ | | |
| 备注： | | | |

表1-6　中华人民共和国国际货运代理企业业务备案表（三）

| 企业名称 | | 经营代码 | |
|---|---|---|---|
| 年末职工人数 | | 取得国际货代资格证书人数 | |
| 货运车辆（吨/辆） | | 集装箱卡车（标准箱） | |
| 自有仓库（平方米） | | 保税、监管库（平方米） | |
| 铁路专用线（条） | | 物流计算机信息管理系统（套） | |
| 海关注册登记证书号 | | 商检报检单位登记号 | |
| 年度经营情况 | | | |

| 运输方式 | 全年出口 | | |
|---|---|---|---|
| | 散货（吨） | 集装箱货物（标准箱） | 营业额（万元人民币） |
| 海运 | | | |
| 陆运 | | | |
| 空运 | | | |
| 快件 | | 件 | |

| 运输方式 | 全年进口 | | |
|---|---|---|---|
| | 散货（吨） | 集装箱货物（标准箱） | 营业额（万元人民币） |
| 海运 | | | |
| 陆运 | | | |
| 空运 | | | |
| 快件 | | 件 | |

| 仓储营业额 | （万元人民币） | 其他营业额 | （万元人民币） |
|---|---|---|---|
| 年营业总额 | 其中美元（万元）： | 人民币（万元）： | |
| 年净利润总额（万元人民币） | | 缴纳税金（万元人民币） | |

（企业公章）
年　　月　　日

（法定代表人签名）

注：表中年营业总额是指企业向委托方收取的全部费用总和（不扣除向承运人等最终支付的费用），不是缴纳营业税的依据。

# 任务三 设置国际货运代理企业岗位

## 知识准备

### 一、货代公司组织结构

公司组织结构是表明组织各部分排列顺序、空间位置、聚散状态、联系方式以及各要素之间相互关系的一种模式，是整个管理系统的"框架"。

一个成功的企业，必须拥有合理的部门设置和人员编制，才能建立科学、合理的内部管理，有效开拓市场，实现企业腾飞。

货代公司组织结构，如图1-1所示。

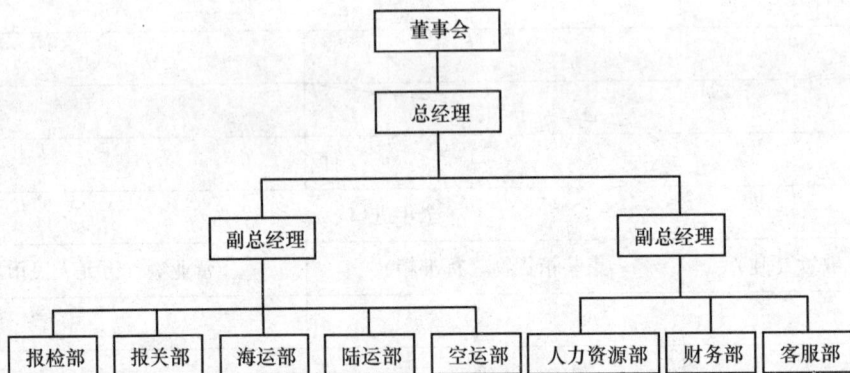

图1-1 货代公司组织结构图

### 二、货代公司岗位职能

董事会：执行总公司的决议；决定公司的经营计划和投资方案；审定公司的年度财务预算方案与决算方案；审定公司的利润分配方案和亏损弥补方案；审定公司增加或者减少注册资本的方案以及发行公司债券的方案；拟订公司合并、分立、解散清算的方案；聘任或解聘项目公司总经理，根据总经理的提名，聘任或者解聘项目公司副总经理、财务负责人，决定其报酬事项；审定公司的基本管理制度；负责对公司运营的监督管理。

总经理及副总经理：领导和协调各部门工作，对公司重大问题作出决策，监督员工工作质量，代表公司签订合同，把握公司财务，接受各部门工作汇报。

报关部：代理进出口货物报关、清关；代理客户缴纳海关税费。

报检部：负责办理货物进出境时的商检事务，包括企业报检资格的管理、报检员的注册登记、审核报检单据、提交或取得报检单据、配合主管机关施检、缴纳检验检疫费用、处理口岸检验检疫的非常事务、办理免检手续（如货物符合规定）、跟踪代理报检企业业务进程

（如委托报检）。

海运部：负责租船订舱、提取交还空箱、拼箱，监装，转运、海运货运单证的交接以及海运运费的结算等。

空运部：负责包仓包板空运，监装，转运、空运单证的交接以及空运运费的结算等。

陆运部：承担国际铁路货物联运和国际多式联运业务。

人力资源部：编写并组织实施公司的人力资源规划、制定公司的人力资源管理制度、参与对公司管理人员的考核与管理、拟订并审核公司的人员招聘计划，并负责组织员工的招聘和培训工作，办理公司员工人事关系的转移、职称评定及因公出国人员的审批手续，负责公司员工的工资发放、社会保险费的缴纳、劳动合同的签续订和人事档案的管理。

财务部：会计账册的记录、财务报表的制作、财务监督作用的发挥、发放员工工资、负责掌管财务印章、严格控制支票的签发及公司的日常支出。

客服部：负责协调公司各业务部门在业务处理过程中，因为各种原因与客户产生的各类争议、纠纷；负责查明原因，协助业务部门做好善后工作；制定纠纷解决的可行性方案，报公司副总经理审批后实施。

## 实训技能

1. 实训内容

根据货代公司的岗位设置，应聘相应岗位的员工。

2. 实训目的

掌握货代公司各部门、各岗位的设置及相应的操作技能要求。

3. 实训准备

发布招聘公告，给应聘同学分发"职位申请表"。

4. 实训步骤

步骤一：学习货代公司的岗位设置及岗位要求；了解货代从业人员的基本素质要求和业务技能规范。

步骤二：两组学生模拟货代人事，其他组同学模拟应聘货代岗位。

步骤三：模拟货代人事的同学介绍公司情况、招聘岗位要求，并组成面试小组，应聘学生应聘申请岗位，面试组成员可根据学生应聘的岗位给予面试考察。

步骤四：其他组学生观摩，并记录整个招聘过程中应聘者存在的不足，面试结束后讨论。

步骤五：教师点评，并总结招聘活动中存在的问题，给予面试常识、技巧指导。

5. 实训评价

货代公司面试技能评价表（表1-7）。

表 1-7　货代公司面试技能评价表

| 被考评人 | | | | | | |
|---|---|---|---|---|---|---|
| 考评地点 | | | | | | |
| 考评内容 | | 货代公司面试 | | | | |
| 考评标准 | 内　容 | 分值 | 自我评价 | 小组评价 | 教师评价 | 实际得分 |
| | 仪容、服装 | 10 | | | | |
| | 自我情况介绍 | 20 | | | | |
| | 招聘公司情况、应聘岗位情况 | 30 | | | | |
| | 面试随机提问 | 20 | | | | |
| | 综合素质 | 20 | | | | |
| | 该项技能能级 | | | | | |

注：(1) 实际得分 = 自我评价×20% + 小组评价×40% + 教师评价×40%。

(2) 考评满分为 100 分，60~74 分为及格，75~84 分为良好，85 分以上为优秀。

## 五、拓展训练

原告 A 公司诉称，委托被告 B 公司承运的货物从美国运至中国上海，卸船时发现货物受到严重损害。经调查，被告向原告签发了以自己公司为抬头的提单，并表明是被告代理承运人签发提单。这批货物在承运时装载在舱面上，船公司出具的由被告法定代表人背书的海运提单上明确标有"货装舱面，风险与费用由托运人自负"字样，而被告却未将这一事实告知原告，致使原告因未按照舱面货物投保而无法向保险人索赔。据此，原告请求法院判令被告赔偿货损 68 万美元，并承担相关诉讼费用。

被告 B 公司辩称，自己在本案运输中的身份是货运代理人，不承担承运人的义务和责任。被告受了承运人的蒙骗，对于货装甲板不知情。原告遭受货损系由其未购买足够保险而产生的，且货损发生与货装甲板无因果关系。据此请求法院驳回原告诉讼请求。

(1) 实践中，如何辨别货运代理人和无船承运人？

(2) 本案中，B 公司是货运代理人还是无船承运人？为什么？

项目一　授课资料

# 国际贸易基础知识认知

## 一、技能目标

1. 具有信用证认知解读的能力。
2. 具有国际贸易进出口业务认知的能力。

## 二、知识目标

1. 了解国际贸易的概念。
2. 掌握进出口业务的基本流程。
3. 掌握常用的国际贸易术语。
4. 了解结汇方式。
5. 了解国际结算的票据。
6. 掌握信用证的格式。
7. 掌握国际货物交易的洽商和国际货物贸易合同签订的业务内容。

## 三、工作任务

1. 认知信用证。
2. 订立和履行国际贸易合同。

## 四、实训项目

### 项目背景

金红叶纸业有限公司与英国的 John Dale Limited 公司达成协议，签订了一份盒装纸巾的贸易合同，合同签订后，金红叶纸业有限公司将委托广浩国际货运代理有限公司履行这一合同。广浩国际货运代理有限公司，作为为进出口企业服务的公司，必须熟悉外贸知识，能读懂信用证，并掌握国际贸易合同订立与履行的业务流程。

### 项目分析

本项目需要认知国际贸易的主要结算方式、国际贸易的主要外贸单证、国际贸易的一般操作流程等，可通过以下任务来完成。

# 任务一　认知信用证

### 知识准备

## 一、国际结算的主要方式

对于出口商而言，安全、及时、全额收回货款是头等大事。出口商把代表货物的全套单证交给客户，就意味着把货物交给客户了。那么，如何从客户手中取回货款呢？国际上通行的结算货款的方式主要有三种：汇付、托收和信用证。其中使用最多的是信用证方式。

### 1. 汇付（Remittance）

汇付是国际贸易中常用的货款结算方式。汇付，又称汇款，是付款人通过银行，使用各种结算工具将货款汇交收款人的一种结算方式。汇付属于商业信用，采用顺汇法。

#### 1）当事人

汇付业务涉及的当事人有四个：付款人（汇款人 Remitter）、收款人（Payee or Beneficiary）、汇出行（Remitting Bank）和汇入行（Paying Bank）。其中付款人（通常为进口人）与汇出行（委托汇出汇款的银行）之间订有合约关系，汇出行与汇入行（汇出行的代理行）之间订有代理合约关系。

在办理汇付业务时，需要由汇款人向汇出行填交汇款申请书，汇出行有义务根据汇款申请书的指示向汇入行发出付款书；汇入行收到汇出行的指示委托书后，有义务向收款人（通常为出口人）解付货款。但汇出行和汇入行对不属于自身过失而造成的损失（如付款委托书在邮递途中遗失或因延误等致使收款人无法或迟期收到货款）不承担责任，而且汇出行对汇入行工作上的过失也不承担责任。

汇付方式的流程如图 2-1 所示。

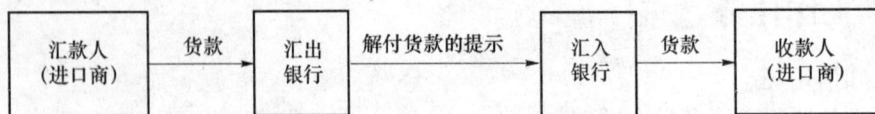

图 2-1　汇付方式的流程

#### 2）汇款的形式

汇款的方式一般有三种：电汇 [Telegraphic Transfer（T/T）]、信汇 [Mail Transfer（M/T）] 和票汇 [Demand Draft（D/D）]。由于电子化的高速发展，当今汇款主要使用电汇方式。

（1）电汇。电汇俗称"T/T"，是进口方委托银行，通过加押电报或电传的方式将款项支付给收款人，这种方式快捷、简便。本书中的汇款业务一般就是指电汇。

电汇的业务流程如下：

① 债务人填具电汇申请书递交给汇出行，并向其交款付费。

② 汇出行将电汇回执交给汇款人。

③ 汇出行根据电汇申请人的指示，用电传或 Swift 方式向国外代理行发出汇款通知。

④ 汇入行收到电传或 Swift，核对密押无误后，即可缮制电汇通知书，通知收款人取款。

⑤ 收款人持通知书前去取款并在收款收据上签字。

⑥ 汇入行即刻解付汇款。

⑦ 汇入行将付讫借记通知书邮寄给汇出行。

⑧ 汇出行与汇入行之间如无直接账户关系，还须进行头寸清算。

（2）信汇。信汇是指汇出行应汇款人的申请，将信汇付款委托书寄给汇入行，授权解付一定金额给收款人的一种汇款方式。信汇方式的优点是费用较为低廉，但收款人收到汇款的时间较迟。

信汇业务的流程如下：

① 汇款人或债务人填写信汇申请书连同汇款一起交给汇出行。

② 汇出行接受客户申请，并给客户一张信汇回执。

③ 汇出行航邮信汇委托通知国外代理行（汇入行），委托书上记载汇款人、收款人、金额等内容。汇出行与汇入行如事前没有约定，委托书上还要交代清楚资金是如何转移给国外代理行的，这种说明称为"偿付指示"。

④ 汇入行接到信汇委托书后，向收款人发出汇款通知书，通知其前来取款。

⑤ 收款人凭有效证件前来取款，汇入行核对无误后付款。

⑥ 收款人收款并在收款收据上签字。

⑦ 汇入行向汇出行发出付讫借记通知书。

⑧ 汇出行与汇入行之间如没有直接账户关系，则还须进行头寸清算。信汇、电汇业务流程如图 2－2 所示。

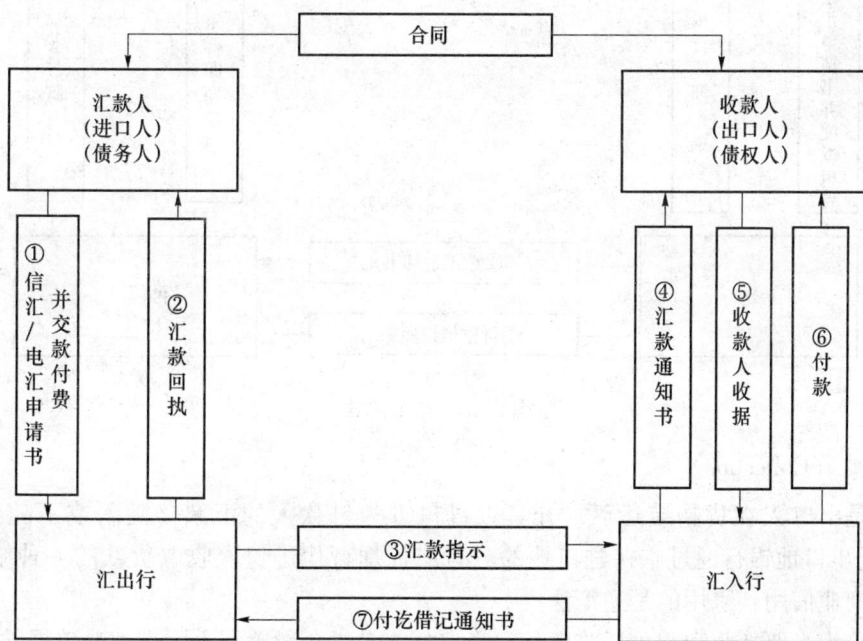

图 2－2 信汇/电汇业务流程

（3）票汇。票汇是指汇出行应汇款人的申请，代汇款人开立以其分行或代理行为解付行的银行即期汇票，并支付一定金额给收款人的一种汇款方式。

票汇的业务流程如下：

① 债务人或汇款人填写票汇申请书，并交款付费给银行。

② 汇出行开立银行即期汇票交给汇款人。

③ 汇款人自行邮寄汇票给收款人或亲自携带汇票出国。

④ 汇出行开立汇票后，将汇款通知书（票根）邮寄给国外代理行。

⑤ 收款人持汇票向汇入行取款。

⑥ 汇入行验核汇票与票根无误后，解付票款给收款人。

⑦ 汇入行把付讫借记通知书寄给汇出行。

⑧ 如汇出行与汇入行之间没有直接账户关系，则还须进行头寸清算。票汇与电汇、信汇的不同之处在于，票汇的汇入行无须通知收款人取款，而由收款人持票登门取款，这种票汇除有限转让和流通的规定外，经收款人背书，可以转让流通，而电汇、信汇的收款人则不能将收款权转让。

票汇流程如图2-3所示。

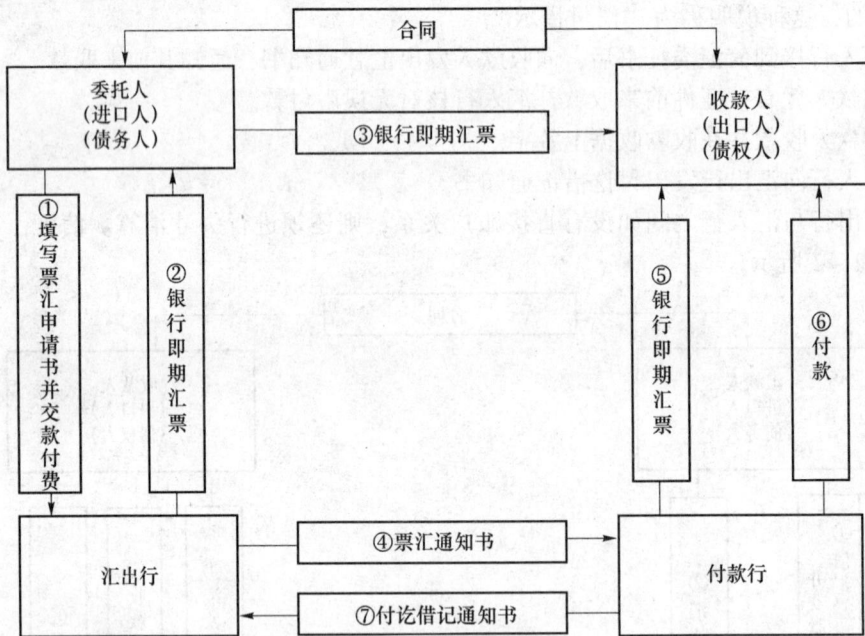

图2-3 票汇流程

2. 托收（Collection）

托收是出口人在货物装运后，开具以进口方为付款人的汇票（随附或不随付货运单据），委托出口地银行通过它在进口地的分行或代理行代进口人收取货款的一种结算方式。托收属于商业信用，采用的是逆汇法。

托收分为光票托收和跟单托收两种。光票托收是指金融单据不附带商业单据的托收，即仅把金融单据委托银行代为收款。光票托收可以用于货款尾数、小额贷款、贸易从属费用和索赔款的收取。跟单托收是指金融单据附带商业单据或不用金融单据的商业单据的托收。跟单托收的基本做法是，出口人根据买卖合同先行发运货物，然后开立汇票（或不开汇票）连同有关货运单据（商业单据）委托出口地银行（托收行）通过其在进口地的代理行（代收行）向进口人收取货款。为区别于凭信用证收付方式，在我国习惯上把托收方式也称作"无证托收"。在国际贸易中，货款结算使用托收方式时，通常均使用跟单托收。

1）托收方式的当事人

托收方式的基本当事人有四个，即委托人、托收行、代收行和付款人。

（1）委托人（Principal）是开出汇票（或不开汇票）委托银行向国外付款人收款的出票人（Drawer），通常就是卖方。

（2）托收行（Remitting Bank）是委托人的代理人，是接受委托人的委托转托国外银行向国外付款人代为收款的银行，通常为出口地银行。

（3）代收行（Collecting Bank）是托收行的代理人，是接受托收行的委托代向付款人收款的银行，通常为进口地银行。

（4）付款人（Payer）通常就是买卖合同的买方，是汇票的受票人（Drawee）。

2）托收的种类

托收分为光票托收和跟单托收两种。前者是指金融单据不附带任何货运单据的托收；后者指带有货运单据的托收。国际贸易中货款的收取大多采用跟单托收。按交单条件的不同，跟单托收分为付款交单（D/P）和承兑交单（D/A）。

（1）付款交单（Documents Against Payment，D/P）。付款交单是卖方的交单须以买方的付款为条件，即出口人将汇票连同货运单据交给银行托收时，指示银行只有在进口人付清货款时才能交出货运单据。如果进口人拒付，就不能从银行取得货运单据，也无法提取单据项下的货物。付款交单按支付时间不同，又可分为即期付款交单和远期付款交单两种。

即期付款交单（D/P at Sight）是由出口人通过银行向进口人提示汇票和货运单据，进口人于见票（或见单）即须付款，在付清货款后，领取货运单据。

远期付款交单（D/P after Sight）是由出口人通过银行向进口人提示汇票和货运单据，进口人即在汇票上承兑，并于汇票到期日由代收银行再次向其提示时经付款后向代收银行取得单据。在汇票到期付款前，汇票和货运单据由代收行保管。

（2）承兑交单（Documents Against Acceptance，D/A）。承兑交单是指出口人的交单以进口人的承兑为条件。进口人承兑汇票后，即可向银行取得货运单据，待汇票到期日才付款。承兑交单只适用于远期汇票的托收。

3）跟单托收的一般业务程序

由于使用的结算工具（托收指示书和汇票）的传送方向与资金的流动方向相反，所以，托收方式属于逆汇。跟单托收业务一般按照以下程序进行：

① 出口人按照合同规定发货后取得运输单据，填写托收申请书，并连同汇票及发票等商业单据送交托收行，委托托收货款。

② 托收行根据出口人的指示，向代收行发出托收委托书并连同汇票、单据寄交代收行，要求按照申请书的指示代收货款。

③ 代收行收到汇票和单据后，应及时向进口人作付款或承兑提示。如为即期汇票，进

口人应立即付清货款，取得货运单据；如为远期汇票，进口人应立即承兑汇票。如属付款交单方式，代收行保留汇票及单据，待汇票到期再通知付款赎单。如属承兑交单方式，则进口人在承兑汇票后即可从代收行取得全套单据。

④ 代收行收到货款后，应立即将货款拨付托收行。

⑤ 托收行收到货款后应立即转交出口人。

4）跟单托收方式下的资金融通

在跟单托收方式下，出口人和进口人可采用出口押汇和凭信托收据借单方式向银行获得资金融通。

托收流程如图2-4所示。

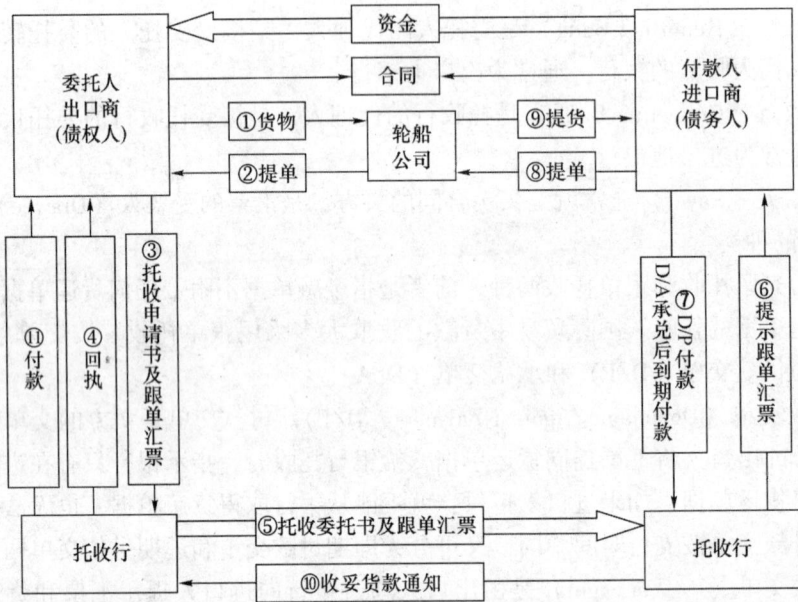

图2-4 托收流程

3. 信用证（Letter of Credit，L/C）

信用证属银行信用，是使用最多的一种支付方式。信用证比托收及汇付（预付除外）等以商业信用为基础的支付方式安全可靠。

1）信用证的含义

信用证是开证行应申请人（进口商）的要求和指示，向受益人（出口商）开立的在一定期限内，凭规定的单据，即期或在可以确定的将来日期，支付一定金额的书面承诺。简言之，信用证是一种有条件的书面的银行付款承诺。

2）信用证的作用

国际银行界提供的这种服务形式，促进了国际贸易的发展。信用证的发展削弱了货主的风险，其根本作用是能够保证卖方得到货款，买方得到货物，然而需要信用证涉及的各方——银行、买方、卖方必须诚实可靠。

3）信用证的主要内容

各国银行开立的信用证虽无统一格式，但其内容基本相同，主要内容包括开证行名称、开证地点与时间、信用证的种类和号码、付款人名称、付款时间和地点、开证申请人和受益人的名称和地点、信用证金额、应提交的提单、转运条款、货物条款、信用证的有效期及到期地点、开证行的付款保证及"跟单信用证统一惯例"等。

4）信用证的特点

① 信用证是一项独立文件。信用证虽以贸易合同为基础，但它一经开立，就成为独立于贸易合同之外的另一种契约。贸易合同是买卖双方之间签订的契约，只对买卖双方有约束力；信用证则是开证行与受益人之间的契约，开证行和受益人以及参与信用证业务的其他银行均应受信用证的约束，但这些银行当事人与贸易合同无关，故不受合同的约束。对此，《跟单信用证统一惯例》第3条明确规定："信用证与其可能依据的销售合约或其他合约是性质上不同的业务。即使信用证中包含有关于该合约的任何援引，银行也与该合约完全无关，并不受其约束。"

② 开证行是第一付款人。信用证支付方式是一种银行信用，由开证行以自己的信用作出付款保证，开证行提供的是信用而不是资金，其特点是在符合信用证规定的条件下，先由开证行承担付款的责任。《跟单信用证统一惯例》第2条明确规定，信用证是一项约定，根据此约定，开证行依照开证申请人的要求和指示，在规定的单据符合信用证条款的情况下，向受益人或其指定人进行付款，或支付或承兑受益人开立的汇票；也可授权另一银行进行该项付款，或支付、承兑或议付该汇票。后一种情况并不能改变开证行作为第一付款人的责任。

③ 信用证业务处理的是单据。《跟单信用证统一惯例》第4条明确规定："在信用证业务中，各有关方面处理的是单据，而不是与单据有关的货物、服务及/或其他行为。"因此，信用证业务是一种纯粹的凭单据付款的业务。该惯例在第15条、第16条及第17条对此作了进一步的规定和说明。也就是说，只要单据与单据相符、单据与信用证相符，只要能确定单据在表面上符合信用证条款，银行就得凭单据付款。因此，单据成为银行付款的唯一依据。也就是说，银行只认单据是否与信用证相符，而"对于任何单据的形式、完整性、准确性、真实性、伪造或法律效力，或单据上规定的或附加的一般及（或）特殊条件，概不负责任"，对于货物的品质、包装是否完好、数（重）量是否完整等，也不负责任。所以，在使用信用证支付的条件下，受益人要想安全、及时地收到货款，必须做到"单单一致""单证一致"。

5）信用证的分类

（1）以信用证项下的汇票是否附有货运单据，划分为跟单信用证和光票信用证。

（2）以开证行所负的责任为标准，可以分为以下两种信用证。

① 不可撤销信用证。不可撤销信用证指信用证一经开出，在有效期内，未经受益人及有关当事人的同意，开证行不能片面修改和撤销，只要受益人提供的单据符合信用证规定，开证行必须履行付款义务。

② 可撤销信用证。开证行不必征得受益人或有关当事人的同意有权随时撤销信用证，并应在信用证上注明"可撤销"字样。但《国际商会第500号出版物》（以下简称《UCP500》）规定：只要受益人依信用证条款规定已得到了议付、承兑或延期付款保证时，该信用证即不能被撤销或修改。《UCP500》还规定，如信用证中未注明是否可撤销，应视为不可撤销信用证。

（3）以有无另一银行加以保证兑付，可以分为以下两种信用证。

① 保兑信用证。保兑信用证指开证行开出的信用证，由另一银行保证对符合信用证条

款规定的单据履行付款义务。对信用证加以保兑的银行，称为保兑行。

② 不保兑信用证。开证行开出的信用证没有经另一家银行保兑。

（4）根据付款时间的不同，可以分为以下 3 种信用证。

① 即期信用证。即期信用证指开证行或付款行收到符合信用证条款的跟单汇票或装运单据后，立即履行付款义务的信用证。

② 远期信用证。远期信用证指开证行或付款行收到信用证的单据时，在规定期限内履行付款义务的信用证。

③ 假远期信用证。信用证规定受益人开立远期汇票，由付款行负责贴现，并规定一切利息和费用由开证人承担。这种信用证对受益人来讲，实际上仍属于即期收款，在信用证中有"假远期"（Usance L/C Payable at Sight）条款。

（5）根据受益人对信用证的权利可否转让，可分为以下两种信用证。

① 可转让信用证。可转让信用证指信用证的受益人（第一受益人）可以要求授权付款、承担延期付款责任的承兑或议付的银行（统称"转让行"），或当信用证是自由议付时，可以要求信用证中特别授权的转让银行，将信用证全部或部分转让给一个或数个受益人（第二受益人）使用的信用证。开证行在信用证中要明确注明"可转让"（Transferable），且只能转让一次。

② 不可转让信用证。不可转让信用证指受益人不能将信用证的权利转让给他人的信用证。凡信用证中未注明"可转让"，即是不可转让信用证。

（6）循环信用证。循环信用证指信用证被全部或部分使用后，其金额又恢复到原金额，可再次使用，直至达到规定的次数或规定的总金额为止。循环信用证通常在分批均匀交货的情况下使用。在按金额循环的信用证条件下，恢复到原金额的具体做法有以下 3 种。

① 自动式循环。每期用完一定金额，不需等待开证行的通知，即可自动恢复到原金额。

② 非自动循环。每期用完一定金额后，必须等待开证行通知到达，信用证才能恢复到原金额使用。

③ 半自动循环。每次用完一定金额后若干天内，开证行未提出停止循环使用的通知，自第 × 天起即可自动恢复至原金额。

（7）对开信用证。对开信用证指两张信用证申请人互以对方为受益人而开立的信用证。两张信用证的金额相等或大体相等，可同时互开，也可先后开立。它多用于易货贸易或来料加工和补偿贸易业务。

（8）对背信用证。对背信用证，又称转开信用证，指受益人要求原证的通知行或其他银行以原证为基础，另开一张内容相似的新信用证，对背信用证的开证行只能根据不可撤销信用证来开立。对背信用证的开立通常是中间商转售他人货物，或两国不能直接办理进出口贸易时，通过第三者以此种办法来沟通贸易。原信用证的金额（单价）应高于对背信用证的金额（单价），对背信用证的装运期应早于原信用证的规定。

（9）预支信用证。预支信用证指开证行授权代付行（通知行）向受益人预付信用证金额的全部或一部分，由开证行保证偿还并负担利息，即开证行付款在前，受益人交单在后，与远期信用证相反。预支信用证凭出口人的光票付款，也有要求受益人附一份负责补交信用证规定单据的说明书，当货运单据交到后，付款行在付给剩余货款时，将扣除预支货款的利息。

（10）备用信用证。备用信用证，又称商业票据信用证、担保信用证，指开证行根据开证申请人的请求，对受益人开立的承诺承担某项义务的凭证。即开证行保证在开证申请人未能履行其义务时，受益人只要凭备用信用证的规定并提交开证人违约证明，即可取得开证行的偿付。备用信用证是银行信用，对受益人来说是备用于开证人违约时，取得补偿的一种方式。

6）信用证的业务流程

（1）买卖双方经过磋商，约定以信用证方式进行结算。

（2）进口方向开证行递交开证申请书，约定信用证内容，并支付押金或提供保证人。

（3）开证行接受开证申请书后，根据申请开立信用证，正本寄给通知行，指示其转递或通知出口方。

（4）由通知行转递信用证或通知出口方信用证已到。通知行在开证行要求或授权下对信用证加以保兑。

（5）出口方认真核对信用证是否与合同相符，如果不符，可要求进口商通过开证行进行修改；待信用证无误后，出口商根据信用证备货、装运、开立汇票并缮制各类单据，船运公司将装船的提单交予出口商。

（6）出口商将单据和信用证在信用证有效期内交予议付行。

（7）议付行审查单据，符合信用证条款后接受单据并付款，若单证不符，可以拒付。

（8）议付行将单据寄送开证行或指定的付款行，向其索偿。

（9）开证行收到单据后，应核对单据是否符合信用证条款，如正确无误，即应偿付议付行代垫款项，同时通知开证申请人备款赎单。

（10）进口方付款赎单，如发现不符，可拒付款项并退单。进口人发现单证不符，也可拒绝赎单。

（11）开证行将单据交予进口商。

（12）进口商凭单据提货。

信用证的业务流程如图 2-5 所示。

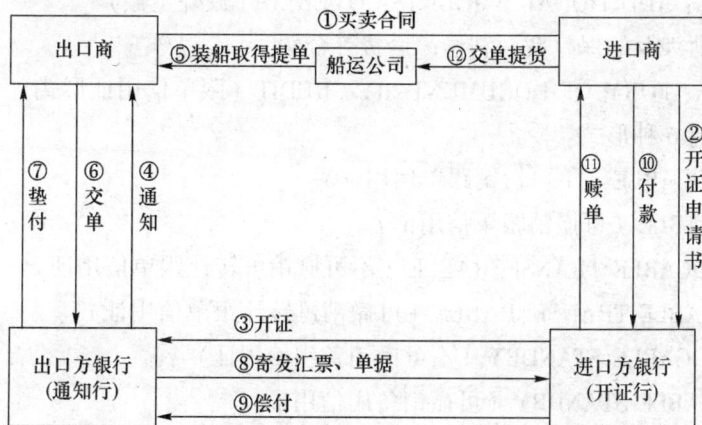

图 2-5 信用证的业务流程

7）SWIFT 开立信用证代码解读

SWIFT 又称为"环球同业银行金融电讯协会"，是国际银行同业间的国际合作组织，成立于 1973 年，目前全球大多数国家大多数银行已使用 SWIFT 系统。SWIFT 的使用，为银行的结算提供了安全、可靠、快捷、标准化、自动化的通信业务，从而大大提高了银行的结算速度。由于 SWIFT 的格式具有标准化，目前信用证的格式主要都是用 SWIFT 电文，所以有必要对 SWIFT 进行了解。

目前针对 SWIFT 开立的信用证已经形成了一个代码体系，这个代码体系简称为 MT700。在这个体系下，有一些代码包含的项目是每一个信用证都必然包含的，有一些是信用证可选的项目。下面分别进行介绍。

必选　　20：DOCUMENTARY CREDIT NUMBER（信用证号码）

可选　　23：REFERENCE TO PRE-ADVICE（预先通知号码）

如果信用证是采取预先通知的方式，该项目内应该填入"PREADV/"，再加上预先通知的编号或日期。

必选　　27：SEQUENCE OF TOTAL（电文页次）

可选　　31C：DATE OF ISSUE（开证日期）

如果这项没有填，则开证日期为电文的发送日期。

必选　　31D：DATE AND PLACE OF EXPIRY（信用证有效期和有效地点）

该日期为最后交单的日期。

必选　　32B：CURRENCY CODE，AMOUNT（信用证结算的货币和金额）

可选　　39A：PERCENTAGE CREDIT AMOUNT TOLERANCE（信用证金额上下浮动允许的最大范围）

该项目的表示方法较为特殊，数值表示百分比的数值，例如，5/5 表示上下浮动最大为 5%。

可选　　39B：MAXIMUM CREDIT AMOUNT（信用证最大限制金额），39B 与 39A 不能同时出现。

可选　　39C：ADDITIONAL AMOUNTS COVERED（额外金额）

表示信用证所涉及的保险费、利息、运费等金额。

必选　　40A：FORM OF DOCUMENTARY CREDIT（跟单信用证形式）

跟单信用证有 6 种形式：

（1）IRREVOCABLE（不可撤销跟单信用证）

（2）REVOCABLE（可撤销跟单信用证）

（3）IRREVOCABLE TRANSFERABLE（不可撤销可转让跟单信用证）

（4）REVOCABLE TRANSFERABLE（可撤销可转让跟单信用证）

（5）IRREVOCABLE STANDBY（不可撤销备用信用证）

（6）REVOCABLE STANDBY（可撤销备用信用证）

必选　　41A：AVAILABLE WITH… BY…（指定的有关银行及信用证兑付的方式）

指定银行作为付款、承兑、议付。兑付的方式有 5 种：BY PAYMENT（即期付款）；BY AC-

CEPTANCE（远期承兑）；BY NEGOTIATION（议付）；BY DEF PAYMENT（迟期付款）；BY MIXED PAYMENT（混合付款）。如果是自由议付信用证，对该信用证的议付地点不做限制，该项目代号为41D，内容为 ANY BANK IN...

可选　　42A：DRAWEE（汇票付款人）

必须与 42C 同时出现。

可选　　42C：DRAFTS AT...（汇票付款日期）

必须与 42A 同时出现。

可选　　42M：MIXED PAYMENT DETAILS（混合付款条款）

可选　　42P：DEFERRED PAYMENT DETAILS（迟期付款条款）

可选　　43P：PARTIAL SHIPMENTS（分装条款）表示该信用证的货物是否可以分批装运。

可选　　43T：TRANSSHIPMENT（转运条款）表示该信用证是直接到达，还是通过转运到达。

可选　　44A：LOADING ON BOARD/DISPATCH/TAKING IN CHARGE AT/FROM（装船、发运和接收监管的地点）

可选　　44B：FOR TRANSPORTATION TO...（货物发运的最终地）

可选　　44C：LATEST DATE OF SHIPMENT（最后装船期）

装船的最迟日期。

可选　　44D：SHIPMENT PERIOD（船期）

44C 与 44D 不能同时出现。

可选　　45A：DESCRIPTION OF GOODS AND/OR SERVICES（货物描述）

货物的情况、价格条款。

可选　　46A：DOCUMENTS REQUIRED（单据要求）

各种单据的要求。

可选　　47A：ADDITIONAL CONDITIONS（特别条款）

可选　　48：PERIOD FOR PRESENTATION（交单期限）

表明开立运输单据后多少天内交单。

必选　　49：CONFIRMATION INSTRUCTIONS（保兑指示）

其中，CONFIRM：要求保兑行保兑该信用证；MAY ADD：收报行可以对该信用证加具保兑；WITHOUT：不要求收报行保兑该信用证。

必选　　50：APPLICANT（信用证开证申请人）

一般为进口商。

可选　　51A：APPLICANT BANK（信用证开证的银行）

可选　　53A：REIMBURSEMENT BANK（偿付行）

可选　　57A："ADVISE THROUGH" BANK—BIC（通知行）

必选　　59：BENEFICIARY（信用证的受益人）

一般为出口商。

可选　71B：CHARGES（费用情况）

表明费用是否由受益人（出口商）出，如果没有这一条，表示除了议付费、转让费以外，其他各种费用由开出信用证的申请人（进口商）出。

可选　72：SENDER TO RECEIVER INFORMATION（附言）

可选　78：INSTRUCTION TO THE PAYING/ACCEPTING/NEGOTIATING BANK（给付款行、承兑行、议付行的指示）

## 二、国际结算的票据

### 1. 票据概述

国际贸易货款的收付，采用现金结算的较少，大多使用非现金结算，即使用代替现金作为流通手段和支付手段的信贷工具来结算国际债权债务。票据是国际通行的结算和信贷工具，是可以流通转让的债权凭证。国际贸易中使用的票据主要有汇票、本票和支票，其中以使用汇票为主。

1）票据的定义

票据从广义上来说，泛指代表一定权利关系的书面凭证。如汇票、本票、支票、提单、仓单、保单、记账凭证等；还有的把日常生活中使用的一些书面凭证，如乘车、乘船的票证等，也称为票据。

票据从狭义上来说，仅指依照法定的格式，签发和流通的汇票、本票和支票三种票据。根据国际上票据立法的惯例，我国的票据法所规范的对象，仅为狭义的票据，即汇票、本票和支票。它们的共同特点是，在票据规定的期限内，持票人或收款人可向出票人或指定付款人无条件地支取确定金额的货币。它们都属于反映一定债权债务关系的、可流通的、代表一定数量货币请求权的有价证券。

2）票据的特点

① 票据是完全的有价证券。

② 票据是一种要式证券。票据法律法规严格地规定票据的做成格式和记载事项。不按票据法及相关法规的规定进行票据事项的记载，就会影响票据的效力，甚至会导致票据的无效。此外，在票据上所为的一切行为，如出票、背书、承兑、保证、付款、追索等，也必须严格按照票据法的程序和方式进行，否则无效。这就是票据的要式性。

③ 票据是一种无因证券。所谓无因是指只问票据的形式要件是否成立，不问其发生原因。

④ 票据是一种文义证券。即义务人只按照证券上指明的金额和条件履行义务，而不问出票人的原意。

⑤ 票据是设权证券。票据权利的产生必须先做成票据。在票据做成之前，票据权利是不存在的。票据权利是随着票据的做成同时发生的。没有票据，就没有票据权利。这就是票据的设权性。

⑥ 票据是流通证券。票据的一个基本功能就是流通。它较一般财产权利，经背书或单

纯交付即可让与他人，无须依民法有关债权让与的有关规定。一般来说，无记名票据，可依单纯交付而转让；记名票据，须经背书交付才能转让。这就是票据的流通性。

3）票据的关系人

票据有三个基本当事人，即出票人、付款人和收（受）款人。票据在流通过程中又产生了流通关系人，如背书人、承兑人、持票人等，每个关系人在票据上签名后，即对正当持票人负有付款或担保付款的责任。在票据上承担付款的责任人是债务人。持有票据、有权对债务人行使票据权利的人是债权人。出票人、受票人、背书人和承兑人都是票据的债务人，收款人、持票人是票据的债权人。

①出票人（Drawer）。出票人是开立票据并将其交付给他人的法人、其他组织或者个人。出票人对收款人及正当持票人承担票据在提示付款或承兑时必须付款或者承兑的保证责任。

②受票人（Drawee）。受票人是根据出票人的命令支付票款的人。受票人对票据承担的付款责任不是法定的。因为受票人尚未在票据上签字，故受款人和持票人不能强迫其付款或承兑。但票据一经承兑，该受票人即成为承兑人，即表示同意出票人的支付命令，承担到期付款的责任。

③收款人（受款人，Payee）。收款人也称受款人，是收取汇票的人，是汇票的主债权人。收款人有权向付款人要求付款，若遭拒绝，有权向出票人追索票款。

④背书人（Endorser）。背书是由持票人在汇票背面签上自己的名字，并将票据交付给受让人的行为。这里的持票人称为背书人，受让人称为被背书人。

通过背书方式转让票据的主要目的是要在转让人和受让人之间建立起权利义务关系。作为转让人的背书人一旦在票据上签名，就要承担以下两项业务：一是须对包括被背书人在内的所有后来取得该票据的人保证该票据必将得到承兑或付款。二是须保证在他以前曾在该汇票上签名的一切前手的签字的真实性和背书的连续性。背书连续是指在票据转让中，转让汇票的背书人与受让汇票的被背书人在汇票上的签章依次前后衔接。

被背书人是票据的受让人，其有权取得背书人对票据的一切权利。具体表现为两点：一是被背书人可以用自己的名义向付款人要求承兑、付款，也可以将票据再经背书转让他人。二是当票据遭到拒付时，被背书人有权向其直接的背书人以及曾在票据上签名的其他背书人直至出票人进行追索。

⑤承兑人（Acceptor）。付款人同意接受（Accept）出票人的命令并在汇票正面签字，就成为承兑人。承兑人一经承兑，必须保证对其所承兑的文义付款。

⑥持票人（Holder）。持票人就是指持有汇票的当事人。持票人是票据权利的主体。

⑦对价持票人（Holder for Value）。对价持票人是指取得汇票时付出一定对价的持票人。所谓对价是指可以支持一项简单交易或合约之物，如货物、劳务、金钱等。一旦对汇票支付了对价，那么给付对价的持票人及其所有后手均为对价持票人，即使对价持票人的后手未付过对价（如赠予获得）。

对价持票人的权利不能优于其前手，即仍然受到汇票转让人在所有权中同样缺陷的制约。

⑧ 正当持票人（Holder in Due Course）。正当持票人也称善意持票人（Bona Fide Holder），他是善意地付出了对价，取得一张表面完整、合格、不过期汇票的持票人，并且未发现这张汇票曾被拒付，也未曾发现转让人在权利方面有任何缺陷。

2. 票据行为

（1）出票。出票是指出票人签发票据并将其交付给收款人的票据行为。出票包括做成票据和将票据交付给收款人两种行为。做成票据即在原始票据上记载法定事项并签章；票据的交付指以形成票据关系为目的而将票据交予他人占有的行为，两者缺一不可。

（2）背书。背书是受款人在票据的背面签字或做一定的批注，表示对票据做出转让的行为。转让人称为背书人，被转让人称为被背书人。被转让人可以再加背书，再将票据转让出去，一张票据可以多次转让。

（3）提示。票据在付款或远期的请求承兑时，应由持票人将票据向付款人提示。

（4）承兑。远期票据规定承兑的，在付款前，必须由持票人向付款人要求承兑，即付款人在票据前面批注承兑字样，后加签名、日期及一些注解等。

（5）参加承兑。当票据提示给付款人被拒绝承兑时，在持票人同意下，参加承兑人参加承兑行为，由他在票据上批注"参加承兑"字样，并签名和注明日期。参加承兑人不像承兑人一样成为票据的主债务人，他只在付款人拒绝付款时，才负付款的义务。

（6）保证。票据的保证是保证人对票据的特定债务人支付票款的担保。

（7）付款。即期是经提示即予付款，远期是到期付款。

（8）拒绝承兑和拒付。持票人以票据提示，被承兑人拒绝承兑；或到期被付款人拒付，都应做成拒绝证书。拒绝证书是由持票人在法定期限内要求付款地法定公证人或其他有权出具证书的机构签发的证明付款人拒绝承兑或拒付的法律文件。持票人在取得拒绝证书后不须再作付款提示，即可向前手背书人行使追索权。

（9）追索。日内瓦票据法规定，票据因时效消灭而丧失追索权。例如，汇票承兑人的权利自到期日起有效期为3年，持票人对前手的追索权自做成拒绝证书之日起或到期日起1年；汇票背书人因被追索而清偿票款并向前手转行追索，自清偿日起6个月内有效。

3. 结算票据的种类

国际贸易中使用的结算票据包括汇票、本票和支票，其中以使用汇票为主。

1）汇票

（1）汇票的含义。汇票是由一人向另一人签发的书面无条件支付命令，要求对方（接受命令的人）即期或定期或在可以确定的将来时间，向某人或指定人或持票人支付一定金额。

（2）汇票的种类。

① 按出票人的不同分为银行汇票和商业汇票。银行汇票（Banker's Draft）是出票人和付款人均为银行的汇票。商业汇票（Commercial Draft）是出票人为企业法人、公司、商号或者个人，付款人为其他商号、个人或者银行的汇票。

② 按有无附属单据分为光票汇票和跟单汇票。光票（Clean Bill）汇票本身不附带货运

单据，银行汇票多为光票。跟单汇票（Documentary Bill）又称为信用汇票、押汇汇票，是需要附带提单、仓单、保险单、装箱单、商业发票等单据，才能进行付款的汇票。商业汇票多为跟单汇票，在国际贸易中经常使用。

③ 按付款时间分为即期汇票和远期汇票。即期汇票（Sight Bill, Demand Bill）指持票人向付款人提示后对方立即付款。即期汇票又称见票即付汇票。远期汇票（Time Bill, Usance Bill）是在出票一定期限后或特定日期付款。在远期汇票中，记载一定的日期为到期日，于到期日付款的，为定期汇票；记载于出票日后一定期间付款的，为计期汇票；记载于见票后一定期间付款的，为注期汇票；将票面金额划为几份，并分别指定到期日的，为分期付款汇票。

④ 按承兑人分为商号承兑汇票和银行承兑汇票。商号承兑汇票（Commercial Acceptance Bill）是以银行以外的任何商号或个人为承兑人的远期汇票。银行承兑汇票（Banker's Acceptance Bill）指承兑人是银行的远期汇票。

⑤ 按流通地域分为国内汇票与国际汇票。

2）本票

本票是一人向另一人签发的，保证即期或在可以预料的将来时间，由自己无条件支付给持票人一定金额的单据。

本票又可分为商业本票和银行本票。商业本票是由工商企业或个人签发的本票，也称为一般本票。商业本票可分为即期和远期的商业本票，一般不具备再贴现条件，特别是中小企业或个人开出的远期本票，因信用保证不高，所以很难流通。银行本票都是即期的。在国际贸易结算中使用的本票大多是银行本票。

3）支票

支票是指银行为付款人的即期汇票。具体说就是出票人（银行存款人）对银行（受票人）签发的，要求银行见票时立即付款的票据。出票人签发支票时，应在付款行存有不低于票面金额的存款。如存款不足，持票人提示会遭拒付，这种支票称为空头支票。开出空头支票的出票人要负法律责任。

支票可分为以下几种类型：

① 记名支票（Cheque Payable to Order）：指在支票的收款人一栏，写明收款人姓名，如"限付A"（Pay A Only）或"指定人"（Pay A Order），取款时须由收款人签章，方可支取。

② 不记名支票（Cheque Payable to Bearer）：不记名支票又称空白支票，支票上不记载收款人姓名，只写"付来人"（Pay Bearer）。取款时持票人无须在支票背后签章，即可支取。此项支票仅凭交付而转让。

③ 划线支票（Crossed Cheque）：指在支票正面划两道平行线的支票。划线支票与一般支票不同，划线支票非由银行不得领取票款，故只能委托银行代收票款入账。使用划线支票的目的是在支票遗失或被人冒领时，还有可能通过银行代收的线索追回票款。

④ 保付支票（Certified Cheque）：指为了避免出票人开出空头支票，保证支票提示时付款，支票的收款人或持票人可要求银行对支票"保付"。保付是由付款银行在支票上加盖"保付"戳记，以表明在支票提示时一定付款。支票一经保付，付款责任即由银行承担。出

票人、背书人都可免于追索。付款银行对支票保付后，即将票款从出票人的账户转入一个专户，以备付款，所以保付支票提示时，不会退票。

⑤ 银行支票（Banker's Cheque）：指由银行签发，并由银行付款的支票，是银行即期汇票。银行代顾客办理票汇汇款时，可以开立银行支票。

⑥ 旅行支票（Traveller's Cheque）：指银行或旅行社为旅游者发行的一种固定金额的支付工具，是旅游者从出票机构用现金购买的一种支付手段。

## 实训技能

1. 实训内容

进口方开立了不可撤销的跟单信用证给出口方。现在应委托方的要求需要货代公司根据信用证的要求制作出口单证。现在阅读以下信用证，列出信用证要求的外贸单证列表。

【任务背景信用证范例】

APPLICATION HEADER Q 700 1043 011214 SCBKHKHHBXXX 3414 633333 1048 N

＊SHANGHAI COMMERCIAL BANK LIMITED USER HEADER SERVICE CODE 103：

BANK. PRIORITY 113：

MESG USER REF. 108：BBIBMEY036P40000

INFO. FROM CI 115：SEQUENCE OF TOTAL 27：1/1

FORM OF DOC. CREDIT 40 A：IRREVOCABLE DOC. CREDIT NUMBER

20：LCBB61561 DATE OF ISSUE 31 C：161124

EXPIRY 31 D：DATE 170229 PLACE AT OUR COUNTER IN SUZHOU

APPLICANT 50：JOHN DALE LIMITED UNIT 23 CASTLE PARK FLINT FLINTSHIRE CH6 5XA UNITED KINGDOM

BENEFICIARY 59：GOLD HONG YE PAPER （SUZHOU INDUSTRIAL PARK） CO. LTD

NO. 1 JINSHENG ROAD, SHENGPU,

SUZHOU INDUSTRIAL PARK, JIANGSU, CHINA

AMOUNT 32 B：CURRENCY USD AMOUNT 108. 750，00

POS. /NEG. TOL. （％） 39 A：10/10 AVAILABLE WITH/BY 41 D：ANY BANK BY NEGOTIATION

DRAFTS AT... 42 C：AT SIGHT

DRAWEE 42 D：SHANGHAI COMMERCIAL BANK LTD. SUZHOU FOR FULL INVOICE VALUE

PARTIAL SHIPMENTS 43 P：ALLOWED TRANSSHIPMENT 43 T：ALLOWED

LOADING IN CHARGE 44 A：PORT IN CHINA

FOR TRANSPORT TO... 44 B：LIVERPOOL, GREAT BRITAIN DESCRIPTION OF GOODS 45 A：FACIAL TISSUE

FREE TIME：14 PKGS：162ROLLS GW：126，000. 000KGS VOL：378. 000CBM

ALL CIF LIVERPOOL, GREAT BRITAIN DOCUMENTS REQUIRED 46 A：

(1) FULL SET OF CLEAN "ON BOARD OCEAN VESSEL" BILL OF LADING ISSUED TO ORDER AND BLANK ENDORSED NOTIFYING JYSK CO. LTD. , AND MARKED "FREIGHT PREPAID" SHOWING NAME AND ADDRESS OF SHIPPING COMPANY'S AGENT AT DESTINATION.

(2) SIGNED COMMERCIAL INVOICES IN TRIPLICATE SHOWING CIF VALUE OF THE MENTIONED GOODS AND STATING "WE HEREBY CERTIFY THAT THE GOODS HEREIN INVOICED CONFIRM WITH P/O NO. , JSL ORDER NO. AND ART. NO. "

(3) PACKING LISTS IN TRIPLICATE SHOWING NUMBER OF CARTONS, GROSS WEIGHT, NET WEIGHT AND SPECIFIED PER CONTAINER.

(4) GSP CERTIFICATE FORM A IN DUPLICATE ISSUED BY COMPETENT AUTHORITY OF P. R. CHINA.

(5) INSURANCE POLICY OR CERTIFICATE IN ASSIGNABLE FORM AND ENDORSED IN BLANK FOR 110 PCT OF INVOICE VALUE WITH CLAIMS PAYABLE AT DESTINATION IN CURRENCY OF DRAFT COVERING ICC (A), INSTITUTE WAR CLAUSES (CARGO), INSTITUTE STRIKES CLAUSES (CARGO), WAREHOUSE TO WAREHOUSE CLAUSES AND SHOWING NO. OF ORIGINALS ISSUED.

ADDITIONAL COND. 47 A:

(1) CHARGES INCURRED IN RESPECT OF ANY TELEGRAPHIC TRANSFER/CHARTS PAYMENT/PAYMENT ADVICE BY SWIFT/TELEX ARE FOR ACCOUNT OF BENEFICIARY.

(2) A HANDLING COMMISSION OF USD50. 00 OR EQUIVALENT, PLUS TELEX CHARGES, IF ANY, WILL BE DEDUCTED FROM THE PROCEEDS FOR EACH SET OF DOCUMENTS WITH DISCREPANCIES PRESENTED UNDER THIS LETTER OF CREDIT.

(3) ALL DOCUMENTS MUST BE PRESENTED THROUGH BENEFICIARY'S BANKER AND EXTRA COPY OF INVOICE AND TRANSPORT DOCUMENT FOR L/C ISSUING BANK'S FILE REQUIRED.

WE HEREBY ENGAGE WITH THE DRAWERS, ENDORSERS AND BONA FIDE HOLDERS. THAT DRAFTS DRAWN AND NEGOTIATED IN COMPLIANCE WITH THE TERMS AND CONDITIONS OF THIS CREDIT WILL BE DULY HONOURED ON PRESENTATION.

THIS DOCUMENTARY CREDIT IS SUBJECT TO THE UNIFORM CUSTOMS AND PRACTICE FOR DOCUMENTARY CREDITS (1993) REVISION, INTERNATIONAL CHAMBER OF COMMERCE, PUBLICATION NO. 500.

DETAILS OF CHARGES 71 B: ALL BANKING CHARGES OUTSIDE HONG KONG ARE FOR ACCOUNT OF BENEFICIARY.

PRESENTATION PERIOD 48: ALL DOCUMENTS MUST BE PRESENTED TO AND REACH OUR COUNTER IN HONG KONG WITHIN 7 DAYS AFTER B/L DATE.

CONFIRMATION 49 : WITHOUT

INSTRUCTIONS 78 :

（1）PLS FORWARD THE WHOLE SET OF DOCUMENTS IN ONE LOT TO OUR BILLS PROCESSING CENTRE（KOWLOON）AT 2/F. , 666 NATHAN ROAD, KOWLOON, HONG KONG VIA COURIER SERVICE AT BENEFICIARY'S EXPENSES.

（2）IN REIMBURSEMENT, WE SHALL REMIT PROCEEDS IN ACCORDANCE WITH YOUR INSTRUCTIONS UPON RECEIPT OF THE DOCUMENTS ADVISE THROUGH 57 D: YOUR JIANGSU BRANCH, 148 ZHONGSHAN SOUTH ROAD, NANJING, CHINA

2. 实训目的

学生通过学习信用证的相关知识，可以准确读懂信用证。

3. 实训准备

布置学生学习信用证的相关知识，做好专业外语准备。

4. 实训步骤

步骤一：分发信用证给学生。
步骤二：要求每个学生上交一份信用证翻译中文稿。
步骤三：上交外贸单证列表。
步骤四：选派小组解读信用证的不同部分。
步骤五：教师点评、总结。

5. 实训评价

信用证解读技能训练评价表见表 2 - 1。

表 2 - 1　信用证解读技能训练评价表

| 被考评人 | | | | | | |
|---|---|---|---|---|---|---|
| 考评地点 | | | | | | |
| 考评内容 | 信用证解读 | | | | | |
| 考评标准 | 内　容 | 分值 | 自我评价 | 小组评价 | 教师评价 | 实际得分 |
| | 信用证翻译 | 50 | | | | |
| | 准确列出信用证要求单证 | 50 | | | | |
| | 合计 | 100 | | | | |

注：（1）实际得分 = 自我评价×20% + 小组评价×40% + 教师评价×40%。

（2）考评满分为100分，60~74分为及格，75~84分为良好，85分以上为优秀。

# 任务二　订立和履行国际贸易合同

## 知识准备

### 一、出口业务基本流程

进口贸易程序和出口贸易程序大体可以分为四个阶段：交易前的准备阶段、交易磋商阶段、合同签订阶段和合同履行阶段。如图 2-6 所示。

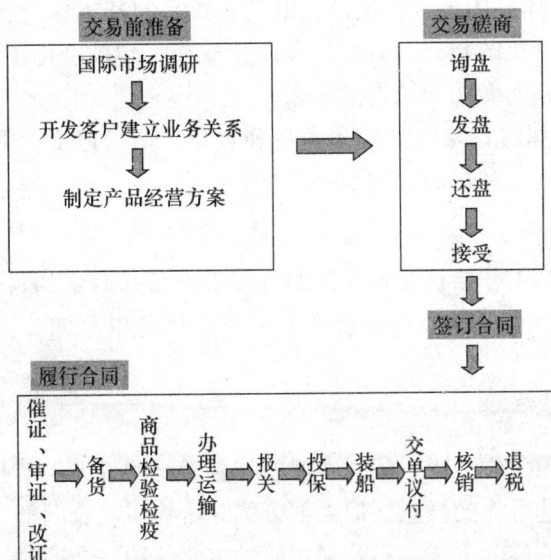

图 2-6  出口业务流程图

**1. 交易前的准备**

这一阶段内要完成的主要工作是进行国际市场调研、开发客户建立业务关系和制定产品经营方案。

（1）国际市场调研。通过分析所采集的信息，总结出国际市场行情特点，了解目标市场的总体经济状况、生产力发展水平、产业结构特点、国家的宏观经济政策、货币制度、经济法律和条约、消费水平和基本特点等，预估可能的风险和效益情况。

（2）开发客户。建立业务关系首先要了解欲与之建立贸易关系的国外厂商的基本情况，包括它的历史、资金规模、经营范围、组织情况、信誉等级等，还包括它与世界各地其他客户和与我国客户开展对外经济贸易关系的历史和现状。若对对方情况不了解，匆忙与之进行外贸交易活动，则容易造成重大损失。

开发客户的渠道主要有以下几条：

① 出国考察，登门拜访客户。此举容易增进买卖双方的了解与信任，同时能够加深双方的感情。

② 通过互联网。目前我国的互联网已经完全普及，在网络上搜索客户已经成为各企业主要的外销手段。

③ 参加各种大型国际展会。除了春秋两季广交会、哈洽会等一些知名的综合性展会外，很多专业性的展会也越来越受到外贸企业的青睐，如中国长春国际汽车博览会、中国国际五金电器博览会等。

④ 其他手段：包括利用企业黄页、专业的搜索软件、商务部对外公布的企业名录等。

（3）制定产品经营方案。出口商品经营方案一般包括以下内容：

① 商品的国内货源情况：如生产地、主销地、主要消费地；商品的特点、品质、规格、

包装、价格、产量、库存情况。

② 国外市场情况：如市场容量，生产、消费、贸易的基本情况，主要进出口国家的交易情况，今后可能发展变化的趋势，对商品品质、规格、包装、性能、价格等方面的要求，国外市场经营该商品的基本做法和销售渠道。

③ 经营计划安排和措施落实：如销售数量和金额、增长速度、采用的贸易方式、支付手段、结算办法、销售渠道和运输方式等。

**2. 交易磋商**

当完成好交易前准备工作后，业务人员即可着手准备与既定的目标客户进行沟通联系，就交易的各项条件进行磋商谈判。交易磋商的环节大体可以分四步：询盘、发盘、还盘和接受。

**3. 签订合同**

当双方就买卖的各项条件达成一致时，就意味着合同的成立。某些大型项目往往要举行正式的签约仪式，以表达合作的诚意，但大部分国际货物买卖合同都是采用甲方签字盖章后利用特快专递要求对方回签的方式。不管采用何种方式签约，合同对于整个交易来说都是至关重要的，它既是解决日后纠纷的依据，也是双方出具各种单据的核心。

**4. 履行合同**

在我国出口贸易中，多数按 CIF 条件成交，并按信用证支付方式收款。履行这种出口合同，涉及面广，工作环节多，手续繁杂。履约过程可分为以下几个步骤：

1）催证、审证和改证

（1）催证。在按信用证付款条件成交时，买方按约定时间开证是卖方履行合同的前提条件，尤其大宗交易或按买方要求而特制的商品交易，买方及时开证更为必要。否则，卖方无法安排生产和组织货源。在实际业务中，由于种种原因买方不能按时开证的情况时有发生，所以，我们应结合备货情况做好催证工作，及时提请对方按约定时间办理开证手续，以利于合同的顺利履行。

（2）审证。在实际业务中，由于种种原因，买方开来的信用证常有与合同条款不符的情况，为了维护我方的利益，确保收汇安全和合同的顺利履行，我们应对国外来证比照合同进行认真的核对和审查，其中开证行与保兑行的资信情况、信用证的性质和开证行对付款的责任、信用证金额及其采用的货币、有关货物的记载和装运期、装运单据等条款是我们审证的重点。

（3）改证。在审证过程中如发现信用证内容与合同规定不符，应同有关部门研究，做出妥善的处理。对我方不能接受的条款，应及时提请开证人修改，在同一信用证上如有多处需要修改的，应当一次提出。

2）备货

为了保证按时、按质、按量交付约定的货物，在订立合同之后，卖方必须及时落实货源，备妥应交的货物。备货工作的内容主要包括按合同和信用证的要求生产加工或仓储部门组织货源和催交货物，核实货物的加工、整理、包装和刷唛情况，对应交的货物进行验收和清点。

3）商品检验检疫

凡按约定条件和国家规定必须法定检验的出口货物，在备妥货物后，应向中国进出口商品检验局申请检验。只有经检验出具商检局签发的检验合格证书，海关才放行，凡检验不合格的货物，一律不得出口。

申请报验时，应填制出口报验申请单，向商检局办理申请报验手续。该申请单的内容一般包括品名、规格、数量或重量、包装、产地等项。在提交申请单时，应随附合同和信用证副本等有关文件，供商检局检验和发证时作参考。

当货物经检验合格后，商检局发给检验合格证书，外贸公司应在检验证规定的有效期内将货物装运出口。如在规定的有效期内不能装运出口，应向商检局申请展期，并由商检局进行复验，复验合格后，才准予出口。

4）办理运输

按 CIF 或 CFR 条件成交时，卖方应及时办理订舱工作。外贸公司洽订舱位需要填写托运单，托运单是托运人根据合同和信用证条款内容填写的向船公司或其代理人办理货物托运的单证。船方根据托运单内容，并结合航线、船期和舱位情况，如认为可以承运，即在托运单上签章，留存一份，另一份退回托运人，至此，订舱手续即告完成，运输合同即告成立。

5）报关

出口货物在装船出运之前，需向海关办理报关手续。出口货物办理报关时必须填写出口货物报关单，必要时还需要提供出口合同副本、发票、装箱单、重量单、商品检验证书，以及其他有关证件。海关查验有关单据后，即在装货单上盖章放行，凭以装船出口。

6）投保

凡按 CIF 条件成交的出口合同，在货物装船前，卖方应及时向中国人民保险公司办理投保手续。出口货物投保都是逐笔办理的，投保人应填制投保单，将货物名称、保险金额、运输路线、运输工具、开航日期、投保险别等一一列明，为了简化投保手续，也可利用出口货物明细单或货物出运分析单代替投保单。保险公司接受投保后，即签发保险单或保险凭证。

7）装船

海关在出口报关单和装货单上签注放行章后，货物即可装船。船长或大副则应该签发收货单（即大副收据）作为货物已装妥的临时收据，托运人凭此收据即可向船公司或其代理人交付运费并换取正式提单。

8）交单议付

按信用证付款方式成交时，在出口货物装船发运之后，外贸公司应按照信用证规定，及时备妥缮制的各种单证，并在信用证规定的交单有效期内交银行办理议付和结汇手续。在制单工作中，必须认真、细致地做到"单证（信用证）相符"和"单单一致"，以利于及时、安全收汇。当银行审核单据无任何瑕疵后，将会把款项解付给出口商，出口商要及时办理结汇手续。

9）核销

企业在银行办理结汇手续后，必须到外管局办理核销手续。首先在电子口岸系统进行交单操作，然后持核销单、报关核销联、银行收汇核销联、核销报告表（盖公章）与出口销售发票到外管局进行网上核销。

10）退税

出口货物退（免）税，简称出口退税，其基本含义是指对出口货物退还其在国内生产和流通环节实际缴纳的产品税、增值税、营业税和特别消费税。出口货物退税制度，是一个国家税收的重要组成部分。符合退税条件的企业可凭报关单、出口销售发票、进货发票、结汇水单和核销单申请退税业务。

## 二、进口业务基本流程

进口业务中交易前的准备、交易磋商和签订合同等环节与出口业务大致相同，不再赘述，只将进口合同的履行进行讲解。进口合同的履行流程如图2-7所示。

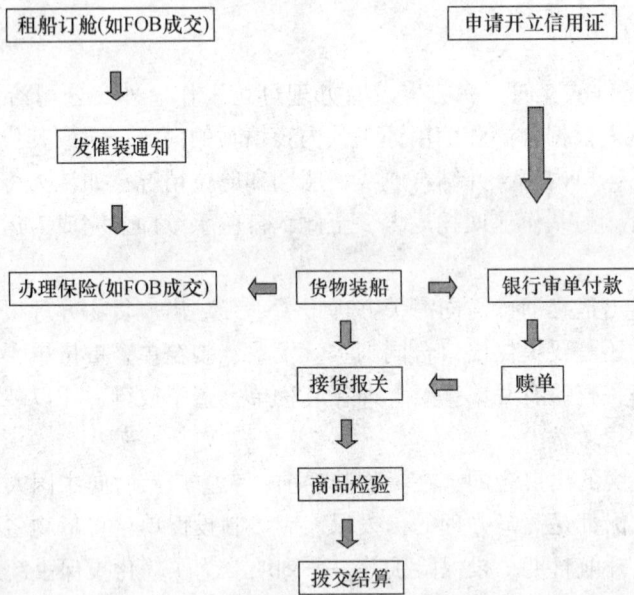

图2-7　进口合同履行流程图

进口合同一般程序包括开立信用证，备运、运输货物，办理货物保险，审单、支付货款、通关提货、验收和进口索赔等。

1. 开立信用证

买方开立信用证是履行合同的前提。因此，在签订进口合同后，应按照合同的规定办理开立信用证的手续。如果合同规定在收到卖方货物备妥通知或者卖方确定装运期后开证，则应该在接到上述通知后及时开立信用证。买方在向银行办理开证手续时，必须按照合同内容填写开证申请书，信用证内容以合同内容为依据开立，应与合同内容一致。申请开立信用证时，要提交正副本合同各一份、开证申请书、购汇申请书和保证金。

2. 备运

如按照FOB条款签订的进口合同，应该由买方安排运输。买方办妥运输手续后应及时将船名、船期通知卖方，以便卖方备货装运。一定要注意避免出现运输工具等货的现象。买方备妥运输工具后，应及时催促装运，并及时了解卖方的备货情况。如果是数量大或者重要的货物，在必要的时候可请求我国驻外机构就地协助了解和督促卖方履约。国外装运后，卖方应及时向买方发装船通知，以便买方及时办理保险、接货等准备工作。

3. 办理货物保险

在 FOB 或 CFR 交货条件下的进口合同，保险由买方办理。当买方收到卖方的装运通知后，按照保险公司的要求办理投保手续，保险公司根据保险合同的规定对货物自动承担承保责任。

4. 审单和付汇

银行在收到国外银行的汇票和单据后，根据信用证的规定，核对单据无误后，即由银行对外付款。同时可以按照人民币当日汇率提前购汇赎单。买方凭银行出具的"付款通知书"做账。如果审单时发现国外的单据不符应及时作出相应的处理，如全额拒付、相符部分付款、货到后验收合格后付款、凭卖方或议付行出具担保付款、要求卖方修改单证、在付款的同时提出保留索赔权。

5. 通关提货、验收

货物到达后，买方可以自理报关或委托报关行办理报关手续，并附发票、装箱单、提单、保单等有效文件办理交税手续。如果属于法检商品，必须随附商品检验证书。必须做到单、证、货相符，经海关查验无误方可放行。

进口的货物到达港口卸货时，港务局要进行卸货核查。如果发现短缺应该及时填写"短缺报告"交由船方确认，并根据短缺的情况向船方提出保留索赔的书面声明。卸货时如发现有残损品，货物应该存放于海关指定的仓库，待保险公司会同商检部门作出处理意见后再进行处理。办理完上述手续后，买方方可提货。

6. 进口索赔

进口商品经常因品质、数量、包装等不符合合同规定，买方向有关方面提出索赔。根据造成原因和损失的不同，可以分别向卖方、船公司及保险公司索赔。

## 三、国际贸易术语

在国际贸易中，商品的价格构成远比国内市场所流通商品的价格要复杂，除了要表明"价格"外，还要明确货物在交接过程中，有关风险、责任如何划分和费用由谁承担的问题。因此，国际贸易货物的价格除了规定商品的单位价格金额、计价数量单位、计价货币名称外，还要标明国际贸易中惯用的一个贸易术语。

（一）国际贸易术语的产生和作用

贸易术语是在长期的国际贸易实践中逐渐产生和发展起来的。在国际贸易中，确定一种商品的成交价，不仅取决于其本身的价值，还要考虑到商品从产地运至最终目的地的过程中，有关手续由谁办理、费用由谁负担以及风险如何划分等一系列问题。如果由卖方承担的风险大、责任大、费用多，其价格自然要高一些；反之，如果由买方承担较多的风险、责任和费用，货价则要低一些买方才能接受。由此可见，贸易术语具有两重性：一方面它是用来确定交货条件，即说明买卖双方在交接货物时各自承担的风险、责任和费用；另一方面用来表示该商品的价格构成因素。这两者是密切相关的。

贸易术语是在长期的国际贸易实践中产生的,用来表明商品的价格构成,说明货物交接过程中有关的风险、责任和费用划分问题的专门术语。贸易术语是国际贸易发展过程中的产物,它的出现又促进了国际贸易的发展。贸易术语在实际业务中的广泛运用,对于简化交易手续、缩短洽商时间和节约费用开支,都具有重要的作用。

(二) 有关贸易术语的国际贸易惯例

贸易术语本身不具有法律约束力,它是反复实践的做法经过权威机构加以总结、编纂与解释,从而形成的一种国际贸易惯例。国际贸易惯例是国际组织或权威机构为减少贸易争端和规范贸易行为,在长期、大量的贸易实践基础上制定出来的,由当事人在意思自治的基础上采纳和运用。

国际贸易惯例本身虽然不具有强制性,但它对国际贸易实践的指导作用却不容忽视。不少贸易惯例被广泛采纳、沿用,说明它们是行之有效的。在我国的对外贸易中,在平等互利的前提下,适当采用国际贸易惯例,有利于外贸业务的开展,而且掌握有关国际贸易惯例的知识,可以帮助我们避免或减少贸易争端。即使发生争议,也可以引用某项惯例,争取有利地位,减少不必要的损失。

有关贸易术语的国际贸易惯例主要有3种,即《1932年华沙—牛津规则》、《1941年美国对外贸易定义修订本》和《国际贸易术语解释通则》。

1. 《1932年华沙—牛津规则》 (Warsaw – Oxford Rules)

《华沙—牛津规则》是国际法协会专门为解释CIF合同而制定的。19世纪中叶,CIF贸易术语在国际贸易中得到广泛采用,然而对使用这一术语时买卖双方各自承担的具体义务,并没有统一的规定和解释。对此,国际法协会于1928年在波兰首都华沙开会,制定了关于CIF买卖合同的统一规则,称为《1928年华沙规则》,共包括22条。其后,在1930年的纽约会议、1931年的巴黎会议和1932年的牛津会议上,将此规则修订为21条,并更名为《1932年华沙—牛津规则》,沿用至今。这一规则对于CIF的性质、买卖双方所承担的风险、责任和费用的划分,以及货物所有权转移的方式等问题都作了比较详细的解释。

2. 《1941年美国对外贸易定义修订本》 (Revised American Foreign Trade Definitions 1941)

《美国对外贸易定义修订本》是由美国几个商业团体制定的。它最早于1919年在纽约制定,原称为《美国出口报价及其缩写条例》。后来于1941年在美国第27届全国对外贸易会议上对该条例作了修订,命名为《1941年美国对外贸易定义修订本》。这一修订本经美国商会、美国进口商协会和全国对外贸易协会所组成的联合委员会通过,由全国对外贸易协会予以公布。

《美国对外贸易定义修订本》主要在美洲国家采用,由于它对贸易术语的解释与国际商会制定的《国际贸易术语解释通则》有明显的差异,所以,在同美洲国家进行交易时应加以注意。

3. 《国际贸易术语解释通则》 (INCOTERMS)

《国际贸易术语解释通则》 (以下简称《通则》) 英文为 International Rules for the Interpretation of Trade Terms, 缩写形式为 INCOTERMS, 它是国际商会为了统一对各种贸易术语的解释而制定的。最早的《通则》产生于 1936 年,后来为适应国际贸易业务发展的需要,国际商会先后进行过多次修改和补充。现行的《2010 通则》是国际商会根据近 10 年来形势的变化和国际贸易发展的需要,在《2000 通则》的基础上修订产生的,并于 2011 年 1 月 1 日起生效。我国已经加入国际商会,并在贸易实践中采用 INCOTERMS 2010,所以在学习中,应对《2010 通则》给予更多的关注。

(三)《国际贸易术语解释通则 2010》

2011 年 1 月 1 日起实施的《2010 通则》将贸易术语归为两组,即适用于任何运输方式的术语和仅适用于海运及内河运输的术语(具体类别见表 2-2)。在贸易术语的种类上,将原来的 13 条术语减少到 11 条术语。删除了《2000 通则》中 D 组的四个术语,即 DDU、DAF、DES 和 DEQ,只保留了 DDP。新增加了两种贸易术语,即 DAT 与 DAP。非常值得注意的是,在《2010 通则》中,不再有"船舷"的概念。换言之,在原先的 FOB、CFR 和 CIF 术语解释中"船舷"的概念被删除了,取而代之的是"装上船"(place on board)。以前关于卖方承担货物越过船舷为止的一切风险,在《2010 通则》新术语下则变为"卖方承担货物装上船为止的一切风险,买方承担货物自装运港装上船后的一切风险"。

表 2-2 《2010 通则》中的 11 种贸易术语

| 类型 | 贸易术语 | 风险转移界限 | 出口清关责任费用承担 | 进口清关责任费用承担 | 适用的运输方式 |
|---|---|---|---|---|---|
| 适用于任意交通方式 | EXW(Ex Works)工厂交货 | 卖方所在地货交买方处置时 | 买方 | 买方 | 任何方式 |
| | FCA(Free Carrier)货交承运人 | 货交承运人监管时 | 卖方 | 买方 | 任何方式 |
| | CPT(Carriage Paid to)运费付至 | 货交承运人监管时 | 卖方 | 买方 | 任何方式 |
| | CIP(Carriage and Insurance Paid to)运费、保险费付至 | 货交承运人监管时 | 卖方 | 买方 | 任何方式 |
| | DAT(Insert named terminal at port or place of destination)终点交货 | 在指定目的港或目的地的运输终端上货交买方后 | 卖方 | 买方 | 任何方式 |
| | DAP(Insert named place of destination)指定地交货 | 买方处置货物后 | 卖方 | 买方 | 任何方式 |
| | DDP(Delivered Duty Paid)完税后交货 | 指定目的地货交买方处置时 | 卖方 | 卖方 | 任何方式 |

续表

| 类型 | 贸易术语 | 风险转移界限 | 出口清关责任费用承担 | 进口清关责任费用承担 | 适用的运输方式 |
|------|---------|-------------|---------------------|---------------------|---------------|
| 适用于海运及内陆水运 | FOB（Free On Board）装运港船上交货 | 装运港船舷 | 卖方 | 买方 | 水上运输 |
| | CFR（Cost and Freight）成本加运费 | 装运港船舷 | 卖方 | 买方 | 水上运输 |
| | CIF（Cost、Insurance and Freight）成本、保险费加运费 或运保费在内价 | 装运港船舷 | 卖方 | 买方 | 水上运输 |
| | FAS（Free Alongside Ship）船边交货 | 装运港船边 | 卖方 | 买方 | 水上运输 |

1. 使用《2010 通则》贸易术语需要注意的问题

（1）作为国际贸易的买卖双方应当注意，《2010 通则》贸易术语并不是自动适用他们之间订立的贸易合同，对于合同各方当事人想要《2010 通则》中的国际贸易术语适用其合同的情形，应当在合同中清楚具体地订明，诸如"所用术语，适用于《2010 通则》"等语句。

（2）在《2010 通则》的每条规则前面，都有一条引言。引言解释每条贸易规则的基本内容，例如风险什么时候转移，费用在卖方和买方之间是如何分配的等。引言并不是《2010 通则》的内容，但是它们能帮助使用者更准确、更有效率地针对特定的贸易运用合适的贸易条款。

（3）在国际贸易术语 CPT、CIP、CIF、DAT、DAP 和 DDP 项下，卖方必须做好安排使货物到达指定目的地。虽然运费是由卖方支付的，但因为运费一般被卖方包含在销售价格中，所以实际上运费是由买方支付的。货物运费有时包括港口或集装箱码头内的理货和运输费用，承运人和终点站营运方也可能向收到货物的买方收取这笔费用，《2010 通则》在相关国际贸易术语解释规则的 A6/B6 条款明确分配此项费用，力求避免重复付费。

（4）选择适当特定的术语。所选术语需要适合于标的货物、运输方式，而且最重要的是要适合于各方当事人是否有意将更多的责任赋予到卖方或买方，比如安排运输或保险的责任。每种术语的指南中包含一些特别有用的关于何时作出这些选择的信息。然而，包含在指南中的信息并不构成所选术语的一部分。

（5）传统的国际贸易术语解释通则只在国际销售合同中运用，此种交易货物运输都需跨越国界。在世界许多国家和地区，商业集团如欧盟使得不同国家间的过关手续不再重要。所以，《2010 通则》正式认可所有的贸易规则既可以适用于国内交易也可以适用于国际交易。

2. 适用于任何运输方式或多个运输方式的术语

《2010 通则》将 11 种贸易术语归为 2 组，适用于任何运输方式或多个运输方式的术语分为一组，包括 EXW、FCA、CPT、CIP、DAT、DAP、DDP 共 7 种术语。

（1）工厂交货（EXW，EX – WORKS）。

EXW（Insert Named Place of Delivery），即"工厂交货（插入指定交货地点）"，是指当卖方在其所在地或其他指定的地点（如工场、工厂或仓库）将货物交给买方处置时，即完成交货，卖方不办理出口清关手续或将货物装上任何运输工具。EXW 术语是卖方承担责任最小同时又是买方承担责任最大的贸易术语。EXW 术语更适用于国内贸易，而 FCA 通常更适合于国际贸易。双方当事人应当尽可能明确指定交货地点，因为涉及双方当事人的费用和风险，卖方承担交付货物前的全部费用和风险，买方承担交付货物后的全部费用和风险。使用 EXW 时要注意的是：一是卖方对于买方而言其没有将货物装上运输工具的义务；二是，如果买方不能直接或间接地办理出口手续时，不应使用该术语，而应使用 FCA；三是，买方有义务向卖方提供任何有关货物的出口信息。

（2）货交承运人（FCA, Free Carrier）。

FCA（Insert Named Place of Delivery），即"货交承运人（插入指定交货地点）"，是指卖方在卖方所在地或其他指定的地点将货物交给买方指定的承运人或其他人，并办理了出口清关手续，即完成交货。需要说明的是，双方当事人应当尽可能明确指定交货地点，因为涉及双方当事人的费用和风险。交货地点的选择对于在该地点装货和卸货的义务会产生影响。若卖方在其所在地交货，则卖方应负责装货，若卖方在任何其他地点交货，卖方不负责卸货。FCA 要求卖方办理出口清关，但卖方没有义务办理进口清关手续，支付任何进口税。

（3）运费付至（CPT, Carriage Paid to）。

CPT（Insert Named Place of Destination），即"运费付至（插入指定目的地）"，是指卖方在指定的地点将货物交给卖方指定的承运人或其他人，并且负责订立运输合同，支付将货物运至目的地的运费。在 CPT 术语下，卖方将货物交付给承运人时便履行了其交货义务，而不是货物抵达目的地。由于风险和成本在不同的地方转移，双方当事人应是尽可能准确地确定货物风险转移的交付地点和合同指定的目的地。如果通过几个承运人将货物运至约定目的地，则风险自货物交给第一承运人时转移。CPT 术语要求卖方办理出口清关手续，但卖方没有义务办理进口清关手续，支付任何进口税。

（4）运费和保险费付至（CIP, Carriage and Insurance Paid to）。

CIP（Insert Named Place of Destination），即"运费和保险费付至（插入指定目的地）"，是指卖方在指定的地点将货物交给卖方指定的承运人或其他人，并且负责订立运输合同，支付将货物运至目的地的运费。卖方还应就买方对货物在运输途中的灭失或损坏的风险安排投保。买方应注意到，CIP 术语只要求卖方投保最低限度的保险险别，如买方需要更高的保险险别，则需要与卖方明确地达成协议，或者自行作出额外的保险安排。CIP 与 CPT 的区别在于前者需要卖方办理保险，而后者通常情况下由买方办理保险。

（5）目的地或目的港终点交货（DAT, Delivered at Terminal）。

DAT（Insert Named Terminal at Port or Place of Destination），即"目的地或目的港终点交货（插入指定目的港码头或目的地点）"，是指当货物从任何到达的交通工具上卸至指定的港口码头或者指定的地点，并在买方处置之下时，卖方即完成交货。"终点"包括任何地方，无论是否覆盖码头、仓库、集装箱堆场或公路、铁路或空运站。卖方承担将货物运至并卸至指定的港口码头或者指定的地点的所有风险。双方当事人应尽可能明确指定的终点，因为涉及风险的转移。此外，若当事人想要卖方承担货物从终点到另一个地方的风险和装卸货物涉及的费用，最好使用 DAP 或 DDP 术语。DAT 要求卖方为货物办理出口清关，但卖方无任何义务办理货物进口入关、支付任何进口税费或者办理进口的任何相关海关手续。

（6）目的地交货（DAP, Delivered at Place）。

DAP（Insert Named Place of Destination），即"目的地交货（插入指定目的地）"，是指

卖方在指定的目的地将在交货运输工具上尚未卸下的货物交与买方，完成交货。需要说明的是，双方当事人应当尽可能明确指定交货地点，因为涉及双方当事人的费用和风险。DAP要求卖方为货物办理出口清关，但卖方无任何义务办理货物进口入关，支付任何进口税费或者办理进口的任何相关海关手续。

（7）完税后交货（DDP，Delivered Duty Paid）。

DDP（Insert Named Place of Destination），即"完税后交货（插入指定目的地）"，是指卖方在指定的目的地，办理完进口清关手续，将在交货运输工具上尚未卸下的货物交与买方，完成交货。卖方必须承担将货物运至指定的目的地的一切风险和费用，包括办理一切海关手续，交纳海关手续费、关税、税款和其他费用的责任和风险。DDP术语下卖方承担的责任最大，若卖方不能直接或间接地取得进口许可证，则不应使用此术语。

### 3. 仅适用于海运及内河运输的术语

《2010通则》仅适用于海运及内河运输的术语包括FAS，FOB，CFR，CIF共4种术语。

（1）船边交货（FAS，Free Alongside Ship）。

FAS（Insert Named Port of Shipment），即"船边交货（插入指定装运港）"，是指卖方在指定的装运港将货物交到买方指定的船边，即完成交货。买方必须承担自那时起货物灭失或损坏的一切风险。双方当事人应尽可能明确指定装运港的装载点，因为此点前的风险和费用是由卖方承担的，并且与货物装卸有关的费用可能因港口惯例而不同。FAS要求卖方将货物交到船边或者获取已装船货物。"获取"适合于连锁销售（连环销售），特别在商品销售中通常出现。在商品的销售中，有一种和直接销售相对的销售方式，货物在沿着销售链运转的过程中频繁地被销售好几次。在这种情况下，在一连串销售中间的销售商并不将货物"装船"，因为它们已经由处于这一销售串中的起点销售商装船。因此，连串销售的中间销售商对其买方应承担的义务不是将货物装船，而是"设法获取"已装船货物。当货物装载于集装箱内运输时，典型的是卖方将货物在堆场交给承运人，而不是在船边。在这种情况下，使用FAS术语不是很恰当，应该使用FCA。FAS的要求卖方办理出口清关，但是，卖方没有义务办理进口清关，支付任何进口税或进行任何进口报关手续。

（2）船上交货（FOB，Free on Board）。

FOB（Insert Named Port of Shipment），即"船上交货（插入指定装运港）"，是指卖方在指定的装运港将货物装上买方指定的船只，或者设法获取已装船货物，卖方即完成交货。卖方承担货物装上船为止的一切风险，买方承担货物自装运港装上船后的一切风险。FOB要求卖方将货物交到船上或者获取已装船货物。FOB不适用货物装船前已经交给承运人的情形，如集装箱货物，典型的是在堆场交给承运人，在这种情况下，使用FOB术语不是很恰当，应该使用FCA。FOB的要求卖方办理出口清关，但是，卖方没有义务办理进口清关，支付任何进口税或进行任何进口报关手续。

（3）成本加运费（CFR，Cost and Freight）。

CFR（Insert Named Port of Destination），即"成本加运费（插入指定目的港）"，是指卖方在指定的装运港将货物装上船，或者设法获取已装船货物，即完成交货。卖方负责订立运输合同，支付将货物运至指定目的港所需的运费和费用。在CFR术语下，卖方将货物交付给承运人时便履行了其交货义务，而不是货物抵达目的地时。CFR术语有两个关键点，因为风险和成本在不同的地方转移。双方当事人应尽可能准确地确定货物风险转移的交付地点和运输合同指定的目的地。如果通过几个承运人将货物运至约定目的地，则风险自货物交给第一承运人时转移。CFR 不适用货物装船前已经交给承运人的情形，如集装箱货物，典型的是在堆场交给承运人。在这种情况下，使用 CFR 术语不是很恰当，应该使用 CPT。CPT 术语要求卖方办理出口清关手续，但卖方没有义务办理进口清关手续，支付任何进口税。

（4）成本、保险费加运费（CIF, Cost Insurance and Freight）。

CIF（Insert Named Port of Destination），即"成本、保险费加运费（插入指定目的港）"，是指卖方在指定的装运港将货物装上船，或者设法获取已装船货物，即完成交货。卖方负责订立运输合同，支付将货物运至指定目的港所需的运费和费用。卖方还应就买方对货物在运输途中的灭失或损坏的风险安排投保。买方应注意到，CIF 术语只要求卖方投保最低限度的保险险别，如买方需要更高的保险险别，则需要与卖方明确地达成协议，或者自行作出额外的保险安排。

CIF 与 CFR 的区别在于前者需要卖方办理保险，而后者通常情况下由买方办理保险。

### 四、国际贸易合同的订立

交易磋商是买卖双方为了买卖商品，对交易的各项条件进行协商以达到交易的过程，通常也称为谈判。在国际贸易中，这是一个十分重要的环节。因为交易磋商是签订合同的基础，没有交易磋商就没有买卖合同。交易磋商工作的好坏，直接影响合同的签订及以后的履行，关系双方的经济利益。交易磋商的程序可概况为五个环节：询盘、发盘、还盘、接受和签订合同，其中发盘和接受是必不可少的两个基本环节。

（1）询盘。询盘是指交易的一方准备购买或出售某种商品，向对方询问买卖该商品的有关交易条件。询盘的内容可涉及价格、规格、品质、数量、包装、装运及索取样品等，但多数只是询问价格。所以业务上常把询盘称作询价。在国际贸易业务中，有时一方发出的询盘表达了与对方进行交易的愿望，希望对方接到询盘后及时发出有效的发盘，以便考虑接受与否。有的询盘只是想探询一下市价，询盘的对象也不限于一人，发出询盘的一方希望对方开出估价单。这种估价单不具备发盘的条件，所报出的价格也仅供参考。

（2）发盘。在国际贸易实务中，发盘也称报盘、发价、报价。法律上称为"要约"。发盘可以是应对方询盘的要求发出，也可以是在没有询盘的情况下，直接向对方发出。发盘一般是由卖方发出的，但也可以是由买方发出，在实际业务中称其为"递盘"。

（3）还盘。受盘人在接到发盘后，不能完全同意发盘的内容，为了进一步磋商交易，对发盘提出修改意见，用口头或书面形式表示出来，就构成还盘。

还盘实质上构成对原发盘的某种程度的拒绝，也是接盘人以发盘人地位所提出的新发盘。因此，一经还盘，原发盘即失效，新发盘取代它成为交易谈判的基础。如果另一方对还盘内容不同意，还可以进行反还盘（或称再还盘）。还盘可以在双方之间反复进行，还盘的内容通常仅陈述需变更或增添的条件，对双方同意的交易条件无须重复。在国际贸易中，往往经过多次的还盘、反还盘，才最终达成协议。

（4）接受。接受就是交易的一方在接到对方的发盘或还盘后，以声明或行为向对方表示同意。法律上将接受称作承诺。接受和发盘一样，既属于商业行为，也属于法律行为。

（5）签订合同。经过交易磋商，一方的发盘或还盘被对方有效接受后，就算达成了交易，双方之间就建立了合同关系。在实际业务中，一般还要用书面形式将对方的权利、义务明文规定下来，便于执行，即所谓签订合同。

### 五、国际贸易合同的履行

买卖双方经过交易磋商、达成协议后要签订书面合同，作为约束双方权利和义务的依据。在国际贸易中，买卖合同一经依法有效成立，有关当事人必须履行合同规定的义务。所以，履行合同是当事人双方共同的责任。

（1）出口合同的履行。在出口合同的履行过程中包括备货、催证、审证、改证、租船订舱、报验、报关、保险、装船和制单结汇等多种环节。

（2）进口合同的履行。履行进口合同的主要环节是开立信用证、租船订舱和装运、保险、审单和付汇、报关和接货、验收和拨交、进口索赔。

## 实训技能

1. 实训内容

通过对本地国际贸易市场信息的调研，选取一家合适的本地外贸公司，通过多种途径获取该公司的背景信息，并与之建立良好的关系。组织学生到外贸公司做一次实地考察，了解外贸公司的组织机构、分工及进出口贸易流程。

2. 实训目的

学生通过参观学习，能从感官上了解外贸公司的组织机构、分工及进出口贸易流程，对理论有更好的把握。

3. 实训准备

布置学生通过互联网等途径了解所要参观的外贸公司的背景信息，准备好有关问题，以便于与外贸公司员工进行交流。

4. 实训步骤

步骤一：有组织地到外贸公司进行参观活动；注意安全；听从有关人员安排。
步骤二：参观后每位同学撰写一份实训报告。
步骤三：选派小组发表参观后的感受、收获，并与大家分享。
步骤四：教师点评、总结。

5. 实训评价

外贸公司考察技能训练评价表（表2-3）。

表2-3 外贸公司考察技能训练评价表

| 被考评人 | | | | | | |
|---|---|---|---|---|---|---|
| 考评地点 | | | | | | |
| 考评内容 | 外贸公司考察 | | | | | |
| 考评标准 | 内　容 | 分值 | 自我评价 | 小组评价 | 教师评价 | 实际得分 |
| | 参观过程中遵守纪律、秩序 | 30 | | | | |
| | 交流收获与感受真切、翔实 | 30 | | | | |
| | 实训报告撰写符合要求 | 40 | | | | |
| | 合计 | 100 | | | | |

注：（1）实际得分 = 自我评价×20% + 小组评价×40% + 教师评价×40%。

（2）考评满分为100分，60~74分为及格，75~84分为良好，85分以上为优秀。

## 五、拓展训练

1. 上海某公司从哈萨克斯坦进口铜精矿一批。贸易术语为 DAT Alashankou。外商将铜精矿运至阿拉山口后，由于换装车皮一直无法落实而产生额外滞关费用（外商无法将铜精矿卸下须向哈萨克斯坦运输部门支付额外的租用车皮费用）。

问题：该滞关费用应由上海公司承担还是由外商承担？为什么？

2. 某公司以 CIF 条件进口一批药材。该公司已按合同约定日期做好受领货物的准备，却在合同约定交货期的 7 天后才收到货物。经查证是海上风暴太大导致轮船无法按时到达。因此，该公司向国内生产厂家支付了 5 万元延期交货违约金。该公司以此向国外卖方提出索赔。

问题：公司的行为是否合理？

项目二　授课资料

# 国际海运出口货运代理

## 一、技能目标

1. 具有制作与审核国际货运代理委托书的能力。
2. 具有海运出口租船订舱的能力。
3. 具有审核出口货物单据的能力。
4. 具有出口货物交接的能力。
5. 具有出口货物报检、报关的能力。
6. 具有填制海洋货物运输保险单据的能力。
7. 具有填制海运提单的能力。

## 二、知识目标

1. 了解国际出口货运代理委托业务。
2. 掌握出口租船订舱业务。
3. 了解海运出口必备的单据。
4. 掌握出口货物交接业务。
5. 掌握出口检验检疫、报关业务。
6. 掌握出口海洋货物运输保险业务。
7. 掌握海运提单性质和作用。

## 三、工作任务

完成海洋出口货运代理业务：
1. 国际出口货运代理委托。
2. 出口租船订舱。
3. 出口单据审核。

4. 出口货物交接。

5. 出口货物报验。

6. 出口报关。

7. 出口海洋货物运输保险。

8. 海运提单缮制。

# 四、实训项目

## 项目背景

本公司委托广浩国际货运代理有限公司办理 1×40 尺普货箱海运出口业务，由 SHANG-HAI 至 LIVERPOOL，运费条款 FREIGHT PREPAID，交货条款 CY-CY，提单类型 OCEAN

委托人为金红叶纸业有限公司

GOLD HONG YE PAPER（SUZHOU INDUSTRIAL PARK）CO. LTD.

NO. 1 JINSHENG ROAD，SHENGPU，

SUZHOU INDUSTRIAL PARK，JIANGSU，CHINA

ATTN：JOYCE. GENG

TEL：62832354 FAX：62824635

国外收货人：

JOHN DALE LIMITED

UNIT 23 CASTLE PARK FLINT FLINTSHIRE CH6 5XA

UNITED KINGDOM

通知人：

SDV BERNARD LTD.

2ND FLOOR TITHEBARN HOUSE

TITHEBARN STREET LIVERPOOL L2 2NZ

CONTACT MIKE QUINN

TEL NO. 0151 243 6931 FAX NO. 0151 243 6939

货物信息：N/M

DESC OF GOODS：FACIAL TISSUE

FREE TIME：14

PKGS：162ROLLS

GW：126 000. 000KGS

VOL：378. 000CBM

船期 2016 年 12 月 4 日

## 项目分析

本项目是集装箱整箱货海运出口，虽然出口业务流程在我国各个港口有所不同，但是基本流程还是一致的，完成此项目，主要通过以下几个任务：

# 任务一　认知整箱货海运出口货运业务流程

### 知识准备

## 一、海洋运输概述

海洋运输是国际贸易中最主要的运输方式，占国际贸易总运量中的三分之二以上，我国绝大部分进出口货物，都是通过海洋运输方式运输的。

### （一）海洋运输的定义

海洋运输（Ocean Transport）又称"国际海洋货物运输"，是指使用船舶通过海上航道在不同国家和地区的港口之间运送货物的一种方式。

### （二）海洋运输的特点

作为国际商品交换中最重要的运输方式之一的海洋运输，具有以下特点：

#### 1. 天然航道

海洋运输借助天然航道进行，不受道路、轨道的限制，通过能力更强。随着政治、经贸环境以及自然条件的变化，可随时调整和改变航线完成运输任务。

#### 2. 载运量大

随着国际航运业的发展，现代化的造船技术日益精湛，船舶日趋大型化。超巨型油轮已达 60 多万吨，第五代集装箱船的载箱能力已超过 5 000TEU。

#### 3. 运费低廉

海上运输航道为天然形成，港口设施一般为政府所建，经营海运业务的公司可以大量节省用于基础设施的投资。船舶运载量大、使用时间长、运输里程远，单位运输成本较低，为低值大宗货物的运输提供了有利条件。

#### 4. 运输的国际性

海洋运输一般都是一种国际贸易，它的生产过程涉及不同国家地区的个人和组织，海洋运输还受到国际法和国际管理制度的约束，也受到各国政治、法律的约束和影响。

#### 5. 速度慢、风险大

海洋运输是各种运输工具中速度最慢的运输方式。由于海洋运输是在海上，受自然条件的影响比较大，例如台风，有时能把运输船舶卷入海底，风险比较大。另外，还有诸如海盗的侵袭，风险也不小。

#### 6. 海洋运输的不完整性

海洋运输只是整个运输过程中的一个环节，其两端的港口必须依赖其他运输方式的衔接和配合。

## 二、海洋运输经营方式

海洋运输的经营方式主要有班轮运输和租船运输两大类。班轮运输又称定期船运输，租船运输又称不定期船运输。

（一）班轮运输（Iiner Shipping）

班轮运输，也称定期船运输，是指班轮公司将船舶按事先制定的船期表（Iiner Schedule），在特定航线的各挂靠港口之间，经常地为非特定的众多货主提供规则的、反复的货物运输服务（Transport Service），并按运价本（Tariff）或协议运价的规定计收运费的一种营运方式。

1. 班轮运输分类

（1）杂货班轮运输。最早的班轮运输是杂货班轮运输。杂货班轮运输的货物以杂货为主，还可以运输一些散货、重大件等特殊货物。对货主而言，杂货班轮运输具有以下优点：能及时、迅速地将货物发送和运达目的港；特别适应小批量零星件杂货对海上运输的需要；能满足各种货物对海上运输的要求，并能较好地保证货运质量；通常班轮公司都负责运转工作。

（2）集装箱班轮运输。对货主而言，集装箱班轮运输除了具有与杂货班轮运输相似的优点外，在运输速度、货运质量等方面更具有优势。但是，目前大多数班轮公司不接小批量的拼箱货，因此需要集拼经营人来安排小批量的拼箱货运输。

2. 班轮运输的特色

班轮运输与租船运输相比，具有以下一些特点：

（1）承运人与货主之间在货物装船之前通常不书面签订具有详细条款的运输合同。

（2）在杂货班轮运输中，通常承运人是在装货港指定的码头仓库接受货物，并在卸货港的码头向收货人交付货物；在集装箱班轮运输中，通常承运人是在装货港集装箱堆场接受货物，并在卸货港集装箱堆场交付货物。拼箱货则由集拼经营人在装货港集装箱货运站接受货物并在卸货港集装箱货运站交付货物。

（3）班轮公司一般负责包括装货、卸货和理舱在内的作业和费用，在杂货班轮运输中，班轮公司通常不负担仓库至船边或船边至仓库搬运作业的费用；在集装箱班轮运输中，由于运输条款通常为 CY/CY（场/场），所以班轮公司理应负担堆场至船边或船边至堆场搬运作业的费用。

（4）承运人与货主之间不规定装卸时间，也不计算滞期费和速遣费。

（二）租船运输（Tramp Shipping）

租船运输又称不定期船运输，这是相对于定期船运输，即班轮运输而言的另一种船舶营运方式。由于这种营运方式需在市场上寻求机会，没有固定的航线和挂靠港口，也没有预先制定的船期表和费率本，船舶经营人与需要船舶运力的租船人是通过洽谈运输条件、签订租船合同（Charter Party）来安排运输的，故称之为"租船运输"。

租船运输主要是根据租船人的要求安排营运的。通常由租船人租用整船进行运输，而且根据租船人的不同要求，又分为不同的租船方式。

租船运输的特点主要有：租船运输根据租船合同组织租船运输；国际租船市场行情影响租金或运费水平的高低；船舶营运中有关费用的分担取决于不同的租船方式；租船运输主要适用于大宗货物的运输。

### 三、海运地理与航线

1. 海洋与运河

（1）海洋。地球表面的海洋面积约3.6亿平方千米，占地表总面积的71%，约为陆地面积的2.5倍。海洋的中心部分称为洋，约为海洋总面积的89%，其水温、含盐度不受大陆影响。地球上的海洋被大陆分割成四大块，即太平洋、大西洋、印度洋和北冰洋。

（2）运河。运河是人工开凿的水道，在国际航运中，运河与海峡一样起着非常重要的作用，运河往往是航行中的咽喉地带，它们把许多重要海区和航线联系起来。运河还能大大缩短航程，提高航运经济效益。最著名的运河有：苏伊士运河、巴拿马运河、基尔运河、圣劳伦斯水道等。

2. 海运航线与港口

船舶在两个或多个港口之间从事货物运输的线路称为航线。海运航线按其不同的要求分为国际大洋航线、地区性的国际航线和沿海航线；根据船舶营运的形式分为定期航线和不定期航线。

当前，世界上规模最大的三条主要集装箱航线是：远东—北美航线、远东—欧洲、地中海航线和北美—欧洲、地中海航线。

远东—北美航线，习惯上也称为（泛）太平洋航线，该航线实际上可以分为两条航线，一条是远东—北美西岸航线，另一条为远东—北美东岸航线。远东—北美西岸航线主要由远东—加利福尼亚航线和远东—西雅图、温哥华航线组成。其涉及港口主要有亚洲的高雄、釜山、上海、香港、东京、神户、横滨等，北美西岸的长滩、洛杉矶、西雅图、塔科马、奥克兰和温哥华，涉及亚洲的中国、韩国、日本和中国香港、中国台湾地区以及北美的美国和加拿大西部地区。远东—北美东岸的纽约航线涉及的北美东岸港口主要有美东地区的纽约港、新泽西港、查尔斯顿港和新奥尔良港。

远东—欧洲、地中海航线，也被称为欧地线。该航线由远东—欧洲航线和远东—地中海航线组成。远东—欧洲航线是1879年由英国4家船公司开辟的世界最古老的定期航线。欧洲地区涉及的主要港口有：荷兰的鹿特丹港，德国的汉堡港、不来梅港，比利时的安特卫普港和英国的费利克斯托港。远东—地中海航线是1972年10月开始集装箱运输的，其地中海地区主要涉及的港口有位于西班牙南部的阿尔赫西拉斯港、意大利的焦亚陶罗港和位于地中海中央、马耳他岛南端的马尔萨什洛克港。

北美—欧洲、地中海航线，也被称为跨大西洋航线。该航线实际包括三条航线：北美东岸、海湾—欧洲航线，北美东岸、海湾—地中海航线和北美西岸—欧洲、地中海航线。

### 四、海运出口货运代理业务流程

1. 委托

货运代理公司接受出口商或货物托运人（简称发货人）的货运代理委托，根据其委托书的要求，谈判租船合同或制作订舱单据。

2. 租船订舱

货运代理公司按照出口合同或信用证规定的最迟装运期，代理发货人向船公司或其代理人或其运输经营人（简称承运人或其代理人）办理租船或订舱业务。如承运人或其代理在航线、港口、船舶、运输条件等方面能够满足发货人的要求，即可接受发货人的托运委托。

对于租船运输，签订租船合同，按规定到达装货港；对于订舱应编制订舱清单，并送达集装箱码头堆场、集装箱货运站，据以安排空箱及办理货运交接。

3. 准备单据

按照发货人的委托事项，协助发货人制作和领取相关业务单证，以备办理交接货物、报验、报关等手续时使用。

4. 货物交接

对于集装箱货物，整箱货和拼箱货的操作程序有一定的差异。

（1）整箱货的空箱，通常由货运代理公司或其发货人到集装箱货运站或码头堆场领取，货物装箱后运至集装箱码头堆场。货物交接包括空箱交接和重箱交接两个步骤。

（2）拼箱货由货运代理公司或发货人将货物运至集装箱货运站，由货运站负责整理装箱，货物装箱后，由货运站负责将集装箱运至集装箱码头堆场。对货运代理或发货人而言，拼箱货物不存在空、重箱交接。

集装箱码头堆场在验收后，即在场站收据上签字，并将签署的场站收据交还货运代理公司或发货人，据此向承运人或其代理人换取提单。

对于非集装箱货物，需将货物运至港口海关监管区域后，与港口交接，并由港口货运部门签发货物收据。

5. 报验

货运代理公司在检验检疫局规定的时间内申报，取得《出境货物通关单》。

6. 出口报关

报验后，货运代理公司凭检验检疫局签发的《出境货物通关单》报关，并配合海关审单、查验、纳税后办理海关放行手续。

7. 办理保险

在 CIF 成交条件下，应由出口商负责办理货物的海运保险，也可以委托货运代理公司代理其办理投保，投保一般是在货物离开发货人仓库之前办理（FOB 和 CFR 成交条件的由进口商办理保险投保）。

8. 换取提单

货运代理公司凭盖有海关放行章的装货单向港口办理装船事宜；货物装船后，由货运代理公司凭经集装箱码头签署的场站收据，负责向承运人或其代理人换取提单。

至此，货运代理业务结束，货运代理公司应与发货人交接提单，结算相关费用，业务单据存档。

对于 CFR 和 FOB 成交条件的出口业务，因保险是由进口商办理的，出口货物代理业务中没有保险投保程序。对于 FOB 成交条件的，按规定应由进口商办理租船订舱，因此，出口货运代理业务中没有租船订舱部分的业务程序。对 CFR 和 FOB 成交条件的出口业务，其他货运代理业务程序与 CIF 成交条件的出口货运代理业务程序相同。

## 实训技能

1. 实训内容

本公司委托广浩国际货运代理有限公司办理 1×40 尺普货箱海运出口业务，由 SHANG-HAI 至 LIVERPOOL，运费条款 FREIGHT PREPAID，交货条款 CY – CY，提单类型

OCEAN

委托人为金红叶纸业有限公司

GOLD HONG YE PAPER（SUZHOU INDUSTRIAL PARK）CO. LTD.

NO. 1 JINSHENG ROAD, SHENGPU,

SUZHOU INDUSTRIAL PARK, JIANGSU, CHINA

ATTN：JOYCE. GENG

TEL：62832354 FAX：62824635

国外收货人：

JOHN DALE LIMITED

UNIT 23 CASTLE PARK FLINT FLINTSHIRE CH6 5XA

UNITED KINGDOM

通知人：

SDV BERNARD LTD.

2ND FLOOR TITHEBARN HOUSE

TITHEBARN STREET LIVERPOOL L2 2NZ

CONTACT MIKE QUINN

TEL NO. ：0151 243 6931 FAX NO. ：0151 243 6939

货物信息：N/M

DESC OF GOODS：FACIAL TISSUE

FREE TIME：14

PKGS：162ROLLS

GW：126，000. 000KGS

VOL：378. 000CBM

船期 2016 年 12 月 4 日

货代业务员需要分析货代操作流程及熟悉我国对外贸易主要航线和基本港口。

2. 实训目的

熟练掌握我国对外贸易主要航线和基本港口，掌握货代操作流程。

3. 实训准备

准备电子挂图或电子地图。

4. 实训步骤

步骤一：分组上网，打开电子地图库 http：//www. 8264. com/ditu，或谷歌电子地图 http：//ditu. google. cn。

步骤二：上网查阅几大著名港口及航线。

步骤三：选派各组代表上台展示并解说。

5. 实训评价（见表 3 – 1）

表 3 – 1　查阅几大著名港口及航线技能训练评价表

| 被考评人 | | | | | | |
|---|---|---|---|---|---|---|
| 考评地点 | | | | | | |
| 考评内容 | 查阅几大著名港口及航线 | | | | | |
| 考评标准 | 内　容 | 分值 | 自我评价 | 小组评价 | 教师评价 | 综合评价 |
| | 各组材料准备的充分程度 | 60 | | | | |
| | 各组上台分享的演讲能力 | 40 | | | | |
| 该项技能得分 | | | | | | |

注：（1）实际得分 = 自我评价×20% + 小组评价×40% + 教师评价×40%。

（2）考评满分为100分，60～74分为及格，75～84分为良好，85分以上为优秀。

# 任务二　海运出口货运代理委托

知识准备

## 一、海运出口货运代理委托

国际货运代理企业只有接受进出口货物收货人、发货人的委托，才能为其办理国际货物运输代理相关业务。

1. 委托关系的建立

国际货运代理委托关系由委托人（发货人）或货主与国际货运代理人两方组成，货运代理企业只有在被发货人委托并接受发货人委托的情况下，委托关系才能够正式成立。这种关系一经确定后，委托方与国际货运代理之间的关系则成为委托与被委托的关系，有关双方的责任、义务应根据双方订立的代理协议、代理合同或委托书办理。在办理业务过程中，国际货运代理人作为委托方的代表对委托方负责，但国际货运代理人所承办的业务活动仅限于授权范围内。

国际货运代理委托关系的建立是国际货运代理业务的开始。双方签订代理协议、代理合同或委托书即视为国际货运代理委托关系开始生效。

2. 委托关系建立的表现形式

委托人和国际货运代理企业之间委托代理关系的建立，可以通过当面洽谈或电话交谈等口头形式达成协议，也可以通过信件、传真、电子邮件、电子数据交换等书面形式达成代理协议、代理合同或委托书。为了明确双方之间的权利、义务关系，防止不必要的误解和纠纷，并为可能发生的争议提供判断是非、责任的依据，最好采用书面形式，至少双方之间委托代理关系的内容应当通过授权委托书或委托合同等书面形式加以记载。在实际业务中，国际货运代理企业对于委托人办理的简单事项，可以要求委托人个人出具由本人签字、委托单位加盖公章或合同专用章的授权委托书，也可以要求其填写格式化委托文件的有关内容，并由委托人签字、委托单位盖章。对于长期委托代理关系的货运代理业务，经常由装货单（下货纸）代替委托书。对于较为复杂的委托事项，最好签订详细的委托代理合同。无论采用哪种方式，委托代理关系文件中都应载明代理人的姓名或名称、代理事项、代理权限和代理期间等内容，并由委托人签字或委托单位盖章。如果委托人给公司的授权委托文件中关于委托权限的规定不够明确，经办人员应当及时与委托人联系，尽可能加以明确。否则，根据我国法律规定授权不明的，被代理人将要向第三人承担民事责任，代理人承担连带责任。

## 二、国际货运代理企业的权利、义务和责任

1. 国际货运代理企业的权利

（1）以委托人名义处理委托事务。代理企业有权以委托人的名义代理委托事务，从事办理委托事务所必需的各项活动。

（2）在授权范围内自主处理委托事务。

（3）要求委托人提交待运输货物和相关运输单证、文件资料。

（4）要求委托人预付、偿还处理委托事务费用。

（5）要求委托人支付服务报酬。

（6）要求委托人承担代理行为后果。

（7）要求委托人赔偿损失。

（8）解除委托代理合同。可随时解除委托代理合同，但应赔偿损失。

2. 国际货运代理企业的义务

（1）按照指示处理委托事务。

（2）亲自处理委托事务。

（3）向委托人报告委托事务的处理情况。

（4）披露委托人、第三人。

（5）向委托人转交财产。

（6）协助与保密。

3. 货运代理作为代理人的民事法律责任

（1）因过错而给委托人造成的赔偿责任。

（2）与第三人串通损害委托人利益的，与第三人承担连带赔偿责任。

（3）明知委托事项违法的，与委托人承担连带责任。

（4）擅自将委托事项转委托他人，应对转委托的行为向委托人承担责任。

（5）无权代理，对委托人不发生效力，自行承担责任。

### 三、货运委托书

国际货运代理委托书在货运代理业务中最为常见，通常在有着长期合作关系的公司之间应用比较广泛。货运委托书是托运人与货代之间的契约，由托运人填写，它是制作订舱单、提单的依据。货运代理委托书一般没有固定的格式，而各公司都有自己的格式，但其主要内容大致相同。其主要内容如下：

（1）委托书号 Entrusting No.。出口企业与货代商定的对口编号，给出委托书号，此栏要填写委托书号，没有委托书号，此栏一般填写发票号。

（2）发货人名称地址 Shipper。结汇方式为电汇或托收的，填写外销合同买方名称地址全称；结汇方式是信用证的，填写受益人名称地址全称。

（3）收货名称地址 Consignee。结汇方式为电汇或托收的，填写外销合同买方名称全称；结汇方式是信用证的，根据 SWIFT 代码 "46A" 项下对提单抬头的要求填写。提单抬头的常用英文表达方式为："MADE OUT TO""CONSIGNED TO"。

（4）通知方名称地址 Notify Party。电汇或托收方式的，填外销合同的买方；信用证方式的，根据 SWIFT 代码 "46A" 项下对提单要求中的 "Notify" 所指填写。

（5）件数与包装 No. and Kind of Packages。填写货物最大包装数量及包装单位。

（6）货物说明 Description of Goods。只需填写货物统称，不需要填写详细名称及规格型号。

（7）重量 Weight in KG。只需填写货物毛重，单位必须换成 KGS（千克）。

（8）转船/分批：按信用证要求填 "允许" 与 "不允许"。

（9）提单份数 Copies of B/L。根据 SWIFT 代码 "46A" 对提单的要求填写。

（10）运费支付：指运费是预付还是到付。

（11）备注 Remark。此栏一般填三项内容：订舱信息、海运费、杂费。海运费一般按美元收取；杂费是指货代费用，以人民币收取，清关费和订舱费按照行业惯例以每一份提单为单位收取。货运委托书是托运人与货代之间的契约，运费和杂费一般要在货运委托书中明确约定，以免领取提单时引起纠纷。

（12）委托人签章：委托人签字盖章，表示委托合同生效。

（13）联系方式：委托人的联系电话，以便国际货运代理企业的业务人员与之联系。

国际货运代理委托书是委托方与受托方进行业务的主要凭证，受托方将按照委托书的内容完成货运代理业务的各项工作。因此，委托书的内容必须与货物实际情况一致，否则将在业务中引发不必要的麻烦，影响出口货物的正常发运。

海运出口委托书范本见表 3－2。

表3-2  海运出口货运代理委托书

| 委托书号 Entrusting No. | 提单号 B/L No. | |
|---|---|---|
| 发货人名称地址 Shipper（Full Name and Address） | | 合同号 Contract No. |
| 收货人名称地址 Consignee（Full Name and Address） | | 委托日 Entrusting Date |
| 通知方名称地址 Notify Party（Full Name and Address） | | |

| 船名 Vessel Name | 装运港 Port of Loading | 目的港 Port of Destination |
|---|---|---|

| 唛头 Mark Number | 件数与包装 No. and Kind of Packages | 货物说明 Description of Goods | 重量 Weight in KG | 体积 Measurement in CRM |
|---|---|---|---|---|
| | | | | |

| 装船日期 Loading Date | 可否转船 If Transshipment Allowed | 可否分批 If Partial Shipment Allowed |
|---|---|---|
| | | |

| 有效期 L/C Expiry Date | 提单份数 Copies of B/L    正本 Original    副本 Copy | |

运费及支付地点（Freight Payable at）：

| 备注：Remark | 委托人签章： |
|---|---|
| | 电话： |
| O/F：（USD） | 传真： |
| Other Charger：（RMB）  清关费（CHA）：  订舱费（BOOKING FEE）： | 联系人： |
| 拖车费（TRAILER FEE）：    上海港附加费（SPS）： | 地址： |

### 实训技能

1. 实训内容

金红叶纸业有限公司委托广浩国际货运代理有限公司办理 "FACIAL TISSUE" 的货运代理业务，现制作一份货运代理委托书，委托广浩国际货运代理有限公司办理租船订舱等运输事宜。

2. 实训目的

掌握货代委托书的填制方法。

3. 实训准备

将学生分组，每组5~6人。各组分别准备一张空白的海运委托书。

4. 实训步骤

步骤一：认识委托书范本。

步骤二：各组学生讨论，根据提供的项目业务分组填制委托书。

步骤三：选派两组代表上台展示填制的海运出口委托书。

步骤四：其他组学生分析、评议、补充。

步骤五：教师点评、总结，并提供标准的海运委托书。

步骤六：教师打开货代软件系统，向学生展示海运出口接单的界面，并讲解、输入海运出口委托书的信息。

步骤七：学生分组进行软件模拟操作。

步骤八：选派代表演示软件操作，教师纠正错误，并进行归纳总结。

5. 实训评价

货运代理委托书的填写技能训练评价表（表3-3）。

表3-3　货运代理委托书的填写技能训练评价表

| 被考评人 | | | | | | |
|---|---|---|---|---|---|---|
| 考评地点 | | | | | | |
| 考评内容 | 货运代理委托书的填写 | | | | | |
| 考评标准 | 内　容 | 分值 | 自我评价 | 小组评价 | 教师评价 | 实际得分 |
| | 知道委托书各联的作用 | 20 | | | | |
| | 委托书填写清晰，无涂改 | 20 | | | | |
| | 委托书填写正确，无错误 | 20 | | | | |
| | 委托书填写完整，无遗漏项目 | 30 | | | | |
| 合计 | | | | | | |

注：（1）实际得分 = 自我评价×20% + 小组评价×40% + 教师评价×40%。

（2）考评满分为100分，60~74分为及格，75~84分为良好，85分以上为优秀。

# 任务三　出口租船订舱

## 知识准备

### 一、租船订舱的含义

租船订舱是发货人或其代理人与承运人联系运输事项的步骤。租船订舱的概念本身包括租船运输的租船和班轮运输的订舱两个方面的含义，其中的租船是指租用整条船，而订舱是指租用船上的一部分舱位。但在实际业务中，人们习惯上将向承运人租船或订舱这个业务环节通称为租船订舱。对于班轮运输而言，租船订舱就是指订舱；对于集装箱运输而言，租船订舱就是指订箱；对于散装货物等需要租船运输而言，租船订舱就是指租整船。

### 二、班轮租船订舱应考虑的因素及手续

（1）承运人。选择合适的承运人是发货人或货运代理人应首先考虑的因素，不仅要参

考承运人的运费价格、船期、服务等情况，更应着重考查承运人的实力和信誉。一定要防止只重视运费价格而忽视承运人实力和信誉的做法，以免一旦出现问题，发生即便是承运人的责任而其又无力承担的情况。

（2）船期。班轮的船期是固定的，船期的选择主要考虑货物是否能和船期相衔接，既要防止订妥舱位后，到了装船期货物没有备妥，即船妥货不妥，造成空舱，缴纳空舱费，也要防止货备妥而订不上舱位，即货妥船不妥的情况，造成无法及时装运，甚至影响信用证结算。

（3）运费率。运费率是发货人比较关注的因素，直接关系发货人的运输费用，通常应该向几家船公司询问，争取最优惠的运价。

（4）航线、停靠港口、是否转船。查询船公司航线情况，选择停靠港口，以确定是否满足发货人的运输要求，更重要的是考虑直达还是需要转船。在其他条件相近的情况下，应该优先选择直达，尽量避免选用转船，转船一方面货物在途时间要延长，另一方面也容易产生货损货差或丢失的情况。

（5）装货港。应该尽量选择离货物产地较近的装货港，以降低国内运输费用。

（6）集装箱数量、规格。应综合考虑装箱货物的毛重及其包装规格，港口设备、运输机力的局限，集装箱限重和容积等因素确定集装箱的数量和规格。货物不可能占据箱内的全部空间。另外，装卸港所在国家交通管理部门都有要求，所以在订舱配载时对这些要有所考虑。

（7）集装箱的种类。主要是按照货物的特性，选择相应类别的集装箱。例如，是需要干箱还是冷冻箱，是需要开口集装箱还是罐型集装箱，是一般货物的普通集装箱还是危险品集装箱等。

（8）有无温度要求。凡是用冷冻箱运输的货物，都需要在租船订舱时向承运人确定准确的冷冻温度，并由承运人落实能否满足运输过程中的温度控制需要，以免因为没有明确冷冻温度或温度设定不准确而使货物质量受到影响，更严重者会造成货物的腐烂变质。

（9）目的港。是属于基本港还是非基本港，在其他条件相似的情况下，应优先选择基本港。如果是非基本港，费用肯定要比基本港高，而且时间也不如基本港有保障。

基本港（Base Port），是运价表限定班轮公司的船一般要定期挂靠的港口。大多数为位于中心的较大口岸，港口设备条件比较好，货载多而稳定。规定为基本港口就不再限制货量。运往基本港口的货物一般均为直达运输，无须中途转船。但有时也因货量太少，船方决定中途转运，则由船方自行安排，承担转船费用。按基本港口运费率向货方收取运费，不得加收转船附加费或直航附加费。并应签发直达提单。

非基本港（Non-base Port），凡基本港口以外的港口都称为非基本港口。非基本港口一般除按基本港口收费外，还需另外加收转船附加费。达到一定货量时则改为加收直航附加费。

（10）货物是否属于危险品。应该确定运输的货物是否属于危险品管理范围，如果是危险品，在订舱时，应选择适合于危险品运输的集装箱，并告知承运人，以便其在集装箱集港时，提前通知港口码头堆场，按危险品规定堆放。

（11）班轮运行准确率。这是班轮服务质量的重要考核指标，运行准确率直接影响进口商的收货时间的准确性，特别是对于一些季节性很强的商品，班轮运行准确率尤为重要。

（12）舱位紧张程度，它决定了订舱的时间。例如，某港口某段时间去欧洲航线舱位十分紧张，一般都是提前两个月订舱。如果不了解信息，还是按照平常的船期情况与进口商谈判定确定船期，那么等与进口商签订合同后，工厂准备货物，再去联系订舱，很有可能就订不上舱位。这种情况在实际业务中是很容易发生的，因此一定要及时了解航线舱位的情况，以便及时调整货物的装运期和生产准备时间。

（13）信用证结算的情况。明确信用证中是否订立了某些需要承运人配合完成的特殊条款，如果有，一定要在订舱时提前与船公司沟通，以得到船公司的认可与确认。例如，需要出具特定的船龄证、船籍证，要求在提单上显示运费、FOB 值等。

在实际业务中，班轮订舱时应防止因为考虑因素不周、航线安排不合理，造成运费负担增加，或订舱舱位不足，或航期不合理，时间过于紧张容易在运作过程中产生差错。

因此，在办理订舱时一定要将各因素考虑周全，这也是货运代理应具备的基本技能。

### 三、租船订舱的步骤

租船订舱的步骤如下：

#### 1. 审单

操作部收到业务部转交的流程卡和客户托运单（即 Booking）后，审核两者是否一致（如起运港、目的港、柜型、截关日、品名、价格、毛重、体积），利润是否合理，到付或预付，如有问题则与销售员确认后再订舱；若一致即立刻发 BOOKING 于船公司订舱。

#### 2. 订舱

备齐以下资料后即可订舱：起运港、目的港（具体港口或堆场）、柜型、柜量、船公司、CLOSING 时间、货品名（中文或英文）、PP 或 CC 的价格，如不齐全须与客户确认后再订舱。需注意订舱时一定要注明货重；如果传了订舱纸 1 小时没有消息就要向船公司询问情况；可以电子订舱。

#### 3. 放舱

承运人在订舱单上确认订舱，随后国际货运代理企业向船公司取得 S/O（装货单）后，先审核 S/O 上的资料与订舱信息是否一致，确认无误后准备下一步的报关相关工作。

### 四、订舱业务涉及的单证

（1）托运单（Booking Note，B/N），也称"订舱申请书"或"订舱单"，是指托运人或其代理人根据买卖合同和信用证的有关内容向船公司或其代理人申请订舱配载的书面凭证。订舱时，随同商业发票、装箱单等其他必要单证一同传给船公司或其代理公司办理。船公司或其代理人对该单进行审核无误并接受承运后，予以编号，编上与 B/L 号码一致的编号，填上船名、航次，加盖印章，即表示已确认托运人的订舱，同时把配舱回单即订舱单等与托运人有关的单据退还给托运人。

（2）装货单（Shipping Order，S/O）也称放柜纸、下货纸或关单，是托运人或其代理填制交船公司或其代理人，审核并签章后，据以要求船长将货物装船承运的凭证。它是由船公司或其代理人签署而形成的一份出口货运的承诺书面文件。装货单是托运人办理货物出口报关手续的必备单据之一，当海关经查验并在该单上加盖海关放行章后作为船公司或其代理接收货物、安排货物装船与出运的依据，因此装货单又称为"关单"。

订舱申请书范本见表 3-4。

表3-4 订舱申请书（托运单）

| Shipper | D/R NO.（编号） | |
|---|---|---|
| Consignee or order | 集装箱货物托运单<br>货主留底 | 第<br>一<br>联 |
| Notify address | | |

| Pre – carriage by<br>（前程运输） | Port of loading<br>收货地点 | | | |
|---|---|---|---|---|
| | Port of transshipment | | | |
| Port of discharge | Port of delivery | Final destination | | |

| Container. seal No.<br>or marks and Nos.<br>集装箱号 | Seal No.（封志号）<br>Marks | Number and kind<br>of package | Description<br>of goods | Gross weight<br>（kgs.） | Measurement<br>（m³） |
|---|---|---|---|---|---|
| | | | | | |

TOTAL NUMBER OF CONTAINERS OR PACKAGES（IN WORD）
集装箱数或件数合计（大写）

| Freight and charges<br>（运费与附加费） | Revenue tons<br>（运费吨） | Rate<br>（运费率） | Per<br>（每） | Prepaid | Collect（到付） |
|---|---|---|---|---|---|
| | | | | | |

| Ex. Rate | Prepaid at（预付地点） | Freight payable at（到付地点） | Place and date of issue |
|---|---|---|---|
| | Total prepaid<br>（预付总额） | Number of original Bs/L（正本提单份数） | |

| Service Type Receiving<br>■CY □CFS □Door | Service Type on Delivery<br>■CY □CFS □Door | |
|---|---|---|
| TYPE OF<br>GOODS<br>（种类） | □Ordinary | |
| 可否转船： | 可否分批： | |
| 装期：　年　月　日 | 有效期： | |
| 金额： | | |
| 制单日期：　年　月　日 | | |

装货单范本见表3-5。

表3-5　装货单

| Shipper | D/R NO.（编号） |
|---|---|
| Consignee or order | 装货单<br>场站收据副本 |
| Notify address | Received by the Carrier the total number of containers or other packages or units stated below to be transported subject to the terms and conditions of the carrier's regular form of Bill of Lading（for Combined Transport or Port to Port Shipment）which shall be deemed to be incorporated herein.<br>Date（日期）：<br><br>第四联 |
| Pre-carriage by（前程运输）｜Port of loading 收货地点<br>　｜Port of transshipment | |
| Port of discharge｜Port of delivery｜Final destination | 场站章 |

| Container. seal No. or marks and Nos. 集装箱号 | Seal No.（封志号）Marks | Number and kind of package | Description of goods | Gross weight（kgs.） | Measurement（m³） |
|---|---|---|---|---|---|
| | | | | | |

TOTAL NUMBER OF CONTAINERS OR PACKAGES（IN WORD）
集装箱数或件数合计（大写）

| Freight and charges（运费与附加费） | Revenue tons（运费吨） | Rate（运费率） | Per（每） | Prepaid | Collect（到付） |
|---|---|---|---|---|---|
| | | | | | |

| Ex. Rate | Prepaid at（预付地点） | Freight payable at（到付地点） | Place and date of issue |
|---|---|---|---|
| | Total prepaid（预付总额） | Number of original Bs/L（正本提单份数） | |

Service Type Receiving ■CY □CFS □Door　｜　Service Type on Delivery ■CY □CFS □Door

TYPE OF GOODS（种类）□Ordinary

可否转船：　　可否分批：

装期：　年　月　日　　有效期：

金额：

制单日期：　年　月　日

### 实训技能

**1. 实训内容**

广浩国际货运代理有限公司为金红叶纸业有限公司向中国外运华东有限公司海运分公司（SHZWY）订舱，船名：P&O NEDLLOYD CARACAS，航次：V. PX155E，提单号 MB/L NO：PEX155ORF13 HB/L NO.：同业务编号。

**2. 实训目的**

掌握海洋货物租船订舱业务。

**3. 实训准备**

将学生分组，每组 5~6 人，教师准备空白订舱单，或打开货代软件，在系统内完成订舱。

**4. 实训步骤**

步骤一：学生完成订舱单的录入操作。

步骤二：学生也可打开货代软件，实施申请订舱的具体操作。

单击"订舱"按钮，进入订舱环节。

注意：订舱环节主要包括由操作部根据客户服务传递来的信息，制定订舱单向船公司或舱位代理订舱，以及提单确认及 MB/L 和 HB/L 的制作。

步骤三：学生可打开相关船公司网站，在船公司网站完成订舱申请。

步骤四：订舱完成后，在货代软件系统里录入船名航次、提单号，打印配舱回单，发给发货人，进行确认。

步骤五：订舱完成，货运代理公司给货主发订舱通知，通知客户，准备出货。订舱通知如下所示：

---

**订舱通知**

贵公司要求出运的货物已订舱，详细资料如下：

| | |
|---|---|
| 船期： | 箱型、箱量： |
| 船名： | 航次： |
| 提单号： | 货物入场方式： |
| 承运人： | 交货地： |

备注：暂时安排　月　日装箱

场站最晚入货时间：

仓库最晚入货时间：

最晚通关时间：

我司联系人：

我司联系方式（电话、传真）：

---

**5. 实训评价**

租船订舱技能训练评价表（表3-6）。

表 3 – 6　租船订舱技能训练评价表

| 被考评人 | | | | | | |
|---|---|---|---|---|---|---|
| 考评地点 | | | | | | |
| 考评内容 | | 租船订舱技能训练 | | | | |
| 考评标准 | 内　容 | 分值 | 自我评价 | 小组评价 | 教师评价 | 实际得分 |
| | 熟练掌握租船订舱流程 | 40 | | | | |
| | 软件操作熟练或订舱单据填写正确 | 30 | | | | |
| | 订舱环节无遗漏 | 30 | | | | |
| | 该项技能能级 | | | | | |

注：（1）实际得分 = 自我评价 × 20% + 小组评价 × 40% + 教师评价 × 40%。

（2）考评满分为 100 分，60～74 分为及格，75～84 分为良好，85 分以上为优秀。

# 任务四　出口单据审核

## 知识准备

### 一、商业发票

商业发票（Commercial Invoice）是出口方向进口方开列的发货价目清单，是买卖双方记账的依据，也是进出口报关交税的总说明。商业发票是一笔业务的全面反映，内容包括商品的名称、规格、价格、数量、金额、包装等，同时也是进口商办理进口报关不可缺少的文件，因此商业发票是全套出口单据的核心，在单据制作过程中，其余单据均需参照商业发票缮制。

1. 商业发票的内容

商业发票的内容一般包括：

（1）商业发票须载明"发票"（invoice）字样。

（2）发票编号和签发日期（number and date of issue）。

（3）合同或订单号码（contract number or order number）。

（4）收货人名址（consignee's name and address）。

（5）出口商名址（exporter's name and address）。

（6）装运工具及起讫地点（means of transport and route）。

（7）商品名称、规格、数量、重量（毛重、净重）等（commodity, specifications, quantity, gross weight, net weight etc.）。

（8）包装及尺码（packing and measurement）。

（9）唛头及件数（marks and numbers）。

（10）价格及价格条件（unit price and price term）。

（11）总金额（total amount）。

（12）出票人签字（signature of maker）等。

在信用证支付方式下，发票的内容要求应与信用证规定条款相符，还应列明信用证的开证行名称和信用证号码。在有佣金折扣的交易中，还应在发票的总值中列明扣除佣金或折扣的若干百分比。发票须有出口商正式签字方为有效。

2. 商业发票的作用

商业发票的作用有以下几个方面：

（1）可供进口商了解和掌握装运货物的全面情况。

发票是一笔交易的全面叙述，它详细列明了该装运货物的货物名称、商品规格、装运数量、价格条款、商品单价、商品总值等全面情况，可为进口商提供识别该批货物属于哪一批订单项下的。进口商可以依据出口商提供的发票，核对签订合同的项目，了解和掌握合同的履约情况，进行验收。

（2）作为进口商记账、进口报关、海关统计和报关纳税的依据。

发票是销售货物的凭证，对进口商来说，需要根据发票逐笔登记记账，按时结算货款。同时进口商在清关时需要向当地海关当局递交出口商发票，海关凭以核算税金，并作为验关放行和统计的凭证之一。

（3）作为出口商记账、出口报关、海关统计和报关纳税的依据。

出口商凭以发票的内容，逐笔登记入账。在货物装运前，出口商需要向海关递交商业发票，作为报关发票，海关凭以核算税金，并作为验关放行和统计的凭证之一。

（4）在不用汇票的情况下，发票可以代替汇票作为付款依据。

在即期付款不出具汇票的情况下，发票可作为买方支付货款的根据，替代汇票进行核算。在光票付款的方式下，因为没有货运单据跟随，也经常跟随发票，商业发票起着证实装运货物和交易情况的作用。

另外，一旦发生保险索赔时，发票可以发挥作为货物价值的证明等作用。

3. 商业发票的形式

商业发票没有统一规定的格式，每个出具商业发票的单位都有自己的发票格式。虽然格式各有不同，但是，商业发票填制的项目都大同小异。一般来说，商业发票应该具备以下主要内容：

（1）首文部分。

首文部分应该列明发票的名称、发票号码、合同号码、发票的出票日期和地点，以及船名、装运港、卸货港、发货人、收货人等。这部分一般都是印刷的项目，后面留有的空格须填写。

（2）文本部分。

发票的文本主要包括唛头、商品名称、货物数量、规格、单价、总价毛重/净重等内容。

（3）结文部分。

发票的结文一般包括信用证中加注的特别条款或文句。

发票的结文还包括发票的出票人签字。发票的出票人签字一般在发票的右下角，一般包括两部分内容：一是出口商的名称（信用证的受益人），二是出口公司经理或其他授权人手签，有时也用手签图章代替手签。

【商业发票范例】

<table>
<tr>
<td colspan="3" align="center">COMMERCIAL INVOICE<br>GOLD HONG YE PAPER（SUZHOU INDUSTRIAL PARK）CO. LTD.<br>SUZHOU INDUSTRIAL PARK, JIANGSU, CHINA</td>
</tr>
<tr>
<td colspan="2">TO：<br>JOHN DALE LIMITED<br>UNIT 23 CASTLE PARK FLINT FLINTSHIRE CH6 5XA<br>UNITED KINGDOM<br>装运港<br>FROM：SHANGHAI, CHINA<br>信用证号：<br>LCBB61561</td>
<td colspan="3">发票号码：<br>Commercial Invoice No：2015JM－03<br>日期<br>Date：NOV., 25, 2015<br>目的港<br>TO：LIVERPOOL<br>合同号：</td>
</tr>
<tr>
<td align="center">Marks and numbers</td>
<td align="center">Description of goods</td>
<td align="center">Net weight</td>
<td align="center">Unit price</td>
<td align="center">Amount</td>
</tr>
<tr>
<td align="center">N/M</td>
<td align="center">FACIAL TISSUE</td>
<td align="center">126，000</td>
<td align="center">CIF LIVERPOOL<br>USD 1，883/MT</td>
<td align="center">USD108，750.00</td>
</tr>
<tr>
<td colspan="5" align="center">TOTAL：U. S. DOLLARS one hundred and eight thousand seven hundred and fifty ONLY</td>
</tr>
<tr>
<td colspan="5" align="center">金红叶纸业有限公司<br>GOLD HONG YE PAPER（SUZHOU INDUSTRIAL PARK）CO. LTD</td>
</tr>
</table>

## 二、装箱单据

货物出口装运都得先包装，最常见的包装单据就是装箱单，因此，装箱单据就成了贸易中不可缺少的文件。

1. 装箱单定义

装箱单是发票的补充单据，它列明了信用证（或合同）中买卖双方约定的有关包装事宜的细节，便于国外买方在货物到达目的港时供海关检查和核对货物，通常可以将其有关内容加列在商业发票上，但是在信用证有明确要求时，就必须严格按信用证约定制作。

2. 制作装箱单据的要求

我们可以根据不同商品的品质和信用证的要求，提供适当的包装单据，做到既能符合信用证的规定，为银行所接受，又能满足客户对商品包装的要求。

如果信用证条款只要求提供装箱单（Packing List），而无任何特殊规定，那么只要提供一般装箱单，将货物的包装情况作一般简要说明就可以了。

如果信用证条款要求提供"详细装箱单"（Detailed Packing List），那么就必须提供详细的装箱内容，如描述每件包装的具体细节，包括商品的货号，色号，尺寸搭配，毛、净重及尺码等。在货量较大的情况下，缮制详细装箱和包装说明，需要花费大量时间和劳力。制单员根据厂方的装箱单，有时需要一整天时间才能打好一套长达数十页的出口装箱单。为了节省时间，提高效率，也可以使用特制的单据格式，中、英文对照，由厂方直接填制，经过单证员的审核后，即作为出口单据，交银行结汇。

3. 出口装箱单据的格式

（1）装箱单名称（Packing list）。

应按照信用证规定使用。通常用"Packing List""Packing Specification""Detailed Packing List"。如果来证要求用中性包装单（Neutral Packing List），则包装单名称打"Packing List"，但包装单内不打卖方名称，不能签章。

常见的单据名称有：

PACKING LIST（NOTE）装箱单

WEIGHT LIST（NOTE）重量单

MEASUREMENT LIST 尺码单

PACKING LIST AND WEIGHT LIST 装箱单/重量单

PACKING NOTE AND WEIGHT NOTE 装箱单/重量单

PACKING LIST AND WEIGHT LIST AND MEASUREMENT 装箱单/重量单/尺码单

PACKING NOTE AND WEIGHT NOTE AND MEASUREMENT 装箱单/重量单/尺码单

WEIGHT AND MEASUREMENT LIST 重量单/尺码单

WEIGHT AND MEASUREMENT NOTE 重量单/尺码单

PACKING AND MEASUREMENT LIST 装箱单/尺码单

PACKING AND MEASUREMENT NOTE 装箱单/尺码单

（2）编号（No.）。

包装单可以有自己的编号，但是因为商业发票是核心单据，所以一般都用商业发票的编号作为包装单的编号，在有的包装单上会直接出现商业发票编号栏。

（3）出单方（Issuer）：出单人的名称与地址。在信用证支付方式下，此栏应与信用证受益人的名称和地址一致。

（4）受单方（To）：受单方的名称与地址。在多数情况下填写进口商的名称和地址，并与信用证开证申请人的名称和地址保持一致。在某些情况下也可不填，或填写"To whom it may concern"（致有关人）。

（5）合同号或销售确认书号（Contract No. / Sales Confirmation No.）；信用证号（Invoice No.）。

注此批货的合同号或者销售合同书号、信用证号。

（6）唛头（Shipping Mark）。

唛头与发票一致，有的注实际唛头，有时也可以只注"as per invoice No. ×××"。

（7）箱号（Case No.）。

箱号又称包装件号码。在单位包装货量或品种不固定的情况下，需注明每个包装件内的包装情况，因此包装件应编号。

例如：Carton No. 1 - 5 ……

Carton No. 6 - 10……

有的来证要求此处注明 "CASE NO. 1—UP"，UP 指总箱数。

（8）货描（Description & Specification）。

货描要求与发票一致。

货名如有总称，应先注总称，然后逐项列明详细货名。与前（5）、（6）项栏对应逐一注明每一包装件的货名、规格、品种。

（9）数量（Quantity）。

应注明此箱内每件货物的包装件数。

例如 "bag 10" "drum 20" "bale 50"，合同栏同时注明合计件数。

（10）毛重（Gross Weight）。

注明每个包装件的毛重和此包装件内不同规格、品种、花色货物各自的总毛重（Subtotal），最后在合计栏处注总货量。信用证或合同未要求，不注亦可。如为 "Detailed Packing List"，则此处应逐项列明。

（11）净重（Net Weight）。

注明每个包装件的净重和此包装件内不同规格、品种、花色货物各自的总净重（Subtotal），最后在合计栏处注总货量。信用证或合同未要求，不注明亦可。如为 "Detailed Packing List"，则此处应逐项列明。

（12）箱外尺寸（Measurement）。

注明每个包装件的尺寸。

（13）合计（Total）。

填合计数。

（14）出票人签章（Signature）。

应与发票相同，如信用证规定包装单为 "" 或 "" 等，则在包装单内不应出现买卖双方的名称，不能签章。

【装箱单范例】

| ISSUER | | | PACKING LIST | | | |
|---|---|---|---|---|---|---|
| TO | | | INVOICE NO. | | DATE | |
| Marks and Numbers | Description of Goods | Quantity | Package | G. W | N. W | Meas. |
| | | | | | | |
| | TOTAL: | | | | | |
| SAY TOTAL: | | | | | | |
| | | | | | Signature | |

装箱单据着重表现货物的包装情况，内容包括：从最小包装到最大包装所有使用的包装材料、包装方式。对于重量和尺码内容，在装箱单中一般只体现它们的累计总额。

包装条款一般还包括包装材料、包装方式及包装规格等。

有的信用证规定"SEAWORTHY PACKING"（适用于海运包装）、"PACKING SUITABLE FOR LONG DISTANT"（适合于长途运输包装）或"STRONG WOODEN CASE PACKING"（坚固木箱装运）等。信用证中的这些表达方法，都应在发票及箱单中照抄。

重量单是在装箱单的基础上，详细表示货物的毛重、净重、皮重等。

尺码单则要用"m³"表示货物的体积，其他内容基本与重量单相同。

装箱单、重量单或尺码单等可以出现特殊条款，就要根据信用证或合同的要求填写。如来证只要求装箱单中标明信用证号码、合同号码或特殊包装文字说明，那么按照信用证或合同要求填写。

4. 制作装箱单据的注意事项

（1）单据名称必须完全符合信用证的规定，因为包装单据的内容，既包括包装的商品内容，也包括包装的种类和件数、每件毛净重的毛净总重量、总尺码（体积），所以无论信用证要求的包装单据是什么名称，都必须按其规定照打。

（2）信用证的特殊规定，必须在单据中充分体现出来。如信用证规定：每件装一袋、每打装一盒、每20打装一箱，则必须注明：

PACKING：

EACH PIECE IN A BAG，

EACH DOZEN IN A CARDBOARD BOX，

THEN 20 DOZENS IN A CARTON.

（3）装箱单据一般不应显示货物的单价与总价，因为进口商在转移这些单据给实际买方时大多不愿泄露其购买的实际成本。

## 三、原产地证明书

原产地证明书是证明商品原产地，即货物的生产或制造地的一种证明文件，是商品进入国际贸易领域的"经济国籍"，是进口国对货物确定税率待遇、进行贸易统计、实行数量限制（如配额、许可证等）和控制从特定国家进口（如反倾销税、反补贴税）的主要依据之一。原产地证明书一般有三大类：第一类是普惠制原产地证明书；第二类是一般原产地证明书；第三类是某些专业性原产地证明书。

1. 普惠制原产地证明书（格式A）

普惠制原产地证明书（格式A）（Generalized System of Preference），简称普惠制（GSP），是指发达国家给予发展中国家或地区在经济、贸易方面的一种非互利的特别优惠待遇。即发展中国家向发达国家出口制成品或半制成品时，发达国家对发展中国家予以免征或减征关税。

根据大多数给惠国的规定，享受普惠制必须持凭受惠国政府指定的机构签署的普惠制原产地证书（注：我国政府指定各地出口商品检验机构签发普惠制原产地证书）。

**【普惠制原产地证明书范例】**

**ORIGINAL**

| 1. Goods consigned from ( Exporter's business name, address, country )<br>ABC COMPANY<br>NO. 128 ZHONGSHAN XILU<br>NANJING, CHINA | Reference No. JS7/00033/0046<br><br>GENERALIZED SYSTEM OF PREFERENCES<br>CERTIFICATE OF ORIGIN<br>( Combined declaration and certificate )<br>FORM A<br>Issued in THE PEOPLE'S REPUBLIC OF CHINA<br>( country )<br>See Notes overleaf |
|---|---|
| 2. Goods consigned to ( Consigness's mane, address, country )<br>XYZ COMPANY<br>6 – 2 OHTEMACHI, 1 – CHOME, CHIYADA – KU<br>TOKYO, JAPAN | |

| 3. Means of transport and route ( as far as known )<br>FROM NANJING TO TOKYO BY SEA | 4. For official use |
|---|---|

| 5. Item Number | 6. Marks and numbers of packages | 7. Number and kind of packages; description of goods | 8. Origin criterion ( see Notes overleaf) | 9. Gross weight or other quantity | 10. Number and date of invoices |
|---|---|---|---|---|---|
| 1 | XYZ SLACKS<br>TOKYO<br>1 – 100 | 100PCT COTTON MEN'S SLACKS PACKED IN ONE HUNDRED (100) CARTONS ONLY | P | G. W.<br>180KGS | ABC8866<br>JAN. 3, 2005 |

| 11. Certification<br>It is hereby certified, on the basis of control carried out, that the declaration by the exporter is correct.<br><br><br><br>NANJING, JANUARY 3, 2005<br>-----------------------------------------------------<br>Place and date. Signature and stamp of certifying authority | 12. Declaration by the exporter<br>The undersigned hereby declares that the above details and statements are correct, that all the goods were produced in _____ CHINA _____ ---- ----<br>and that they comply with the origin requirements specified for those goods in the Generalized System of Preferences for goods exported to<br>------------------------ JAPAN ------------------------<br>( Importing country )<br><br>ABC COMPANY NANJING 王 凡<br><br>NANJING, JANUARY 3, 2005<br>-----------------------------------------------------<br>Place and date. signature of authorized signatory |
|---|---|

普惠制原产地证明书 FORM A 共有 12 栏，各栏的填写方法如下：

产地证标题栏（右上角），填上签证当局所编的证书号，在证头横线上方填上"在中华人民共和国签发"，国名必须填打外文全称，不得简化。

ISSUED IN THE PEOPLE'S REPUBLIC OF CHINA

第 1 栏为：出口商的业务名称、地址、国别

例如：ABC COMPANY NO. 128

ZHONGSHAN XILU NANJING，CHINA

注意：此栏是带有强制性的，应填明在中国境内出口商的详细地址，包括街道名、门牌号码等。

第 2 栏：收货人的名称、地址、国别

例如：XYZ COMPANY 6－2 OHTEMACHI，1－CH，TOKYO，JAPAN

注意：一般应填给惠国最终收货人名称（即信用证上规定的提单通知人或特别声明的收货人），如最终收货人不明确，可填发票抬头人。但不要填转口商的名称。在特殊情况下，欧洲联盟国家的进口商要求此栏留空，也可接受。

第 3 栏为：运输方式及路线（就所知而言）

例如：FROM NANJING TO TOKYO BY SEA

注意：一般应填装货、到货地点（始发港、目的港）及运输方式（如海运、空运、陆海联运等）。如系转运商品，应加上转运港，例如："VIA　HONGKONG"。

第 4 栏为：供官方使用

此栏由签证当局填具，出口公司应将此栏留空。检验检疫机构根据签证需要，如是"后发"，加盖"ISSUED RETROSPECTIVELY"红色印章，如是签发"复本"，应在此栏注明原发证书的编号和签证日期并声明原发证作废，其文字是"THIS CERTIFICATE IS INRE-PLACEMENT OF CERTIFICATE OF ORIGIN NO. …DATED…WHICH IS CANCELLED"，并加盖"DUPLICATE"红色印章。正常情况下，此栏空白。

注意：日本一般不接受"后发"证书，除非有不可避免的原因。

第 5 栏为：顺序号

在收货人、运输条件相同的情况下，如同批出口货物有不同品种，则可按不同品种、发票号等分列"1""2""3"……。单项商品，此栏可不填。

第 6 栏为：唛头及包装号

按发票上唛头填具完整的图案文字标记及包装号。

例如：XYZ SLACK

TOKYO

1—100

注意：如货物无唛头，应填"N/M"。如唛头过多，此栏不够，可填打在第 7、第 8、第 9、第 10 栏的空白处。如还不够，则另加附页在证书的反面，由签证局加盖骑缝章，并在第 6 栏填打"SEE ATTACHED LIST"。

第 7 栏为：包件数量及种类，商品说明

例如：100PCT COTTON MEN'S SLACKS

PACKED IN ONE HUNDRED（100）CARTONS ONLY

注意：请勿忘记填上包件种类及数量，并在包装数量的阿拉伯数字后用括号加上大写的英文数字，上列商品名称应具体填明，其详细程度应能在 HS. 的四位数字级品目中准确归类。不能笼统填"MACHINE""METER""GARMENT"等。但商品的商标、牌名（BRAND）、货号（ART. NO.）也可不填，因这些与国外海关税则无关。商品名称等项列完后，应在末行加上表示结束的符号，以防止外商加填伪造内容。国外信用证有时要求填具合同、信用证号码等，可加在此栏结束符号下方的空白处。

第8栏为：原产地标准

此栏用字最少，却是国外海关审证的核心项目。对含有进口成分的商品，因情况复杂，国外要求严格，极易弄错而造成退证，应认真审核。

现将一般规定说明如下：

（1）"P"：完全原产，无进口成分。

（2）"W"：含有进口成分，但符合加工标准，货物运往欧盟成员国、挪威、瑞士和日本，在字母下面标上产品的 H. S. 品目号。

例如："W"96.01

（3）"F"：货物运往加拿大，含有进口成分（占产品出厂价的40%以下）。

（4）"G"：货物运往加拿大，含有进口成分，实施全球性原产地累计条款。

（5）"Y"：货物运往独联体国家和东欧国家，在字母下面标上进口成分占产品离岸价的百分比率。例如："Y"38%。

（6）"Z"：货物运往美国，实施原产地区域性累计。在字母下面标上本国成分占产品出厂价的百分比率。例如："Z"35%。

（7）"PK"：货物运往独联体国家和东欧国家，实施全球性累计。运往澳大利亚、新西兰的商品，此栏可以留空。

第9栏为：毛重或其他数量

例如：G. W. 180KGS 或是 3200DOZ 等。

注意：此栏应以商品的正常计量单位填，如"只""件""匹""双""台""打"等。以重量计算的则填毛重，只有净重的，填净重亦可，但要标上：N. W. （NET WEIGHT）。

第10栏为：发票号及日期

例如：ABC 8866

　　　JAN. 3，2005

注意：此栏不得留空，必须照正式商业发票填具。为避免月份、日期的误解，月份一律用英文缩写 JAN. FEB. MAR. 等表示。发票内容必须与证书所列内容和货物完全相符。

第11栏为：签证当局的证明

填签署地点、日期

例如：NANJING，JANUARY 3，2005

及授权签证人手签、检验检疫机构印章。

注意：签证当局只签一份正本，不签署副本。此栏签发日期不得早于发票日期（第10栏）、申报日期（12栏），但不要迟于提单日期，手签人的字迹必须清楚。手签与签证章在证面上的位置不得重合。日本政府规定，提单日期之后十天之内申领、签发的证书均可作为货物出口时申领、签发的证书，予以接收。

第12栏为：出口商的申明

生产国的横线上应填"中国"CHINA。进口国横线上的国名一定要填正确。进口国一般与最终收货人或目的港的国别一致。如果难于确定，以第3栏目的港国别为准。进口国必须是给惠国，例如：ITALY。货物运往欧盟进口国不明确时，可填EU，但一般尽可能不这样做。

申请单位的手签人员应在此栏签字，加盖中英文对照的单位印章，填上申报地点、时间。例如：NANJING，JANUARY 3, 2005

（注意时间不得早于发票日期）。在证书正本和所有副本上盖章时，避免覆盖进口国名称和手签人姓名。

注意：国名应是正式的和全称的。

2. 一般原产地证明书

一般原产地证明书（以下简称CO证书）（General Certificate of Origin），是证明货物原产国（例如，中国）或原产地区（例如，澳门）或原产国家集团（例如，欧盟），具有法律效力的证明文件，共有12栏，各栏的填写方法如下：

产地证标题栏（右上角），填上签证当局所规定的证书号。具体规定如下：

A. 证书号码示意图如下：

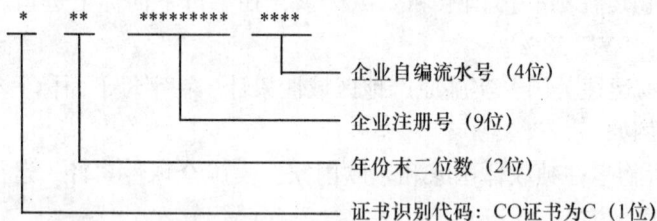

例如：证书号C063800000050045是注册号为380000005的单位2006年办理的第45票CO证书。

B. 签证当局已经签发的证书，申报单位如需要更改，须提出更改申请，并退还原签发证书。更改证的号码与新证的编码规则一致，但改变流水号。

C. 如原签发的证书遗失，经签证当局同意重发证书，重发证的号码与新证的编码规则一致，但改变流水号。

第1栏：出口商的名称，地址，国别

例如：NINGBO SKYLAND GROUP CO. , LTD.

ROOM 1209, FT MANSION, 93 EAST ZHONGSHAN ROAD

NINGBO CHINA

注意：此栏是带有强制性的，应填明在中国境内的出口商详细地址，包括街道名、门牌号码等。出口商必须是已办理产地证注册的企业，且公司英文名称应与检验检疫局注册备案的一致。若中间商要求显示其名称，可按如下方式填写："出口商名称 VIA 中间商名称"。

第2栏：收货人的名称，地址，国别

例如：JENSON & JESSON,

LANGE MUHREN 9, F – 2000,

HAMBURG, GERMANY

注意：一般应填打外贸合同中的买方、信用证上规定的提单通知人或特别声明的收货人，如果最终收货人不明确，可填打发票抬头人。为方便外贸需要，此栏也可填上 TO OR-DER 或 TO WHOM IT MAY CONCERN。

第3栏：运输方式及路线（已知）

例如：SHIPMENT FROM NINGBO TO HAMBURG BY SEA

注意：运输路线始发地应填中国大陆最后一道离境地，如系转运货物，应加上转运港，如：FROM NINGBO TO PIRAEUS, GREECE VIA HONGKONG BY SEA。运输方式有海运、陆运、空运、海空联运等。

第4栏：目的地国家（地区）

目的地国家指货物最终运抵目的地的国家或地区，即最终进口国（地区），一般与最终收货人所在国家（地区）一致，不能填写中间商国家名称。

第5栏：供签证当局使用

此栏由签证当局填写，申请单位应将此栏留空。签证当局根据实际情况，填写如下有关内容：

（1）如属"后发"证书，签证当局会在此栏加打"ISSUED RETROSPECTIVELY"。

（2）如属签发"复本"（重发证书），签证当局会在此栏注明原发证书的编号和签证日期，并声明原发证书作废，其文字是：THIS CERTIFICATE IS IN REPLACEMENT OF CERTIFICATE OF ORIGIN NO. …DATED…WHICH IS CANCELLED, 并加打"DUPLICATE"。

第6栏：唛头及包装号

例如：JENSON,

ORDER NO. 325952065

L/C E766896505

C/N 1 – 270

此栏按实际货物和发票上的唛头，填写完整的图案文字标记及包装号。唛头中处于同一行的内容不要换行打印。

注意：

（1）唛头不得出现"HONGKONG""MACAO""TAIWAN""R. O. C."等中国以外其他产地制造字样。

（2）此栏不得留空。货物无唛头时，应填"N/M"。如唛头过多，可填在第7、第8、第9、第10栏的空白处。如唛头图文较复杂或内容过多，则可在该栏填上"SEE ATTACH-MENT"，并另加附页。附页需一式四份，附页上方填上"ATTACHMENT TO THE CERTIFI-CATE OF ORIGIN NO. …（证书号码）"，参照 CO 证书，附页下方两边分别打上签证地点、签证日期和申报地点、申报日期，左下方盖上申报单位签证章并由申报单位申报员签名。附页应与 CO 证书大小一致。

（3）此栏内容及格式必须与实际货物的外包装箱上所刷的内容一致。

第7栏：包装数量及种类，商品说明

例如：SIX HUNDRED （600） CTNS OF SHRIMPS

\* \* \* \*\*\* \*\*\* \*\*\* \*\*\*

注意：请勿忘记填写包件数量及种类，并在包装数量的英文数字描述后用括号加上阿拉伯数字。如果信用证中品名笼统或拼写错误，必须在括号内加注具体描述或正确品名。商品名称等项列完后，应在末行加上截止线，以防止外商加填伪造内容。国外信用证有时要求填写合同、信用证号码等，可加在此栏截止线下方，并以"REMARKS："作为开头。

例如：FIVE HUNDRED （500） CTNS OF SHRIMPS

\*\*\* \*\*\* \*\*\* \*\*\* \*\*\*

REMARKS：

L/C：2846905067640

第 8 栏：H. S. 税目号

例如：84.14

此栏要求准确填打商品的四位数 H. S. 税目号，不得留空。

第 9 栏：数量

例如：1200 KGS G. W. 或 500PCS

注意：此栏应以商品的正常计量单位填制，如"只""件""匹""双""台""打"等。以重量计算的可填毛重，也可填净重，如为毛重须加注 G. W. （GROSS WEIGHT），净重则加注 N. W. （NET WEIGHT）。

第 10 栏：发票号及日期

例如：SDAKF0522

MAY. 22，2006

注意：发票内容必须与正式商业发票一致，此栏不得留空。为避免误解，月份一般用英文缩写 JAN.、FEB.、MAR. 等表示，发票日期年份要填全，如"2006"不能为"06"。发票号太长需换行打印，应使用折行符"—"。发票日期不能迟于提单日期和申报日期。

第 11 栏：出口商声明

申请单位的申报员应在此栏签字，加盖已注册的中英文合璧签证章，填上申报地点、时间，印章应清晰，例如：NINGBO，CHINA，MAY 24，2006。

注意：申报日期不要填法定休息日，日期不得早于发票日期，一般也不要迟于提单日期，如迟于提单日期，则要申请后发证书。在证书正本和所有副本上盖章签字时避免覆盖进口国名称、原产国名称、申报地址和申报时间。更改证申报日期一般与原证一致。重发证申报日期应为当前日期。

第 12 栏：签证当局证明

此栏填打签证地址和日期，一般情况下与出口商申报日期、地址一致，签证机构授权签证人员在此栏手签，并加盖签证当局印章。

例如：NINGBO，CHINA，MAY 24，2006。

注意：签证当局一般只在证书正本加盖印章，如客户要求也可在副本上加盖印章。

其他说明：

（1）凡申请办理一般原产地证明书的单位，必须预先在当地检验检疫机构办理注册登记手续。

（2）CO 证书中所有内容除第 2 栏、第 6 栏不受文种限制，其余栏目都要用英文或法文表示。

（3）在申报一般原产地证明书时，申报单位需提交用"原产地证电子签证系统企业端软件"打印出的商业发票（加盖公章及法人章）和一正三副的 CO 证书。

（4）如出口商品含有进口成分，但符合原产地标准，如系宁波市范围以内的厂家生产，需提供含进口成分商品成本明细单；如系宁波市范围以外的厂家生产，则需提供异地调查结果单。

（5）如申报日期迟于出运日期，申请后发的需提供正本提单复印件。

（6）如果签发的证书正本遗失或损毁，申请单位可向原签证机构申请重发，先在《中国国门时报》登报声明作废，同时提供申请单位和丢证方书面说明及原证的复印件，经检验检疫机构审核通过，予以重发。

【一般原产地证明书范例】

**ORIGINAL**

| 1. Exporter | Certificate No. |
|---|---|
| 2. Consignee | CERTIFICATE OF ORIGIN<br>OF<br>THE PEOPLE'S REPUBLIC OF CHINA |
| 3. Means of transport and route | 5. For certifying authority use only |
| 4. Country/region of destination | |

| 6. Marks and numbers | 7. Number and kind of packages; description of goods | 8. H. S. Code | 9. Quantity | 10. Number and date of invoice |
|---|---|---|---|---|
| | | | | |

| 11. Declaration by the exporter<br>The undersigned hereby declares that the above details and statements are correct, that all the goods were produced in China and that they comply with the Rules of Origin of the People's Republic of China. | 12. Certification<br>It is hereby certified that the declaration by the export is correct. |
|---|---|

**实训技能**

1. 实训内容：

金红叶纸业有限公司委托广浩国际货运有限公司办理"FACIAL TISSUE"的货运代理业

务，货代公司审核出口单据。

2. 实训目的：

学会审核出口单据。

3. 实训准备：

将学生分组，每组 5~6 人，每组提供商业发票及空白的装箱单等出口单据。（装箱信息：CONTAINER NO.：PRSU4202856）

4. 实训步骤：

步骤一：识别单据类别。
步骤二：根据项目背景识别，并练习填写单据。
步骤三：教师展示各组单据的填写结果，对各组学生的填写情况进行分析，并提问。
步骤四：教师提供标准的出口单据。

5. 实训评价：

审核单据能力训练评价，评价标准见表 3-7。

表 3-7　审核单据能力训练评价表

| 被考评人 | | | | | | |
|---|---|---|---|---|---|---|
| 考评地点 | | | | | | |
| 考评内容 | 审核单据能力训练 | | | | | |
| 考评标准 | 内　容 | 分值 | 自我评价 | 小组评价 | 教师评价 | 实际得分 |
| | 能够识别主要的出口单据 | 30 | | | | |
| | 会审核装箱单 | 30 | | | | |
| | 清晰一般原产地证明书各栏目的填写要求 | 20 | | | | |
| | 清晰普惠制原产地证明书各栏目的填写要求 | 20 | | | | |
| | 该项技能能级 | | | | | |

注：（1）实际得分 = 自我评价 ×20% + 小组评价 ×40% + 教师评价 ×40%。

（2）考评满分为 100 分，60~74 分为及格，75~84 分为良好，85 分以上为优秀。

# 任务五　出口货物交接

## 知识准备

### 一、出口货物交接的主要当事人业务范围

在目前我国的进出口业务中，绝大多数货物是采用集装箱运输的，因此，我们主要以讲述集装箱货物交接的程序和单据为主；对于非集装箱货物，其业务程序省去了提箱、装箱和

入场站等步骤，可以直接将货物运进港口指定的仓库或是货位，待海关手续完结后就可以装船发运，其业务步骤简单，这里不再赘述。

1. 货运代理公司在集装箱出口货运中的主要业务

货运代理公司是发货人和承运人之间业务的主要衔接者，货运代理业务的服务水平，直接影响发货人和承运人的业务能否顺利进行，进而影响相关各方的利益，因此，作为货运代理公司应有明确的业务范围。

（1）货运代理公司应协助发货人（卖方）在合同或信用证规定的装运期限前备好全部出口货物，其数量、品质、包装、标志等必须符合合同或信用证的规定，包装应适应集装箱运输。

（2）与船公司或者集装箱公司协调，保证货物所需要的空集装箱。

（3）对于整箱货，货运代理公司应申请空箱，协助发货人安排装箱，并在装箱完毕后将货箱运至集装箱码头堆场，取得经码头堆场签署的场站收据。在装箱运箱的同时，应及时安排报关，并配合海关做好查验、放行、加铅封等工作，以免影响装船。

（4）对于拼箱货，经报关后运至集装箱货运站，由货运站负责装箱并签署场站收据。

（5）出口货物如系 CIF 价格条件成交，货运代理可接受发货人委托，负责代其办理投保相关手续，并支付保险费，也可由发货人自行办理投保。

（6）如系预付运费，发货人只要出示经码头堆场签署的场站收据，支付全部运费后，承运人或其代理人即签发提单。如系到付运费，在付清运费后，只要出示提单即签发提货单。

2. 集装箱货运站（CFS）的出口货运业务

集装箱货运站是集装箱运输的产物，集装箱运输的主要特点之一是船舶在港时间短，这就要求有足够的货源，一旦在卸船完毕后，即可装满船开航。集装箱货运站的主要业务是集散货物。集装箱货运站的主要业务如下：

1）办理货物交接

货物不足一箱，即所谓的拼箱货，一般都运至集装箱货运站，由集装箱货运站根据所托运的货物种类、性质、目的港，将其与其他货物一起拼装在集装箱内，并负责将已装货的集装箱运至码头堆场。

集装箱货运站根据订舱单接受前来托运的货物时，应查明这些货物是否已订舱，如货物已订舱，货运站要求货物托运人提供场站收据、出口许可证，然后检查货物的件数是否与场站收据记载相符，货物的包装是否正常，能否适合集装箱运输，如无异常情况，货运站即在场站收据上签字。反之，应在场站收据的备注栏内注明不正常的情况，然后再签字。如不正常的情况较严重，可能影响以后的运输安全，应同有关方面联系决定是否接受这些货物。

2）积载装箱

集装箱货运站根据货物到站的情况，在货物达到一定数量后，即开始配箱装箱。配箱时应注意：

（1）当不同货物混装在同一箱内时，应根据货物的体积和重量、外包装的强度、货物的性质等情况，将货物区分开，包装牢固的货物和重货装在底部，将包装不牢、分量轻的货物放在箱内的上层。

（2）货物在箱内的重量分布应均衡，如箱子某一部位的负荷过重，则有可能使箱子底部发生弯曲或有脱开的危险；应根据货物的包装强度，决定堆码的层数。

（3）货物与货物之间，应加隔板或隔垫器材，避免货物相互擦伤、沾湿、污损。

（4）应根据货物的不同种类、性质、包装，选用不同规格的集装箱。

货物装箱时应注意：

（1）货物的装载应严密整齐，货物之间不留有空隙，这样不仅可充分利用箱内容积，也可防止货物相互碰撞而造成损害。

（2）应使用清洁、干燥的垫料（胶合板、草席、缓冲器材、隔垫板），如使用未干的潮湿的物料，则易发生货损事故。

（3）在装箱完毕后，应采取必要的措施，防止箱口附近的货物倒塌。

（4）对装载的货物应安全系牢，防止运输中摇晃、紧急制动、碰撞时的货损事故发生。

3）制作装箱单

集装箱货运站在进行货物装箱时，应制作集装箱装箱单，制作时必须准确、清楚。

4）将装载的货物运到码头堆场

货物装箱完毕后，集装箱货运站在海关监督下加海关封志，并签发场站收据，同时，应尽快与码头堆场取得联系，将已装货的集装箱运至码头堆场。

对于整箱货物，一般不再回集装箱货运站，而是直接将已装货物的集装箱运到码头堆场，等待装船。

**3. 集装箱码头堆场（闸口）的主要业务**

1）集装箱的交接

发货人和集装箱货运站将由其或其代理人负责装载的集装箱货物运至码头堆场时，设在码头堆场大门（即闸口）的门卫对进场的集装箱货物核对订舱单、场站收据、装箱单、出口许可证等单据，同时，还应检查集装箱的数量、号码、铅封号码是否与场站收据记载相一致，箱子的外表状况，以及铅封有无异常情况，如发现有异常情况，门卫应在场站收据栏内注明，如情况严重，可能影响运输的安全，应与有关方联系后，决定是否接受这部分货物。对进场的集装箱，堆场应向发货人、运箱人签收设备收据，并签署场站收据。

2）制订堆场作业计划

制订堆场作业计划是对集装箱在堆场内进行装卸、搬运、储存、保管的安排，这是为了经济、合理地使用码头堆场和有计划地进行集装箱装卸工作而制订的。堆场作业计划的主要内容有：

（1）确定空箱、实箱的堆放位置和堆高层数。

（2）装船的集装箱应按先后到港顺序，集装箱的种类、规格、载重的轻重分别堆放。

（3）同一货主的集装箱应尽量堆放在一起。

3）集装箱的装船

为了能在最短时间内完成装船工作，码头堆场应在船舶到港受载前，根据订舱单、先后到港的卸箱顺序，制订出船舶积载图和装船计划，等船靠泊后，码头堆场根据场站收据和装箱单，按装船计划装船。装船完毕后，由船方在装箱单、码头收据、积载图上签字，作为确认货物装船的凭证。

4）对特殊集装箱的处理

对堆存在场内的冷藏集装箱应及时接通电源，每天还应定时检查冷藏集装箱和冷冻机的工作状况是否正常，箱内温度是否保持在货物所需要的限度内，在装卸和出入场内时，应及时切断电源。

对于危险品集装箱，应根据可暂时存放和不能存放两种情况分别处理：暂存的货箱应堆存在有保护设施的场所，而且堆放的数量不能超出许可的限度。对于不能暂存的货箱应在装船预定时间内，进场后即装上船舶。

5）与船公司的业务关系

集装箱码头应保证：

（1）根据船期表提供合适的泊位。

（2）船舶靠泊后，及时提供足够的劳力与机械设备，以保证船舶速遣。

（3）适当掌握和注意船方设备，不违章操作。

船公司应保证：

（1）向码头确保船期，在船舶到港前一定时间提出确切到港通知；如发生船期改变，应及时通知码头。

（2）装船前2～10天左右提供出口货运资料，以满足堆场制订堆场计划、装船计划之需要。

（3）应及时提供船图，以保证正常作业。如船公司不能按时提供有关资料，则有失去靠泊的可能。

船公司与码头堆场的主要业务有：

（1）收、发箱作业以及其附属业务。

（2）缮制设备收据，签署场站收据。

（3）装、卸箱作业，以及船边至堆场之间的搬运、整理等工作。

（4）缮制装、卸箱清单、积载图报送代理公司。

（5）接受装、拆箱货物的作业，缮制装箱单。

（6）有关集装箱的堆存、转运、冲洗、熏蒸、修理等事项。

## 二、提取空箱、装箱程序

1. 提取空箱

发货人或其代理人应在预定的装运期之前，联系船公司或其代理人，提取已经预订的集装箱。提空箱时，船公司或其代理应该开具提箱通知单。发货人或其代理人凭通知单到指定的集装箱货运站或堆场提取空箱。

1）空/重箱提箱通知单

空/重箱提箱通知单是由船公司或其代理人根据发货人或其代理人订舱情况开具的提箱通知单，集装箱货运站或堆场凭此通知单并核对舱单准于放箱或收箱。

**【空/重箱提箱通知单范例】**

| | |
|---|---|
| 空/重箱提箱通知单　　编号：<br>日期：　年　月　日 | |
| 提货单位：　　　　　　　运往 | |
| 提箱原因： | |
| 请凭此单向上海港集装箱堆场提取如下船舶之空/重箱： | |
| 船名：　　　　　　　　航次： | |
| 提单号： | |
| 拖货时间： | |
| 拖货地点： | |
| 联系电话： | |
| 以上集装箱除另附有损坏报告单者外，均应认为在交接时已经双方检查，状况良好，已予签认。 | |
| 集装箱管理员/发箱人：<br>运输部门司机/收箱人：<br><br>　1　发箱人留底 | 交接时间：<br>提箱有效期：<br>批准发箱单位： |

空/重箱提箱通知单内容有：

（1）编号：由发箱方编制填写。

（2）提货单位：指集装箱使用单位，通常是指发货人。

（3）提箱原因：填写出口或空白。

（4）集装箱目的地：指集装箱装完货物后，运往何处，是去 CFS 还是 CY。

（5）船名及航次：指装载此集装箱的船舶名称及航次号。

（6）提单号：指租船订舱时由船公司给定的提单号码。

（7）拖货时间：指去工厂装货的时间。

（8）拖货地点：指工厂地点。

（9）联系电话：指工厂联系人电话。

（10）集装箱管理员/发箱人：由 CFS 或 CY 集装箱管理人员签字。

（11）运输部门司机/收箱人：由拖车司机或集装箱使用人即发货人签字。

（12）交接时间：指集装箱出场站的时间。

（13）提箱有效期：指提箱最后期限，超出此期限，需重新签发空/重箱提箱通知单。

（14）批准发箱单位：发箱单位盖章。空/重箱提箱通知单通常是一式三份，发箱人留底一份，司机留存一份，用箱人留存一份。

2）拖车通知单

货代公司根据客户要求时间，结合船期合理调整装箱时间，通知车队，打印派车通知，并传真给车队。

---

拖车通知

TO：××拖车公司

FM：广浩货代公司箱运部

兹有我司委托贵司操作：

船名/航次：　　　　　　　　　　提单号：

开航日期：　　　　　　　　　　目的港：

箱型/箱量：　　　　　　　　　　发货人：

拖柜时间：2016 – 11 – 30 7：00 到工厂装货

拖柜地址：

联系人：

电话：

拖车费：××/40GP

备注：请准时，箱子放车尾

注意事项：

（1）拖柜后请马上传真我司柜号/封号；

（2）请注意柜子箱体完好，内外无锈，干净无味，无油污；

（3）请按工厂规定装货，准时到厂。

名称：广浩货运代理有限公司

联系人：

传真：　　　　　　　　电话：

---

3）集装箱设备交接单

发货人或其代理人凭空/重箱提箱通知单到集装箱货运站或是集装箱堆场提空箱与场站工作人员一起检查集装箱的内外情况，看是否有损坏或污染等情况，并签署设备交接单，作为双方划分集装箱使用责任的依据。因此，在签署集装箱设备交接单时一定要仔细检查，避免疏忽而承担本不应该承担的责任或损失。

设备交接单（Equipment Receipt）也称设备收据，是集装箱及与集装箱运输有关设备的交接单证，当集装箱或相关的机械设备进出 CFS 或 CY 时，应由集装箱所有人或其代理人与用箱人或其拖箱人或其代理人共同签收设备交接单，据此划分、明确双方各自或相关设备应承担的责任。交接单第一张背面印有交接使用条款，主要内容是集装箱在货方使用期中，产生的费用以及遇有设备及所装货物发生损坏、灭失的责任划分、三者发生损害赔偿的承担。设备交接一般在场站大门口办理。设备包括集装箱、底盘车、台车及电动机等。交接单分"出门"和"进门"两种。

【设备交接单范例】

# 中外运集装箱运输有限公司
## SINOTRANS CONTAINER LINES CO., LTD.

OUT 出场

集装箱发放/设备交接单
EQUIPMENT INTERCHANGE RECEIPT

NO.

| 用箱人/运箱人（CONTAINER USER/HAULIER） | | 提箱地点（PLACE OF EDLIVERY） |
|---|---|---|
| 发往地点（DELIVERED TO） | 返回/收箱地点（PLACE OF RETURN） | |

| 船名/航次（VESSEL/VOUAGE NO.） | 集装箱号（CONTAINER NO.） | 尺寸/类型（SIZE/TYPE） | 营运人（CNTR OPTR.） |
|---|---|---|---|

| 提单号（B/L NO.） | 铅封号（SEAL NO.） | 免费期限（FREE TIME PERIOD） | 运载工具牌号（TRUCK,WAGON BARGE NO.） |
|---|---|---|---|
| | | | 营运人（CNTR OPTR） |

| 出场目的/状态（PPS OF GATE-OUT/STATUS） | 进场目的/状态（PPS OF GATE-IN/STATUS） | 出场日期（TIME-OUT） |
|---|---|---|
| | | 月　日　时 |

(1) 船务公司留底

出场检查记录（INSPECTION AT THE TIME OF INTERCHANGE）

| 普通集装箱(GP CONTAINER) | 冷藏集装箱(RF CONTAINER) | 特种集装箱(SPEOIAL CONTAINER) | 发电机(GEN SET) |
|---|---|---|---|
| □ 正常（SOUND）<br>□ 异常（DEFECTIVE） | □ 正常（SOUND）<br>□ 异常（DEFECTIVE） | □ 正常（SOUND）<br>□ 异常（DEFECTIVE） | □ 正常（SOUND）<br>□ 异常（DEFECTIVE） |

损坏记录及代号（DAMAGE & CODE）　BR 破损（BROKEN）　D 塌损（DENT）　M 丢失（MISSING）　DR 污箱（DIRTY）　DL 危标（DG LABEL）

左侧（LEFT SIDE）　右侧（RIGHT SIDE）　前部（FRONT）　集装箱内部（CONTAINER INSIDE）

顶部（TOP）　底部（FLOOR BASE）　箱门（REAR）　如有异状，请注明程度及尺寸（REMARK）

除列明者外，集装箱及集装箱设备交接时完好无损，铅封完整无误。
THE CONTAINER/ASSOCIATED EQUIPMENT INTERCHANGED IN SOUND CONDITION AND SEAL INTACT UNLESS OTHERWISE STATED

用箱人/运箱人签署　　　　　　　　　　码头/堆场值班员签署
(CONTAINER USER/HAULIER'S SIGNATURE)　　(TERMINAL/DEPOT CLERK'S SIGNATURE)

（1）设备交接单内容。

使用设备交接单时，应按照有关设备交接单制度规定的原则进行。设备交接单制度严格要求做到一箱一单、箱单相符、箱单同行。用箱人、运箱人凭设备交接单进出港区、场站，到设备交接单指定的提箱地点提箱，并在规定的地点还箱。与此同时，用箱人必须在规定的日期、地点将箱子和机械设备如同交付时的状态还给管箱人或其使用和租用期间发生的任何箱子及设备的灭失和损坏，用箱人应承担赔偿责任。

各类管箱人一般都印制自己的设备交接单，其内容大同小异，设备交接单的背面印有划分管箱人和用箱人之间责任的集装箱使用合同条款。条款的主要内容有：使用集装箱期间的费用、损坏或丢失时责任划分和对第三者造成损坏时的赔偿责任等。

设备交接单主要包括如下内容：

① 交接单号码：按船公司（船代）编制的号码填列。

② 用箱人/运箱人：一般为订舱的货运代理单位名称。

③ 提箱地点：空箱存放地点。

④ 船名/航次、提单号、发往地点。

⑤ 尺寸/类型：可简写，如20/DC意即20英尺①干货箱。

⑥ 集装箱号：指提取空箱箱号。

⑦ 用箱地点：货运代理人或货主的装箱地点。

⑧ 收箱地点：出口装船的港口作业区。

⑨ 免费期限：出口的集装箱免费使用期限是指自提取空箱到返还重箱到码头堆场的期限。不同船公司有不同的免费期规定，一般是5~10天，超过一天，每箱交超期使用费100~150元。进口的集装箱免费使用期限是指自提取重箱到返还空箱的期限。

⑩ 运箱工具牌号：集卡车号。

⑪ 出场目的/状态：如提取空箱，目的是"装箱"，状态是"空箱"。

⑫ 进场目的/状态：如重箱进区，目的是"装船"，状态是"重箱"。

⑬ 出场日期：空箱提离堆场日期。

⑭ 进场日期：重箱进入港口作业区日期。

设备交接单的下半部分是出场或进场检查记录，由用箱人（运箱人）及集装箱堆场/码头工作人员在双方交接空箱或重箱时验明箱体记录情况，用以分清双方责任。

空箱交接标准是箱体完好、水密、不漏光、清洁、干燥、无味，箱号及装载规范清晰，特种集装箱的机械、电器装置正常；重箱交接标准是箱体完好、箱号清晰、封志完整无损，特种集装箱机械、电器装置运转正常，并符合出口文件记载要求。

（2）设备交接单流转。

设备交接单分进场（IN）和出场（OUT）两种。这两种设备交接单除正面内容的个别项目外大致相同，都各有3联，分为管箱单位底联、码头或堆场联和用箱人、运箱人联。设备交接单流转过程为：在集装箱货物运输情况下，货运代理人在向船公司或其代理人订妥舱位取得装货单后可凭其向船方领取设备交接单。设备交接单一式六联：上面三联用于出场，印有"OUT出场"字样，第一联盖有箱管单位的图章，集装箱空箱堆场凭以发箱，第一、第二联由堆场发箱后留存，第三联由用箱人（货运代理人）留存；下面三联用于进场，印有"IN进场"字样，该三联是在货物装箱后到港口作业区堆场时作重箱交接之用的，第一、第二联由送货人交付港区道口，其中第二联留港区，第一联转给船方据以掌握集装箱的去向，送货人（货运代理人）自留第三联作为存根。

设备交接单流转如下图所示：

① 管箱人或其代理人填制并签发设备交接单（三联，每箱一份）交用箱人。

---

① 1英尺=0.304 8米

集装箱出场

```
┌─────────────────┐                                    ┌─────────────────┐
│ 船代或其他箱管单位 │───── 1 (1-3) ─────────────────────│ 货代或其他用箱人 │
└─────────────────┘                                    └─────────────────┘
         │  ＼          7(3)                                      │
         │    ＼                                                  │ 2 (1-3)
         │      ＼                                                │
┌─────────────────┐      ＼  5 (1)                      ┌─────────────────┐
│     发货人      │        ＼                           │     提箱人      │
└─────────────────┘          ＼                         └─────────────────┘
         │                     ＼                               │
         │ 6 (3)                 ＼                             │ 3 (1-3)
         │                         ＼                           │
┌─────────────────┐                 ＼            ┌─────────────────┐
│     提箱人      │◄───── 4 (3) ────────────────│     码头堆场      │
└─────────────────┘                              └─────────────────┘
```

集装箱进场

```
┌─────────────────┐                                    ┌─────────────────┐
│ 船代或其他箱管单位 │───── 1 (1-3) ─────────────────────│ 货代或其他用箱人 │
└─────────────────┘                                    └─────────────────┘
         │  ＼  5(1)      6(3) ／                              │
         │    ＼        ／                                     │ 2 (1-3)
         │      ＼    ／                                       │
         │        ＼／                                 ┌─────────────────┐
         │        ／＼                                 │     送箱人      │
         │      ／    ＼                                └─────────────────┘
         │    ／        ＼                                     │
         │  ／            ＼                                   │ 3 (1-3)
┌─────────────────┐        ＼            ┌─────────────────┐
│     送箱人      │◄──── 4 (3) ────────│    指定还箱地    │
└─────────────────┘                     └─────────────────┘
```

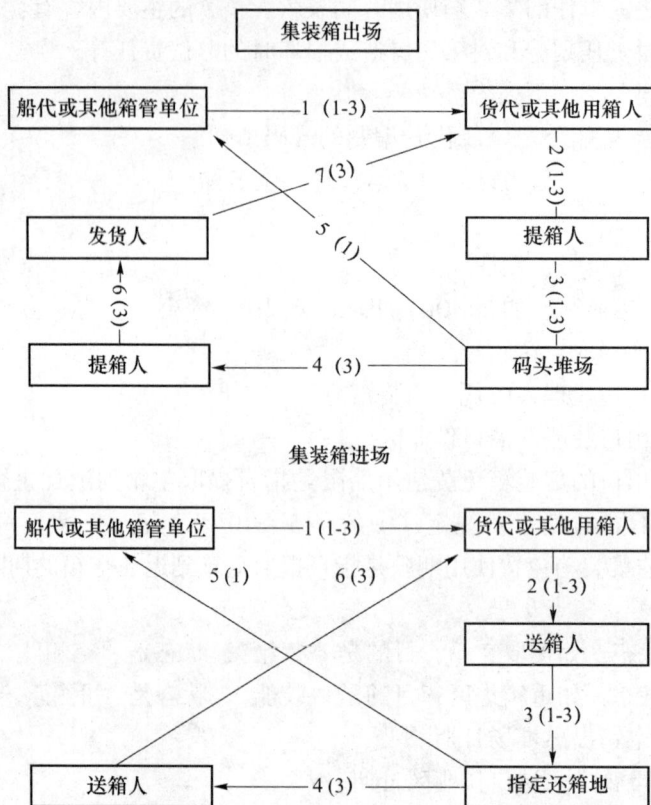

② 由用箱人、运箱人据此单证（三联）到码头或内陆堆场办理提（还）箱手续，在堆场经办人（作为管箱人的代理人）核单，双方检验箱体状况签字后提走（或还回）集装箱及设备，堆场经办人留下码头堆场联与管箱单位联，将用箱人联退还经营人。

③ 码头堆场经办人将管箱单位联退还管箱单位。

④ 集装箱还回码头堆场时，双方按单上条款检验集装箱状况，如无损坏，设备交接单作用结束。

这里需要说明的是，拼箱货是需要发货人将货物送到集装箱货运站装箱的，因此对于拼箱货来说，没有提箱的环节，也就不需要提箱通知单和设备交接单。

"出场"时，工作人员与用箱人、运箱人应按设备收据共同审核以下内容：

① 用箱人名称、地址。

② "出场"时间，"出场"目的。

③ 集装箱号、规格、铅封号，空箱还是实箱。

④ 有关机械设备的情况，正常还是异常。

"进场"时，工作人员与用箱人、运箱人应按设备收据共同审核以下内容：

① 集装箱、机械设备归还日期、时间。

② 集装箱、机械设备归还时外表状况。

③ 集装箱、机械设备归还人名称、地址。

④ 整箱货交箱货主名称、地址。

⑤ 集装箱箱号、规格、铅封号。

⑥ "进场"目的。

⑦ 拟装船舶的船名、航次、航线、卸箱港。

2. 装箱

装箱人将货物装箱，缮制实际装箱单一式五联后，装箱人在装箱单上签字。装箱单记录业务实际装箱的情况，包括集装箱箱号、封号以及具体的每个集装箱中所装的件数、重量、体积。

集装箱箱号的格式一般前三位为集装箱公司的代码，第 4 位为 U，加上后 7 位数字，其中最后一位为校验码。为了方便集装箱的管理，国际标准化组织（ISO）拟定了集装箱标志方案。标志内容：箱主代码、顺序号和核对数。

（1）箱主代码：集装箱所有者的代码，它由 4 位拉丁字母表示；前 3 位由箱主自己规定，并向国际集装箱局登记；第 4 位字母为 U，标志海运集装箱代号。例如中国远洋运输（集团）公司的箱主代码为：COSU。

（2）顺序号：为集装箱的编号，按照国际标准（GB1836 - 85）的规定，用 6 位阿拉伯数字表示，不足 6 位的则以 0 补之。

（3）核对数：用于计算机核对箱主代码与顺序号记录的正确性。核对数一般位于顺序号之后，用一位阿拉伯数字表示，并加方框以醒目。

## 三、重箱集港

发货人或其代理人提取空箱后，即开始组织装箱，装箱完毕后，集装箱应集中到港口堆场，准备装船。在集装箱进入堆场大门时，堆场工作人员除了核查设备交接单外，还要签署场站收据。

1. 场站收据（Dock Receipt）

场站收据，也称码头收据或港站收据，是承运人委托集装箱堆场或集装箱货运站收到集装箱整箱货或拼箱货后签发的收据。场站收据由发货人或其货运代理编制，并跟随货物一起运至集装箱堆场或货运站，由接受货物的人在收据上签字后交还给发货人，证明托运的货物已收到。场站收据的作用，相当于传统运输中的大副收据，它是发货人向船公司换取提单的凭证。如果同一批货物装有几个集装箱时，场站通常先凭装箱单验收，直到最后一个集装箱验收完毕时，才由场站管理员在场站收据上签收。

接受货物的人在签署场站收据时，应仔细审核收据上所记载的内容与运来的货物实际情况是否一致，如货物的实际情况与收据记载的内容不一，必须修改；如发现货物外表或箱子外表有损失或有异状时，则一定要在收据的备注栏内加批注，说明货物或箱子的实际情况。码头收据的签署，不仅表明承运人已收到货物，而且也明确表示承运人对收到的货物已开始负有责任。

现在多数情况下，车队把重箱集港之后，货代便可在港口相关网站上查询到货物信息，包括码头名、箱号、进场时间、进场方式等，货代可以据此准备报关事项。

## 【场站收据范例】

| Shipper　　　（发货人） | D/R No.(编号) | |
|---|---|---|
| Consignee　　　（收货人） | 场站收据<br>DOCK RECEIPT | 第六联 |
| Notify Party　　（通知人） | Received by the Carrier the total number of containers of other packages or units stated below to be transported subject to the terms and cooditions of the Carrier's regular form of Bill of Lading (for Combined Transport or Port to Port Shipment ) which shall be deemed to be incorporated herein.<br>Date　　（日期）： | |
| Pre carriage by　（前程运输）　　Place of Receipt　（收货地点） | | |
| Ocean vessel　（船名）　Voy. No. （航次） Port of Loading （装货港） | 场站章 | |
| Port of Discharge （卸货港）　　Place of Delivery （交货地点） | Final Destination for Merchant's Referencs （目的地） | |

| | Container No.<br>（集装箱号） | Seal No.<br>（封志号）<br>Marks & Nos.<br>（标志与号码） | No.of containers or Packages:(箱数或件数) | Kind of Packages:Descri-ption of Goods<br>（包装种类与货名） | Gross Weight<br>毛重（公斤） | Measurement<br>尺码（立方米） |
|---|---|---|---|---|---|---|
| Particulars Furnished by Merchants | | | | | | |
| | TOTAL NUMBER OF CONTAINERS OR PACKAGES(IN WORDS)<br>集装箱数或件数合计（大写） | | | | | |

Container No. （箱号） Seal No. （封志号） Packages(件数) Container No. （箱号） Seal No. （封志号） Pkgs. （件数）

| | Received　（实收） | | By Terminal clerk　（场站员签字） | |
|---|---|---|---|---|
| **FREIGHT & CHARGES** | Prepaid at　（预付地点） | Payable at　（到付地点） | Place of lssue （签发地点） | |
| | Total Prepaid　（预付总额） | No.of Original B(s)/L （正本提单份数） | BOOKING　（订舱确认）<br>APPROVED　BY | |
| | Service Type on Receiving<br>☐-CY,　☐-CFS,　☐-DOOR | Service Type on Delivery<br>☐-CY,　☐-CFS,　☐-DOOR | Reefer Temperature Required.(冷藏温度) | °F ┊ °C |
| | TYPE OF GOODS （种类） | ☐Ordinary,（普通）　☐Reefer,（冷藏）　☐Dangerous,（危险品）　☐Auto.（裸装车辆）<br>☐Liquid,（液体）　☐ Live Animal,（活动物）　☐Bulk（散货）　☐____ | 危险品 | Glass:<br>Property:<br>IM,DG Code Page:<br>UN NO. |

　　集装箱进入堆场后，由堆场工作人员按照堆场作业程序编制集装箱配载图，并协调船公司安排装船计划，保证船到港后能够以最快的速度装船。

　　2. 大副收据

　　大副收据（Mate's Receipt），又称收货单，指当托运人将准备装船的货物送到码头，并由承运人或其办理运输的代理人收讫备运，该承运人或其代理人主要是船上大副根据装载货物的实际情况向托运人签发的一种单证。

　　货物按照场站计划装船完毕后，由大副签发大副收据，大副在签署大副收据时，会认真检查装船货物的外表状况、货物标志、货物数量等情况。如果货物外表状况不良、标志不清，货物有水渍、油渍或污渍等状况，数量短缺、货物损坏时，大副就会将这些情况记载在大副收据上。

托运人取得了经大副签署的收据后，即可凭此向船公司或其代理人换取已装船提单。大副签署大副收据有以下作用：证明承运人已经收到货物，并开始负责；证明货物已经装上船；证明货物交接状况。但是，大副收据在一般情况下并不是已装船货物的物权凭证，不可以向第三人转让或为第三人创造针对承运人的权利。

## 实训技能 1

1. 实训内容

广浩国际货运代理有限公司安排司机到码头堆场提取空箱，组织货物装箱。

2. 实训目的

掌握空箱提取、装箱的能力。

3. 实训准备

（1）了解货代、船代、车队、码头堆场的主要业务范围。准备空/重箱提箱通知单一式三份，集装箱模型一个，设备交接单一套六联。

（2）把学生分成四组，一组代表货代公司，一组代表集装箱码头堆场，一组代表船公司代理，一组代表车队，进行角色扮演，办理提取空箱，货物装箱业务。

4. 实训步骤

步骤一：学生熟悉业务操作流程，讨论并分配任务。

步骤二：各组准备所需的单证，并做好交接前的准备工作。

步骤三：广浩货代公司打印进仓通知单或装箱计划单给金红叶纸业有限公司，通知做好货物进仓准备或装箱准备。

步骤四：船代发出空/重箱提箱通知单给货代，货代安排车队至船代处领取集装箱设备交接单，据以向码头堆场领取空箱。

步骤五：组织装箱，缮制实际装箱单。装箱完毕，装箱人在装箱单上签名。

步骤六：学生演示。

步骤七：学生讨论，每组选派一名代表分析整个过程中有无问题，问题在哪里。

步骤八：教师点评。

5. 实训评价

提取空箱、装箱技能训练评价表（表3-8）。

表3-8 提取空箱、装箱技能训练评价表

| 被考评人 | |
|---|---|
| 考评地点 | |
| 考评内容 | 提取空箱、装箱技能 |

| 内　容 | 分值 | 自我评价 | 小组评价 | 教师评价 | 实际得分 |
|---|---|---|---|---|---|
| 考评标准 掌握装箱计划单或进仓通知单的制作 | 20 | | | | |
| 掌握单据的制作 | 30 | | | | |
| 掌握空箱货物交接程序 | 30 | | | | |
| 能发挥团队合作精神 | 20 | | | | |
| 该项技能能级 | | | | | |

注：（1）实际得分＝自我评价×20%＋小组评价×40%＋教师评价×40%。

　　（2）考评满分为100分，60～74分为及格，75～84分为良好，85分以上为优秀。

### 实训技能 2

1. 实训内容

广浩国际货运代理有限公司安排司机把重箱集港。

2. 实训目的

培养学生重箱集港交接的能力。

3. 实训准备

（1）准备集装箱重箱模型一个，设备交接单一套六联，场站收据一套。

（2）把学生分成三组，一组代表货代公司，一组代表集装箱码头堆场，一组代表车队，进行角色扮演，办理重箱交接业务。

4. 实训步骤：

步骤一：组内学生熟悉流程，讨论并分配任务。

步骤二：各组准备所需的单证，并做好交接前的准备工作。

步骤三：货代安排车队把重箱送至码头堆场。

步骤四：场站管理员在场站收据上签收，同时审核收据上所记载的内容与运来的货物实际情况是否一致。

步骤五：学生演示。

步骤六：学生讨论，每组选派一名代表分析整个过程中有无问题，问题在哪里。

步骤七：教师点评。

5. 实训评价：

重箱集港交接技能训练评价表（表3－9）。

表3－9　重箱集港交接技能训练评价表

| 被考评人 | | | | | | |
|---|---|---|---|---|---|---|
| 考评地点 | | | | | | |
| 考评内容 | 重箱集港交接技能训练 | | | | | |
| 考评标准 | 内　容 | 分值 | 自我评价 | 小组评价 | 教师评价 | 实际得分 |
| | 熟练重箱集港交接流程 | 40 | | | | |
| | 能发挥团队合作精神 | 30 | | | | |
| | 单据填写正确 | 30 | | | | |
| | 该项技能能级 | | | | | |

注：（1）实际得分＝自我评价×20％＋小组评价×40％＋教师评价×40％。

（2）考评满分为100分，60～74分为及格，75～84分为良好，85分以上为优秀。

# 任务六　出口货物检验检疫

## 知识准备

### 一、进出口商品检验检疫的基本知识

在进出口商品国际贸易中，进出口商品检验是必不可少和十分必要的。作为买卖双方，进行必要的商品检验，可以保证货物的品质符合合同的要求，从而使合同得到正常有序的履行。同时，通过商品检验，卖方可以有效监控产品质量，提高自身的商业信誉，而买方可以及时发现商品品质问题，保障自身的合法权益。

1. 进出口商品检验检疫的含义

进出口商品检验检疫是指在国际贸易中，对买卖双方成交的商品由检验检疫机构对商品的质量、数量、重量、包装、安全、卫生以及装运条件等进行检验，并对涉及人、动物、植物的传染病、病虫害、疫情等进行检疫的工作。通常称为商检工作。

2. 进出口商品检验检疫工作的主要内容

1）进出口商品检验

凡列入《商检机构实施检验的进出口商品种类表》的进出口商品和其他法律、法规规定须经检验的进出口商品，必须经过出入境检验检疫部门或其指定的检验机构检验。法律、法规规定须经检验检疫机构检验的进口商品的收货人，必须向卸货口岸或到达站的检验检疫机构办理进口商品登记；法律、法规规定须经检验检疫机构检验的出口商品的发货人，应在规定地点和期限向检验检疫机构报验。规定进口商品应检验未检验的，不准销售、使用；出口商品未经检验合格的，不准出口。进出口商品检验包括品质检验、安全卫生检验、数量鉴定和重量鉴定等。

2）进口商品安全质量许可

国家对涉及安全、卫生和环保要求的重要进口商品实施进口商品安全质量许可制度，并公布《实施进口商品安全质量许可制度目录》。列入目录的商品须获得国家出入境检验检疫局签发的进口商品安全质量许可证书并被批准在商品上使用安全标志后，方能进入中国。检验检疫部门现已实施安全质量许可制度的进口商品共有47类191种。

3）进口废物原料装运前检验

对国家允许作为原料进口的废物，实施装运前检验制度，防止境外有害废物向我国转运。收货人与发货人签订的废物原料进口贸易合同中，必须订明所进口的废物原料须符合中国环境保护控制标准的要求，并约定由出入境检验检疫机构或国家认可的检验机构实施装运前检验，检验合格后方可装运。列入此制度目录内的商品有废纸、废金属、废塑料、废木制品和废纺织品等5类。

4）出口商品质量许可

国家对重要出口商品实行质量许可制度。出入境检验检疫部门单独或会同有关主管部门共同负责发放出口商品质量许可证的工作，未获得质量许可证书的商品不准出口。检验检疫部门已对机械、电子、轻工、机电、玩具、医疗器械、煤炭等76类商品实施出口产品质量许可制度。国内生产企业或其代理人均可向当地出入境检验检疫机构申请质量许可证书。

5）动植物检疫

检验检疫部门依法实施动植物检疫的有：进境、出境、过境的动植物、动植物产品和其他检疫物；装载动植物、动植物产品和其他检疫物的容器、包装物、铺垫材料；来自疫区的运输工具；进境拆解的废旧船舶；有关法律、行政法规、国际条约规定或者贸易合同约定应当实施检疫的其他货物、物品。

国家禁止下列各物进境：动植物病原体（包括菌种、毒种等）、害虫及其他有害生物；动植物疫情流行的国家和地区的有关动植物、动植物产品和其他检疫物；动物尸体；土壤。

对进境动物、动物产品、植物种子、种苗及其他繁殖材料实行进境检疫许可制度，必须事先提出申请，并在对外签订贸易合同或者协议之前办妥检疫审批手续。货物到达口岸后，应立即向当地检验检疫机构报检。经检疫合格的，予以放行，检疫不合格或需进一步检疫监管的货物，依据有关规定做出相应的检疫和监管处理。对出境动植物、动植物产品或其他检疫物，检验检疫机构对其生产、加工、存放过程实施检疫监管。出境前，申请人向口岸检验检疫机构报检。经检疫合格的，出证放行；检疫不合格的，不准出境。

运输动植物、动植物产品和其他检疫物过境（含转动的）的，应向检验检疫机构报检；要求运输动物过境的，必须事先申办《动物过境许可证》。携带、邮寄动植物、动植物产品和其他检疫物进境时，属于国家公布的《禁止携带邮寄进境的动植物、动植物产品和其他检疫物名录》的，作退回或销毁处理；属于"名录"之外的，由口岸检验检疫机构实施检疫。

对来自疫区的运输工具，口岸检验检疫机构实施现场检疫。装载动物出境的运输工具，装载前应在口岸检验检疫机构监督下消毒处理。装载动植物、动植物产品和其他检疫物的，应符合国家有关动植物防疫和检疫的规定。对装运供应香港、澳门地区的动物的回空车辆，实施整车防疫消毒。

6）食品卫生监督检验

进口食品（包括饮料、酒类、糖类）、食品添加剂、食品容器、包装材料、食品用工具及设备必须符合我国有关法律法规规定。申请人须向检验检疫机构申报并接受卫生监督检验。检验检疫机构对进口食品按食品危险性等级分类进行管理。依照国家卫生标准进行监督检验，检验合格的方准进口。一切出口食品（包括各种供人食用、饮用的成品和原料以及按照传统习惯加入药物的食品）必须经过检验，未经检验或检验不合格的不准出口。凡在中国境内从事出口食品加工、禽畜屠宰及贮存的企业都必须先取得所在地卫生行政部门颁发的卫生许可证，然后向检验检疫机构申请注册、登记。经检验检疫机构审查合格的，分别核发注册证书或登记证。未取得注册证书或登记证的，一律不得加工、生产或贮存出口食品；对需要向国外申请注册、认可的，须取得有关进口国的批准或认可，如果未取得批准或认可的，也不得向该国出口食品。

7）出口商品运输包装检验

对列入《商检机构实施检验的进出口商品种类表》和其他法律、法规规定必须经检验检疫机构检验的出口商品的运输包装，必须申请检验检疫机构或检验检疫机构指定的检验机构进行性能检验，未经检验或检验不合格的，不准用于盛装出口商品。对出口危险货物包装容器，实行危险品包装出口质量许可制度，生产单位须向检验检疫机构登记，申请办理出口质量许可证。危险货物包装容器须经检验检疫机构进行性能鉴定和使用鉴定后，方能出口。

8）卫生检疫与处理

出入境检验检疫部门统一负责对出入境的人员、交通工具、集装箱、行李、货物、邮包等实施医学检查和卫生检查。入境的交通工具和人员，须在最先到达的国境口岸接受检疫；出境的须在最后离开的国境口岸接受检疫。检验检疫机构对未染有检疫传染病或者已实施卫生处理的交通工具，签发入境或者出境检疫证。

检验检疫机构对入境、出境人员实施传染病监测，有权要求出入境人员填写健康申明卡，出示预防接种证书、健康证书或其他有关证件。对患有鼠疫、霍乱、黄热病的出入境人员，应实施隔离留验。对患有艾滋病、性病、麻风病、精神病、开放性肺结核的外国人应阻止入境。对患有监测传染病的出入境人员，应根据情况分别采取留验、发给就诊方便卡等措施。

检验检疫机构负责对国境口岸和停留在国境口岸的出入境交通工具的卫生状况实施卫生监督。包括：监督和指导对啮齿动物、病媒昆虫的防除；检查和检验食品、饮用水及其储存、供应、运输设施；监督从事食品、饮用水供应的从业人员的健康状况；监督和检查垃圾、废物、污水、粪便、压舱水的处理。可对卫生状况不良和可能引起传染病传播的因素采取必要措施。

检验检疫机构负责对发现的患有检疫传染病、监测传染病、疑似检疫传染病的入境人员实施隔离、留验和就地诊验等医学措施，对来自疫区、被传染病污染、发现传染病媒介的出入境交通工具、集装箱、行李、货物、邮包等物品进行消毒、除鼠、除虫等卫生处理。

9）外商投资财产鉴定

各地检验检疫机构凭财产关系人或代理人及经济利益有关各方的申请或司法、仲裁、验资等机构的指定或委托，办理外商投资财产鉴定，包括价值鉴定，损失鉴定，品种、质量、数量鉴定等。

10）货物装载和残损鉴定

用船舶或集装箱装运粮油食品、冷冻品等易腐食品出口的，应向口岸检验检疫机构申请检验船舶和集装箱，经检验符合装运技术条件并发给证书后，方准装运。

对外贸易关系人及仲裁、司法等机构，对海运进口商品可向检验检疫机构申请办理检视、载损鉴定、监视卸载、海损鉴定、验残等残损鉴定工作。

11）实验室认可

经国家出入境检验检疫局授权的中国国家进出口商品检验实验室认可委员会（CCI-BLAC）统一负责实验室的认可工作。提出申请的实验室经评审组评审证明符合认可委员会规定的认可条件，即可在进出口商品检验领域内获得认可委员会的认可。经认可或注册的实验室有资格承担国家出入境检验检疫局指定的检验检疫工作并出具检验报告。

12）一般原产地证与普惠制产地证签证管理

出入境检验检疫机构是签发一般原产地证的官方机构，同时也是我国政府授权签发普惠制产地证的唯一机构。我国出口受惠商品出口到下述 28 个给惠国时，可以享受减免进口关税的优惠待遇：法国、英国、爱尔兰、德国、丹麦、意大利、比利时、荷兰、卢森堡、希腊、西班牙、葡萄牙、奥地利、瑞典、芬兰、瑞士、挪威、日本、加拿大、澳大利亚、新西兰、俄罗斯、白俄罗斯、乌克兰、哈萨克斯坦、捷克、斯洛伐克、波兰。出口单位可向各地出入境检验检疫机构申请办理普惠制产地证和一般原产地证。

13）质量体系认证认可

国家出入境检验检疫局负责管理和组织实施全国与进出口有关的质量认证认可工作。国家出入境检验检疫局授权成立的中国国家进出口企业认证机构认可委员会（CNAB），负责从事中国进出口领域认证机构认可工作和相应的认证评审员注册工作。提出申请的认证机构经评审证明符合认可委员会规定的认可条件，即可在进出口质量体系认证领域获得认可委员会的认可。

14）与外国和国际组织开展合作

检验检疫部门承担 WTO/TBT 协议和 SPS 协议咨询点业务；承担 UN、APEC、ASEM 等国际组织在标准与一致化和检验检疫领域的联络点工作；负责对外签订政府部门间的检验检疫合作协议、认证认可合作协议、检验检疫协议执行议定书等，并组织实施。

15）涉外检验检疫、鉴定、认证机构审核认可和监督

对于拟设立的中外合资、合作进出口商品检验、鉴定、认证公司，由国家出入境检验检疫局负责对其资格信誉、技术力量、装备设施及业务范围进行审查。合格后出具《外商投资检验公司资格审定意见书》，然后交由外经贸部批准。在工商行政管理部门办理登记手续领取营业执照后，再到国家出入境检验检疫局办理《外商投资检验公司资格证书》，方可开展经营活动。

对于从事进出口商品检验、鉴定、认证业务的中外合资、合作机构、公司及中资企业，对其经营活动实行统一监督管理。对于境内外检验鉴定认证公司设在各地的办事处，实行备案管理。

## 二、进出口商品检验检疫的规定与流程

法定检验检疫的出境货物的报检人应在规定的时限内持相关单证向检验检疫机构报检，检验检疫机构审核有关单证，符合要求的受理报检并计收费，然后转施检部门实施检验检疫。

1. 进出口商品检验检疫的规定

1）商品检验时间和地点

进出口商品的检验时间和地点，一般有以下三种做法：

（1）以离岸品质、数量为准。就是由卖方在装运口岸装运前，申请检验机构对出口商品的品质、数（重）量进行检验，检验后出具的检验证书，作为商品品质、数（重）量的最后依据。这种做法，买方对货物无复验权，也就是没有提出索赔的权利。

（2）以到岸品质、数量为准。货物运抵目的港后，由当地的检验机构检验和出具的检验证书为最后依据，如品质、数（重）量与合同规定不符，买方凭检验证书向卖方提出索赔，除非造成上述不符情况属于承运人或保险人的责任，卖方一般不得拒绝理赔。

（3）买方有复验权。就是卖方在装运前进行检验的检验证书，并不是最后依据，而是交货依据，货到目的地，允许买方进行复验，发现到货的品质、数（重）量与合同规定不符，属于卖方责任的，可凭检验证书向卖方提出索赔。这种做法兼顾了买卖双方的利益。我国在进出口业务中，大都采用这种做法。

2）检验检疫机构

国务院设立中华人民共和国出入境检验检疫局（China Exit & Entry Inspection & Quarantine Bureau，CIQ）（现已经改称为中国质量监督检验检疫总局）主管全国出入境商品检验检疫、动植物检疫、国境卫生检疫工作。国家质检部门设在全国各地的直属检验检疫局、商检机构、办事处管理所辖地区进出口商品检验检疫工作。

2. 检验检疫工作的一般流程

1）报检

出境报检是指出口商或其代理人对于属于检验检疫范围的出境商品向检验检疫机构申请检验检疫的行为。报检时必须向检验检疫机构提出以下单据：

（1）出境货物报检时，应填写《出境货物报检单》，并提供外贸合同或销售确认书或订单、信用证、有关函电、生产经营部门出具的厂检结果单原件、检验检疫机构签发的《出境货物运输包装性能检验结果单》（正本）。

（2）凭样品成交，需提供样品。

（3）经预检的货物，在向检验检疫机构办理换证放行手续时，应提供该检验检疫机构签发的《出境货物换证凭单》（正本）。

（4）产地与报关地不一致的出境货物，在向报关地检验检疫机构申请《出境货物通关单》时，应提交产地检验检疫机构签发的《出境货物换证凭单》（正本）或"换证凭条"。

（5）出口危险货物时，必须提供《出境货物运输包装性能检验结果单》（正本）和《出境危险货物运输包装使用鉴定结果单》（正本）。

（6）预检报检的，还应提供货物生产企业与出口企业签订的贸易合同。尚无合同的，需在报检单上注明检验检疫的项目和要求。

（7）按照检验检疫的要求，提供相关其他特殊证单。

报检一般是在装运前7天申报；但某些特殊商品检验检疫局有特殊要求，应按照规定的时间向检验检疫局申报。

2）抽样

商检机构接受报验之后，及时派人赴货物堆存地点进行现场检验、鉴定。抽样时，要按照规定的方法和一定的比例，在货物的不同部位抽取一定数量的、能代表全批货物质量的样品（标本）供检验用。常用的抽样方式有以下几种：

（1）登轮抽样。进口大宗商品时，采取在卸货过程中登轮抽样的方法，可随卸货进度，按一定的比例，抽取各个部位的代表性商品，然后经过混合、粉碎、缩分，取得代表性的检验样品。

（2）甩包抽样。例如进口橡胶，数量很大，按规定以10%抽样，采取在卸货过程中，每卸10包甩1包，供抽样用，如此既可使抽样工作进行便利，又能保证样品的代表性。

（3）翻垛抽样。出口商品在仓库中密集堆垛，难以对不同部位抽样时，如有条件可进行适当翻垛，然后进行抽样。这种方式要花一定的劳力。

（4）出厂、进仓时抽样。在仓容紧张、翻垛困难的情况下，对出口商品可事先联系安排在出厂或进仓时进行抽样，同时加强批次管理工作。

（5）包装前抽样。为了避免出口商品抽样时的拆包损失，特别是对用机器打包的商品，在批次分清的前提下，采取在包装前进行抽样的办法。

（6）生产过程中抽样。有些出口商品，可在生产加工过程中，根据生产批次，按照规定的要求，随生产抽样，以保证代表性，检验合格后进行包装。

（7）装货时抽样。出口大宗散装商品，有条件的可在装船时进行抽样。如原油用管道装货时，可定时在管道中抽取样品；出口食盐的可在装船时每隔一小时抽样一次。这种样品的代表性都很好。

（8）开沟抽样。出口散装矿产品，抽样困难，且品质又不够均匀，一般视垛位大小，挖掘长宽2~3米，深1米的沟，以抽取代表性样品。

（9）流动间隔抽样。大宗矿石产品抽样困难，可结合装卸环节，在输送带上定时抽取足够代表性的样品。

不论采取上述哪种方式的抽样，所抽取的样品必须遵循抽样的基本原则，即能代表整批商品的品质。

3）检验检疫

目前，国家质量监督检验检疫总局对出境商品的检验检疫实行"一次报检、一次取样、一次检验检疫、一次卫生除害处理、一次收费、一次发证放行"的工作规程和"一口对外"的国际通用的检验检疫模式。新的检验检疫规程极大地提高了检验检疫效率，使出口商便于发运货物。

检验检疫机构的施检人员根据抽样和现场检验记录，仔细核对合同及信用证对品质、规格、包装等的规定，弄清楚检验的依据、标准，采用检验检疫规定的方法实施检验检疫。

4）签证与放行

根据国家出入境检验检疫局和海关总署 2000 年 1 号联合公告规定，对列入《出入境检验检疫机构实施检验检疫的进出口商品目录》范围内的出境货物，经检验检疫合格的，签发《出境货物通关单》，海关凭报关地检验检疫机构签发的《出境货物通关单》验放，对于国外有要求签发有关检验检疫证书的，检验检疫机构根据对外贸易关系人的申请，经检验检疫合格的，签发相应的检验检疫证书。经检验检疫不合格的，签发《出境货物不合格通知单》。

（1）签证。

① 检验检疫证书的签发程序。出入境检验检疫证书的签发程序包括审核、制证、校对、签署和盖章、发证/放行等环节。施检过程中的抽样记录、检验检疫结果记录、拟稿等环节在各检验检疫施检部门完成，其他环节均在检务部门完成，包括审核证稿及其全套单据，缮制各种证单，经过校对证单，签署和盖章后发证，完成签证工作的最后一个环节，也是检验检疫工作程序的最后一个环节。

检务部门收到施检部门的证稿后，出境签证在两个工作日内完成，特殊情况除外。

② 签证日期和有效期。检验检疫机构签发的证单一般以验讫日期作为签发日期。出境货物的出运期限及有关检验检疫证单的有效期如下：

a. 一般货物为 60 天。

b. 植物和植物产品为 21 天，在北方冬季可适当延长至 35 天。

c. 鲜活类货物为 14 天。

d. 交通工具卫生证书用于船舶的有效期为 12 个月，用于飞机、列车的有效期为 6 个月，除鼠/免于除鼠证书为 6 个月。

e. 国际旅行健康证明书有效期为 12 个月，预防接种证书有效期限参照有关标准执行。

f. 出口换证凭单以标明的检验检疫有效期为准。

g. 信用证要求转运港装船时检验，签发证单日期为提单日期 3 天内签发（含提单日）。

（2）出境货物放行。

在本地报关的出境货物，经检验检疫合格后，签发《出境货物通关单》（两联）。正本由报检人持有，用于在海关办理通关手续。

① 产地检验检疫，产地放行。放行要求为：检验检疫机构审核对外贸易合同/信用证、发票、装箱单等是否齐全，《出境货物通关单》、检验检疫有关证书与外贸的相关单据是否一致（证证相符），以及检验检疫签发的所有证单与出境货物的品质、数/重量、包装等是否一致（货证相符）。

② 产地检验检疫，口岸查验放行。口岸查验放行时，检验检疫机构查验所需的对外贸易合同/信用证、发票、箱单、产地检验检疫机构出具的《出境货物换证凭单》等单据是否齐全，《出境货物换证凭单》与其他外贸单据是否一致（证证相符）。同时口岸检验检疫机构按照规定对货物进行查验，核查《出境货物换证凭单》与出境货物是否一致（货证相符），对于证证相符、货证相符的，签发《出境货物通关单》放行。《出境货物换证凭单》可以并批和分批使用。

在正常情况下，检验检疫局完成以上四个步骤，货物的检验检疫工作即告完成了。如果有特殊情况，需要办理更改、撤销或复验等业务，应该按照相关步骤向检验检疫局办理。

5）更改

已报检的出入境货物，检验检疫机构尚未实施检验检疫或虽已实施检验检疫但尚未出具证单的，由于某种原因，报检人需要更改报检信息的，可以向受理报检的检验检疫机构申请，经审核后按规定进行更改。

检验检疫机构尚未实施检验检疫，品名更改后与原报检不是同一种商品的，不能更改。

检验检疫机构已实施检验检疫但尚未出具证单，品名、数/重量、检验检疫要求、包装等重要项目更改后与原报检不一致的，或者更改后与输出、输入国家地区法律法规的规定不符的，均不能更改。

办理更改应办理以下事项：

（1）填写《更改申请书》，说明更改的理由和更改的事项。

（2）提供有关函电等证明文件，并提交原证单。

（3）变更合同或信用证的，须提供新的合同或信用证。

6）撤销

报检人向检验检疫报检后，因故需撤销报检的，可提出申请，并书面说明理由，经检验检疫机构批准后按规定办理撤销手续。

报检后30天内未联系检验检疫事宜的，作自动撤销报检处理。

办理撤销应办理以下事项：

（1）填写《更改申请书》，说明撤销的理由。

（2）提供有关证明材料。

7）重新报检

报检人在向检验检疫机构办理报检手续并领取检验检疫证书后，有下列情况之一的应重新报检：

（1）超过检验检疫有效期限的。

（2）变更输入国家或地区，并有不同检验检疫要求的。

（3）改换包装或重新拼装的。

（4）已撤销报检的。

重新报检的要求如下：

（1）按规定填写《出境货物报检单》，交付有关函电等证明单据。

（2）交还原发的证书或证单，不能交还的应按有关规定办理。

8）复验

报检人对检验检疫机构的检验结果有异议的，可以向做出检验结果的检验检疫机构或者其上级检验检疫机构申请复验，也可以向国家质检总局申请复验。受理复验的检验检疫机构或者国家质检总局负责组织并实施复验。检验检疫机构或者国家质检总局对同一检验结果只进行一次复验。报检人对检验检疫机构、国家质检总局做出的复验结论不服的，可以依法申请行政复议，也可以向人民法院提出行政诉讼。

（1）复验工作程序和工作时限。

复验工作程序如下：

① 报检人提出复验申请。

② 检验检疫机构或国家质检总局对申请材料进行审核，符合规定的予以受理。

③ 检验检疫机构或国家质检总局组织并实施复验。

④ 实施复验的检验检疫机构或国家质检总局作出复验结论。

工作时限：受理复验的检验检疫机构或者国家质检总局应当自收到复验申请之日起 60 日内作出复验结论，技术复杂、不能在规定时限内作出复验结论的，经本机构负责人批准可以适当延长，但延长期限最多不超过 30 日。

（2）复验申请的时限和条件。

① 报检人申请复验，应当在收到检验检疫机构作出的检验结果之日起 15 日内提出。

因不可抗力或者其他正当理由不能申请复验的，申请期限中止。从中止的原因消除之日起，申请期限继续计算。

② 报检人申请复验，应当保证和保持原报检商品的质量、重量、数量符合原检验时的状态，并保留其包装、封识与标志。

（3）复验申请应提供的单据。

① 申请复验时，报检人应填写《复验申请表》。

② 原报检所提供的证单和资料。

③ 原检验检疫机构出具的检验证书或证单。

（4）复验申请的受理。

检验检疫机构或国家质检总局自收到复验申请之日起 15 日内，对复验申请进行审查并作出如下处理：

① 复验申请符合有关规定的，予以受理，并向报检人出具《复验申请受理通知书》。

② 复验申请内容不全或随附证单资料不全的，向报检人出具《复验申请材料补正告知书》，限期补正，逾期不补正的，视为撤销申请。

③ 复验申请不符合有关规定的，不予受理，并出具《复验申请不予受理通知书》，书面通知申请人并告知理由。

（5）复验申请的费用。

① 申请复验的报检人应当按照规定缴纳复验费用。

② 受理复验的检验检疫机构或者国家质检总局的复验结论认定属原检验检疫机构责任的，复验费用由原检验检疫机构负担。

### 三、填制出境货物报检单

填制出境货物报检单，报检单位应加盖公章，并准确填写本单位在检验检疫机构登记的代码。所列各项必须完整、准确、清晰，不得涂改。

（1）编号。由检验检疫机构受理人指定。

（2）报检单位。填写报检单位全称，报检单位必须是已向检验检疫机关办理备案登记的自理报检单位或已向检验检疫机关办理注册登记的代理报检单位。

（3）联系人电话。报检人员姓名及联系电话。

（4）报检日期。报检当日的日期。报检日期统一用阿拉伯数字表示，而不用英文等表示。

（5）发货人。按合同、信用证中所列卖方名称填写。分别用中、英文对照分行填报。

（6）收货人。按合同、信用证中所列买方名称填写。

（7）货物名称。按合同、信用证上所列名称及规格用中、英文填写。

（8）H. S. 编码。按《协调商品名称及编码制度》中所列编码填写。以当年海关公布的商品税则编码分类为准。

（9）产地。填写货物生产地、加工制造地的省、市、县名。

（10）数量、重量。按实际申请检验检疫数量、重量填写。重量还应填写毛、净重及皮重。

（11）总值。按合同或发票所列货物总值填写，需注明币种。

（12）种类及数量。货物实际运输外包装的种类及数量。

（13）号码。填写载运出境货物运输工具的名称和运输工具编号。

（14）合同号、信用证号。根据对外贸易合同填写或填订单、形式发票的号码。

（15）方式。该批货物进口的贸易方式。常见的贸易方式有"一般贸易""来料加工贸易""易货贸易""补偿贸易"等。

（16）存放地点。出口货物的生产企业所存放出口货物的地点，注明具体地点、厂库。

（17）日期。实际发货的日期。

（18）国家和地区。出口货物的最终销售国的中文名称。

（19）许可证/审批号。须办理出境许可证或审批的货物应填写有关许可证或审批号。

（20）生产单位注册号。出入境检验检疫机构签发的卫生注册证书号或加工厂库注册号码等。

（21）启运地。货物最后离境的口岸及所在地的中文名称。

（22）到达口岸。货物的入境口岸。

（23）集装箱规格、数量及号码。货物若以集装箱运输应填写集装箱的规格、数量及号码。

（24）合同订立的特殊条款以及其他要求。在合同中订立的有关检验检疫的特殊条款及其他要求应填入此栏。

（25）标记及号码。货物的标记号码，应与合同、发票等有关外贸单据保持一致。若没有标记号码则填"N/M"。

（26）用途。自以下 9 个选项中选择：Ⅰ种用或繁殖、Ⅱ食用、Ⅲ奶用、Ⅳ观赏或演艺、Ⅴ伴侣动物、Ⅵ试验、Ⅶ药用、Ⅷ饲用、Ⅸ其他。

（27）附单据。报检时随附的单据种类划"√"或补填。

（28）签名。由持有《报检员证》的报检人员手签。

（29）检验检疫费。由检验检疫机构计费人员核定费用后填写。

（30）领取证单。报检人在领取证单时填写领证日期及领证人姓名。

## 【出境货物报检单范本】

中华人民共和国出入境检验检疫
出境货物报检单

报检单位（加盖公章）：　　　　　　　　　　　*编　　号 _____
报检单位登记号：　　联系人：　　电话：　　　报检日期：　年 月 日

| 发货人 | （中文） |  |
|---|---|---|
|  | （外文） |  |
| 收货人 | （中文） |  |
|  | （外文） |  |

| 货物名称（中/外文） | H. S. 编码 | 产地 | 数量/重量 | 货物总值 | 包装种类及数量 |
|---|---|---|---|---|---|
|  |  |  |  |  |  |

| 运输工具名称号码 |  | 贸易方式 |  | 货物存放地点 |  |
|---|---|---|---|---|---|
| 合同号 |  | 信用证号 |  | 用途 |  |
| 发货日期 |  | 输往国家（地区） |  | 许可证/审批号 |  |
| 启运地 |  | 到达口岸 |  | 生产单位注册号 |  |

集装箱规格、数量及号码

| 合同、信用证订立的检验检疫条款或特殊要求 | 标 记 及 号 码 | 随附单据（划"√"或补填） | |
|---|---|---|---|
|  |  | □合同 | □包装性能结果单 |
|  |  | □信用证 | □许可/审批文件 |
|  |  | □发票 | □ |
|  |  | □换证凭单 | □ |
|  |  | □装箱单 | □ |
|  |  | □厂检单 | □ |

| 需要证单名称（划"√"或补填） | | *检验检疫费 | |
|---|---|---|---|
| □品质证书　__正__副 | □植物检疫证书　__正__副 | 总金额（人民币元） | |
| □重量证书　__正__副 | □熏蒸/消毒证书　__正__副 | | |
| □数量证书　__正__副 | □出境货物换证凭单　__正__副 | | |
| □兽医卫生证书　__正__副 | □ | 计费人 | |
| □健康证书　__正__副 | □ | | |
| □卫生证书　__正__副 | □ | 收费人 | |
| □动物卫生证书　__正__副 | □ | | |

| 报检人郑重声明：<br>　1. 本人被授权报检。<br>　2. 上列填写内容正确属实，货物无伪造或冒用他人的厂名、标志、认证标志，并承担货物质量责任。<br>　　　　　　　　　签名：_____ | 领 取 证 单 | |
|---|---|---|
|  | 日期 |  |
|  | 签名 |  |

注：有"＊"号栏由出入境检验检疫机关填写。　　　　　◆国家出入境检验检疫局制

[1－2 (2000. 1.1)]

## 四、检验检疫证书

### 1. 检验检疫证书的概念

检验检疫证书（Inspection Certificate）是由中国出入境检验检疫局以国家行政机构的身份，对进出口商品进行检验和鉴定后对外签发的、具有法律效力的证书，它是证明卖方所交货物与合同规定是否相符的依据，也是报关验放的有效凭证。常见的检验检疫证书有品质检验证书、重量或数量检验证书、兽医检疫证书、卫生/健康证书、熏蒸/消毒检验证书、包装性能鉴定证书、残损鉴定证书、温度检验证书、船舶检验证书和货载衡量检验证书等。

### 2. 检验检疫证书的用途

商品检验证书的种类和用途主要如下：

（1）品质检验证书，是出口商品交货结汇和进口商品结算索赔的有效凭证；法定检验商品的证书，是进出口商品报关、输出输入的合法凭证。商检机构签发的放行单和在报关单上加盖的放行章有与商检证书同等的通关效力；签发的检验情况通知单同为商检证书性质。

（2）重量或数量检验证书，是出口商品交货结汇、签发提单和进口商品结算索赔的有效凭证；出口商品的重量证书，也是国外报关征税和计算运费、装卸费用的证件。

（3）兽医检验证书，是证明出口动物产品或食品经过检疫合格的证件。适用于冻畜肉、冻禽、禽畜罐头、冻兔、皮张、毛类、绒类、猪鬃、肠衣等出口商品。兽医检验证书是对外交货、银行结汇和进口国通关输入的重要证件。

（4）卫生/健康证书，是证明可供人类食用的出口动物产品、食品等经过卫生检验或检疫合格的证件。适用于肠衣、罐头、冻鱼、冻虾、食品、蛋品、乳制品、蜂蜜等，是对外交货、银行结汇和通关验放的有效证件。

（5）消毒检验证书，是证明出口动物产品经过消毒处理，保证安全卫生的证件。适用于猪鬃、马尾、皮张、山羊毛、羽毛、人发等商品，是对外交货、银行结汇和国外通关验放的有效凭证。

（6）熏蒸证书，是用于证明出口粮谷、油籽、豆类、皮张等商品，以及包装用木材与植物性填充物等，已经过熏蒸灭虫的证书。

（7）残损检验证书，是证明进口商品残损情况的证件。适用于进口商品发生残、短、渍、毁等情况；可作为受货人向发货人或承运人或保险人等有关责任方索赔的有效证件。

（8）积载鉴定证书，是证明船方和集装箱装货部门正确配载积载货物，履行运输契约义务的证件。可供货物交接或发生货损时处理争议之用。

（9）财产价值鉴定证书，可作为对外贸易关系人和司法、仲裁、验资等有关部门索赔、理赔、评估或裁判的重要依据。

（10）船舱检验证书，可证明承运出口商品的船舱清洁、密固、冷藏效能及其他技术条件是否符合保护承载商品的质量和数量完整与安全的要求。可作为承运人履行租船契约适载义务，对外贸易关系方进行货物交接和处理货损事故的依据。

（11）生丝品级及公量检验证书，是出口生丝的专用证书。其作用相当于品质检验证书和重量/数量检验证书。

（12）产地证明书，是出口商品在进口国通关输入和享受减免关税优惠待遇以及证明商品产地的凭证。

（13）舱口检视证书、监视装/卸载证书、舱口封识证书、油温空距证书、集装箱监装/拆证书，可作为证明承运人履行契约义务，明确责任界限，便于处理货损货差责任事故的证明。

（14）价值证明书，可作为进口国管理外汇和征收关税的凭证。在发票上签盖商检机构的价值证明章与价值证明书具有同等效力。

（15）货载衡量检验证书，是证明进出口商品的重量、体积吨位的证件。可作为计算运费和制定配载计划的依据。

（16）集装箱租箱交货检验证书、租船交船剩水/油重量鉴定证书，可作为契约双方明确履约责任和处理费用清算的凭证。

3. 检验检疫证书的缮制

1）缮制内容

（1）证书名称。

（2）品名、数量、重量、包装种类及数量、口岸、运输工具、唛头等应与商业发票和提单上所描述的内容完全一致。报检时每份报检单只限一批货，但对批量小的同一类货物，只要运输工具、目的地、收发货人相同，且属同一报关单的货物可同一单申报和出证。

（3）收货人：一般填写"×××"，也可填"To whom it may concern"或"To order"。

（4）检验结果：此栏是检验证明书中最重要的一项，在此栏中记载报验货物经检验的状况，是证明货物是否符合合同或信用证要求的关键所在。

（5）出证机关、地点：可由我国质检局/商会出具，也可由外国公证行、公证人、鉴定人签发。如果信用证并未规定出证机关，则由出口商根据实际情况决定。出证地点通常在装运口岸。

（6）证书的日期：在提单之前或与之同日；个别商品由于要在装船后进行公估，出证日可晚于提单日；证书日也不可过分早于提单日（例如鲜活商品）；证书日若晚于提单日3天以上，容易遭开证行/人拒付，议付也会发生问题。根据ISBP规定，分析证、检验证、装船前检验证上注明的日期可以晚于提单日期。

（7）单证的份数：检验、检疫证份数通常一正三副，如合同或L/C要求两份正本，可以在证书上注明："本证书是×××号证书正本重本"并在证书号前加注"D"。

2）缮制有关证书应注意的事项

（1）各种单据应由相关部门有资格的人员如实填制。

（2）任何人不得更改已受理的报检单，检验证明应做到货证、事（货物的事实状态）证和证证（同一批货物各种证书之间）的"三相符"。

（3）检验证书的更改除了在更正处加盖"变更已批准"章、签发人的小签外，还应加上"变更内容已经出单人授权"的字样。

（4）换证凭单和换证凭条。两者都是出境货物报检的凭证，适用于报检地与出境地不同的情况下向出境地检验检疫机构换取正本通关单的情形。

（5）代理报检和自理报检。两者都由持报检员证的注册报检员进行操作。对代理报检从业人员而言，处理的单据和经过的程序相比，要求相对更高一些。

（6）"商检软条款"是信用证中软条款最为集中的项目。对含有这类条款的信用证应一分为二，根据具体交易情况进行分析，区别对待，不能一概拒绝。

（7）无木质包装声明等。从1998年年底起，美国、加拿大、巴西、澳大利亚、韩国、日本等国对木质包装的货物，要求必须进行检疫、熏蒸处理，提供相应证明，并加贴"Passed Treatment"标签，所有标签应置于木质包装的醒目、表露部位，并确保牢固。

（8）出口特定产品应满足检验标志、标识和标签等的要求。

## 实训技能

1. 实训内容

2016年12月1日，广浩国际货运代理有限公司填写出境货物报检单，随附合同、信用证、发票、装箱单等申请报检，要求签发出境货物换证凭单与品质证书。出口商品为FACIAL TISSUE，162ROLLS，存放于工厂仓库，用一个40尺集装箱装运。

2. 实训目的

掌握出口报检单的填制方法。

3. 实训准备

将学生分组，每组5~6人。各组分别准备一张空白的出口报检单。

4. 实训步骤

步骤一：仔细阅读报检单范例。

步骤二：各组学生讨论，根据提供的业务材料分组填制出口报检单。

步骤三：选派两组代表上台展示填制的出口报检单。

步骤四：其他组学生分析、评议、补充。

步骤五：教师点评、总结，并提供标准的出口报检单。

步骤六：学生总结自己出现遗漏、错误的部分，结合前述知识进行总结。

5. 实训评价

出口报检单的填写技能训练评价表（表3-10）。

表3-10 出口报检单的填写技能训练评价表

| 被考评人 | | | | | |
|---|---|---|---|---|---|
| 考评地点 | | | | | |
| 考评内容 | 出口报检单的填写 | | | | |
| 考评标准 | 内　容 | 分值 | 自我评价 | 小组评价 | 教师评价 | 实际得分 |
| | 知道出口报检单缮制规范 | 30 | | | | |
| | 掌握出口报检流程 | 30 | | | | |
| | 报检单填写完整，无遗漏项目 | 40 | | | | |
| | 该项技能能级 | | | | | |

注：（1）实际得分=自我评价×20%+小组评价×40%+教师评价×40%。

（2）考评满分为100分，60~74分为及格，75~84分为良好，85分以上为优秀。

# 任务七　出口报关

## 知识准备

## 一、报关基础知识

按照《海关法》的有关规定，所有进出境运输工具、货物、物品都必须办理报关手续。

1. 报关的概念

报关是指进出口货物收发货人、进出境运输工具负责人、进出境物品所有人或者他们的代理人向海关办理货物、物品或运输工具进出境手续及相关海关事务的过程，包括向海关申报、交验单据证件，并接受海关的监管和检查等。

2. 报关的分类

（1）按照报关的对象，可分为运输工具报关、货物报关和物品报关。

进出境运输工具（包括用以载运人员、货物、物品进出境，在国际运营的各种境内或境外航空器、船舶、车辆和驮畜等）作为人员、货物、物品的进出境载体，其报关主要是向海关直接交验随附的，符合国际商业运输惯例，能反映运输工具进出境合法性及其所承运货物、物品情况的合法证件、清单和其他运输单证，报关手续较为简单。进出境物品（主要包括进出境的行李物品、邮递物品和其他物品）由于它的非贸易性质，且一般限于自用，数量合理，报关手续也很简单。进出境货物（主要包括一般进出口货物、保税货物、特定减免税货物、暂准进出口货物以及过境、转运和通运货物等）的报关手续较为复杂，海关根据对不同类型进出境货物的监管要求，制定了一系列报关管理规范，并且要求必须由具备一定专业知识和技能且经过海关核准的专业人员代表报关单位专门办理。

（2）按照报关的目的，可分为进境报关和出境报关。

由于海关对运输工具、货物、物品的进、出境有不同的管理要求，运输工具、货物、物品根据进境或出境的目的分别形成了一套进境和出境的报关手续。另外，由于运输或其他方面的需要，有些海关监管货物需要办理从一个设关地点运至另一个设关地点的海关手续，在实践中产生了"转关"的需要，转关货物也需办理相关的报关手续。

（3）按照报关活动的实施者的不同，可分为自理报关、代理报关和专业报关企业。

① 自理报关单位是经经贸管理部门批准，有进出口经营权的企业。自理报送单位可以对外签约，并只能向海关办理本身所签约项下的进出口货物的报关手续，不能代办其他单位签约的货物报关手续。

② 代理报送企业是具有有关部门批准的对外贸易仓储运输、国际运输工具、国际运输工具服务及代理等业务经营权，兼营报关服务业务的企业。代理报关企业是历史沿袭而成的，如外运、外代公司等。它只能代理该企业所承揽的货物的报关业务。

③ 专业报关企业没有进出口经营权，也没有国际运输代理权，它是专门从事接受出口货物经营单位和运输工具负责人以及他们的代理人的委托，办理报送手续的企业。它符合海关鼓励的报关专业化、社会化发展的方向。

3. 报关的形式

根据《海关法》第二十五条规定："办理进出口货物的海关申报手续，应当采用纸质报关单和电子数据报关单的形式。"因此，办理进出境货物的申报手续，可以采用"纸质报关单"和"电子数据报关单"两种形式，且两种均具有同等的法律效力。

纸质报关单形式，是指国际货物的收、发货人或其代理人或代理的报关企业，按照海关《进出口货物报关单填制规范》的要求，填制纸质报关单，并向海关当面递交"报关单"及其随附单证的一种申报方式。

电子数据报关单形式，是指国际货物的收、发货人或其代理人或代理的报关企业，按照海关《进出口货物报关单填制规范》的要求，预先通过计算机管理系统向海关发送"报关单"的电子数据，然后向海关同时递交纸质"报关单"及其随附单证的一种申报方式。

目前，采用"电子数据报关单"形式的申报方式主要有以下三种：

（1）终端申报方式。终端申报方式是海关早期利用计算机处理海关业务时使用的一种申报方式，沿用至今。报关人员在海关报关大厅使用连接海关计算机系统的计算机，录用报关单的内容，直接向海关发送报关单电子数据。这种终端直接与海关主机连接的终端申报方式，传送速度快、不受海关参数设置的限制，但受海关主机容量的限制，不利于推广开发。

（2）EDI申报方式。EDI是英文Electronic Data Interchange的首字母缩写，意思是"电子数据交换"。EDI申报方式是直属海关开发的地方性电子数据交换系统，报关人员在计算机中安装EDI申报系统，录入报关单内容的电子数据后，计算机转换成标准格式的数据报文向海关计算机系统发送并交换海关回执信息。EDI申报方式数据录入不受海关主机的影响，可远程操作，但容易受海关参数调整的影响，也容易受网络稳定性的影响。EDI申报方式是目前使用最广泛的一种电子申报方式。

（3）网上申报方式。网上申报方式是海关总署统一开发的全国性的电子数据交换系统。

利用因特网的优势，形成全国统一的电子报关网络。报关人员在计算机中装入"中国电子口岸"系统，登录"中国电子口岸"网站，在"联网申报"系统中录入报关单的内容，通过"中国电子口岸"向海关计算机系统发送报关单电子数据就可以报关。网上申报方式是未来我国电子报关项目发展的方向，将远程报关真正成为现实。

4. 报关申报单证

出口单位或其代理在向海关提交出口货物报关单时随附与该批货物有关的下列单据文件：

（1）出口发票。

（2）装箱清单。

（3）装货单或运单。

（4）出口收汇核销单。

（5）出口货物许可证和其他批件。

（6）商品检验证书。

（7）出口货物退税单。

（8）进料加工、来料来件加工装配和补偿贸易业务在料、件进口时由海关核发的《登记手册》，在成品出口时须提请海关查验后在手册上作核销记录。

（9）海关认为必要时应交验的贸易合同、产地证明和其他证明。

注：（1）（3）（4）（7）项为每批申报必须随附的文件，（2）（5）（6）（8）（9）项是否随附则取决于业务性质。

**5. 出境报关程序**

出口货物发货人或其代理人应当按海关规定的程序办理出口申报、配合查验、缴纳税费、装运货物等手续，货物才能出境。与之相应，海关对出境货物经过审单、查验、征税、放行四个海关作业环节即完成通关工作。

1）出口申报

出口申报是指报关单位（出口货物发货人或其代理人）在规定的期限内按照海关规定的形式和要求向海关报告出口货物的情况，提请海关按其申报的内容放行出口货物的行为。

申报的具体手续需由报关员代表报关单位向海关办理。

（1）申报地点。在一般情况下，出口货物的发货人或其代理人应当在设有海关的货物自运地申报。

（2）申报期限。出口货物的发货人或其代理人除海关特许外，应当在装货的 24 小时以前向海关申报。这样规定的目的是在装货前给海关以充足的查验货物的时间，以保证海关工作的正常进行。

如果在这一规定的期限之前没有向海关申报，海关可以拒绝接受通关申报，这样，出口货物就得不到海关的检验、征税和放行，无法装货运输，从而影响运输单据的取得，甚至导致延迟装运、违反合同。因此，应该及早向海关办理申报手续，做到准时装运。

（3）申报方式。按照《海关法》第十九条规定，在实行计算机报关的口岸，专业报关、代理报关单位和自理报关单位应负责将报关单上的申报数据录入计算机，并将数据传送到海关报关自动系统，海关方予以接受申报。目前，我国大多数口岸已实行计算机报关，因此申报都必须先到海关批准的预录入单位将报关单预录入，海关计算机系统自动审核报关单内容，如果系统不接受，说明报关单上有不符合海关规定的内容，需要重新修改后录入，一直到海关计算机系统接受；只有系统接受，才能到申报大厅递交纸质报关单申报。

（4）申报前看货取样。为了做到如实申报，出口货物发货人或其代理人必须认真检查货物，确认货物与申报单证一致。出口货物发货人可在出口货物运入海关监管区前确认货物。

（5）提交报关单及随附单证。出口货物发货人或其代理人完成电子申报后，在计算机上打印纸质报关单，随附必需的申报单证，提交给指定的海关，由海关审核，确定是否进行查验。

（6）修改申报内容或撤销申报。海关接受申报以后，原则上报关单及随附单证的内容不得修改，申报也不得撤销。但如有正当理由，经海关同意，可以修改申报内容或者撤销申报后重新申报。

海关接受申报后，将对报关单位所提交的单证进行审核，即审单。审单是海关监管的第一环节，它不仅为海关监管工作中的查验和放行环节打下基础，也为海关的征税、统计和查私工作提供了可靠的单证和资料。海关审单的主要任务如下：

① 确认报关企业及报关员的报关资格和有关证件的合法性。

② 报关时限是否合法，是否符合国家有关对外贸易法律、法规的规定。

③ 货物的出口是否合法，是否符合国家有关对外贸易法律、法规的规定。

④ 报关单的填制是否完整、准确，单证是否相符、齐全、有效。

⑤ 对通过计算机登记备案的加工贸易合同，要对有关加工贸易合同的每次进出口数据进行核对，并在《加工贸易手册》上登记。

⑥ 根据《进出口关税条例》和国家其他有关的税收政策确定出口货物的征免性质。

2）配合查验

配合查验是指申报出口的货物经海关决定查验时，出口货物的发货人，或者办理进出口申报具体手续的报关员应到达查验现场，配合海关查验货物，并负责按照海关的要求搬移、开拆或重封被查验货物的工作。海关查验主要是海关根据海关法确定进出境货物的性质、价格、数量、原产地、货物状况等是否与报关单上已申报的内容相符。海关通过查验，核实有无伪报、瞒报、申报不实等走私、违规行为，同时也为海关的征税、统计、后续管理提供可靠的资料。

（1）查验地点。一般在海关监管区内进行。特殊情况下，经申请，海关同意派员到海关监管区以外的地方查验。

（2）查验时间。一般在正常工作时间内。特殊情况下，经申请，可在正常工作时间以外安排查验作业。

（3）查验方式。海关实施查验可以彻底查验，也可以抽查。按照操作方式，查验可以分为人工查验和机检查验。人工查验包括外形查验、开箱查验等方式。外形查验时，进出口货物的收发人或其代理人必须到场，并按海关的要求负责办理货物的搬运、拆装箱和重封货物的包装等工作，并回答询问，提供海关所需的单证或其他资料。必要时，海关也径行开验、复验或提取样品。

（4）货物损坏赔偿。在查验进出口货物时，由于海关关员责任，造成被查货物、物品损坏的直接经济损失，其金额根据被损坏货物及其部件的受损程度确定，或者根据修理费确定。赔偿金额确定后，由海关填发《中华人民共和国海关损坏货物、物品赔偿通知单》。

当事人收到通知单之日起 3 个月内凭单向填发海关领取赔款。逾期海关不再赔偿。

3）缴纳税费

进出口税费是指在进出口环节中由海关依法征收的关税、消费税、增值税、船舶吨税及相关费用。进出口税费征纳的法律依据主要是《海关法》《进出口税则》以及国务院制定的有关法律、法规等。进出口货物收发货人、进出境物品的所有人是依法缴纳税费的义务人。

在实际业务中，缴纳税费的方式主要有两种：

（1）凭缴款书和收费票据缴纳税费。出口货物发货人或其代理人将报关单及随附单证提交给货物出境地指定海关，海关对报关单进行审核，对需要查验的货物先由海关进行查验，然后根据计算机计算的税费，开具关税和代征税缴款书；对需征收监管手续费或滞报金的，开具收费专用票据。出口货物发货人或其代理人在规定时间内，持缴款书或收费票据向指定银行办理税费交付手续。如逾期未缴纳的，每日按税款的千分之五缴纳滞纳金。

（2）网上缴费和付费。在试行中国电子口岸网上缴税和付费的海关，出口货物发货人或其代理人可以通过电子口岸接收海关发出的税款缴款书和收费票据，在网上向签有协议的银行进行电子支付税费。一旦收到银行缴款成功的信息，即可报请海关办理货物放行手续。出口货物缴纳出口关税以 FOB 价格为完税价格基准。

4）装运货物

（1）装运货物。装运货物是指出口货物的发货人或其代理人，在办理了出口申报、配合查验、缴纳税费等手续，海关决定放行后，凭海关加盖"放行章"的出口装货凭证（在无纸通关方式下，也可凭海关通过计算机发送的放行通知书）到货物出境地的港区海关监管区（仓库）办理将货物装运上运输工具的手续。出口装货凭证一般有运单、装货单和场站收据等。

（2）申请签发证明。出口货物发货人或其代理人在办完提货或装货的手续后，如需要海关签发有关货物出口证明的，均可向海关提出申请。常见的海关证明联主要包括：

① 出口收汇证明。对需要在银行或国家外汇管理部门办理出口收汇核销的出口货物，报关员应当向海关申请签发《出口货物报关单（收汇证明联）》。海关经审核，对符合条件的，即在《出口货物报关单》上签名，加盖"海关验讫章"，作为出口收汇证明联签发给报关员，同时，通过海关电子通关系统向银行和国家外汇管理部门发送证明联电子数据。

② 出口收汇核销单。对需要出口收汇核销的出口货物，保管人在申报时向海关提交出口收汇核销单。海关放行货物后，由关员在该核销单上签名，加盖"海关单证章"。同时，海关通过电子口岸执法系统向外汇管理部门发送收汇证明联、境外付款凭证，向外汇管理部门办理出口收汇核销手续。

③ 出口退税证明。对需要出口退税的出口货物，报关人可以向海关申请出口货物报关单（出口退税证明联）。海关核准后，即在出口货物报关单上签名，加盖"海关验讫章"，作为出口收汇证明交保管人。同时，海关通过电子口岸执法系统向国家税务机关发送证明联的电子数据。

## 二、出口报关单的填制规范

1. 主要项目的缮制说明

（1）预录入编号。指申报单位或预录入单位对该单位填制录入的报关单的编号。

（2）海关编号。指海关接受申报时给予报关单的编号。此栏由海关填写。应标识在报关单的每一联上。

H2000 通关系统报关单海关编号为 18 位数字，其中 1～4 位为接受申报海关的编号（《关区代码表》中相应海关代码），第 5～8 位为海关接受申报的公历年份，第 9 位为进出口标志（"1"为进口，"0"为出口），后 9 位为顺序编号。

（3）出口口岸。指货物出我国口岸的名称，如上海海关、吴淞海关。此栏应根据货物实际出口的口岸海关选择填报《海关名称及代码表》中相应的口岸及代码。

（4）备案号。指出口企业在海关办理加工贸易合同备案或征、减、免税审批备案等手续时，海关所发的《登记手册》等有关备案审批文件的编号。

（5）出口日期。指运载所申报货物的运输工具办理出境手续的日期。

（6）申报日期。指海关接受出口货物发货人或其代理人申请办理货物出口手续的日期。

（7）经营单位。指对外签订和执行进出口贸易全合同（协定）的中国境内企业或单位名称及经营单位编码。经营单位编码为 10 位数字，是出口企业在所在地主管海关办理报关注册登记手续时，海关给企业设置的注册登记编码。

（8）运输方式。指货物出关境时所使用的运输工具的分类。包括江海、铁路、汽车、航空、邮递和其他运输等共 10 大类。

（9）运输工具名称。指载运货物出境的运输工具的名称或运输工具编号。填制内容应与运输部门向海关申报的载货清单所列内容一致。一份报关单只允许填报一个运输工具名称。例如，海运则填船名和船次。

（10）提运单号。填出口货物提单号码或运单的编号。

（11）发货单位。指出口货物在境内的生产或销售单位的中文名称或其海关注册编号。

（12）贸易方式。根据贸易性质不同分为 17 组，如一般贸易、补偿贸易、来料加工装配进口的设备、出料加工贸易等，必须按海关规定如实填写贸易性质名称及代码。例如，一般贸易（110）。

（13）征免性质。由海关填制，指海关对出口货物实施征、减、免税管理的性质类别。

（14）结汇方式。指出口货物的发货人或其代理人收结外汇的方式。本栏目应按海关规定的《结汇方式代码表》选择填报相应的结汇方式名称或代码。常用的结汇方式有信汇（M/T）、电汇（T/T）、票汇（D/D）、付款交单（D/P）、承兑交单（D/A）、信用证（L/C）、先出后结和先结后出。

（15）许可证号。如需许可证的货物，则填许可证的编号，如不需要则空白。

（16）运抵国（地区）。填目的地国家（地区）的中文名称或代码。例如，日本（116）。

（17）指运港。填写出口货物运往境外的最终目的港口、车站、机场等的名称或代码。例如，东京（1331）。

（18）境内货源地。填出口货物在国内的产地或始发地名称或代码。例如，杭州（33019）。

（19）批准文号。此栏目填报《出口收汇核销单》编号。

（20）成交方式。填合同成交的贸易术语条件，按海关规定的《成交方式代码表》填报。

（21）运费。在成交价格中含有运费的出口货物，应填报该份报关单所含全部货物的国际运输费用，可按运费单价、总价或运费率三种方式之一填报，同时注明运费标记，并按海关规定的《货币代码表》选择填报相应的币种代码。常见的币种有美元（代码 502）、港元（代码 110）、日本元（代码 116）、英镑（303）等。如成交价格中不含有运费的出口货物，则此栏空白。

（22）保费。本栏目用于成交价格中含有保险费的出口货物，应填报该份报关单含全部货物国际运输的保险费用。可按保险费总价或保费率两种方式之一填报，同时注明保险费标记，并按海关规定的《货币代码表》选择填报相应的币种代码。

（23）杂费。指成交价格以外的、应计入完税价格或应从完税价格中扣除的费用，如手续费、佣金、回扣等，可按杂费总价或杂费率两种方法之一填报，同时注明杂费标记，并按海关规定的《货币代码表》选择填报相应的币种代码。

（24）合同协号。本栏目应填报出口货物合同（协议）的全部字头和号码。

（25）件数。填报有外包装的出口货物的实际件数。裸装货物填报"1"。

（26）包装种类。应根据出口货物的实际外包装种类，按海关规定的《包装种类代码表》选择填报相应的包装种类代码，如木箱、纸箱、铁桶等。

（27）毛重。填制货物及其包装材料的重量之和总毛重。

（28）净重（公斤）。填货物的毛重减去外包装材料后的重量。

（29）集装箱号。本栏用于填报和打印集装箱编号。集装箱数量按四舍五入填报整数，非集装箱货物填报为"0"。以 20 英尺集装箱数计数，例如，一个 20 英尺集装箱号为 TEXU3605231，应填制 TEXU3605231 ＊1（1）。如果有一个 20 英尺集装箱号为 TEXU3605231 和一个 40 英尺的集装箱号为 TEXU3605232，应填 TEXU3605231 ＊2（3），另一个集装箱号 TEXU3605232 应填制在备注栏中。其中 ＊2 说明共有 2 个集装箱，（3）说明这两个集装箱按 20 英尺计，应为 3 个标准集装箱。

（30）随附单据。指随出口货物报关单一并向海关递交的单证或文件。合同、发票、装箱单、许可证等必备的随附单证不在本栏目填报。

（31）生产厂家。出境货物的境内生产企业，本栏目在必要时由手工填写。

（32）标记唛头及备注。填制装船唛头，如无，则填"N/M"（注：有时把报关员代号也填在此栏）。

（33）项号。填写报关单中商品排列序号（出口货物将按税则号码归类，属于一类商品只在第一行填"01"）。

（34）商品编号。根据《中华人民共和国海关统计商品目录》中所列明的编号填写。不同商品编写与项号对齐。

（35）商品名称、规格型号。第一行按信用证和合同填制出口货物规范的中文商品名称，第二行打印规格型号，必要时可加注原文。

（36）数量及单位。填制总数量及计量单位。例如，13 600 千克或13600LGS。

（37）最终目的国（地区）。填制出口货物的最终实际消费、使用或进一步加工制造国家（地区）的名称或代码。例如，日本（116）。

（38）单价。填制单位价格的数目。

（39）总价。填制总金额数目。

（40）币制。填制实际成交价格的货币单位名称。例如，USD 等。

（41）征免。指海关对出口货物进行征税、减税、免税或特案处理的实际操作方式。

（42）税费征收情况。本栏目供海关批注出口货物税费征收及减免情况。

（43）录入员。本栏目用于预录入和 EDI 报关单，打印录入人员的姓名。

（44）录入单位。本栏目用于预录入和 EDI 报关单，打印录入单位名称。

（45）申报单位。盖上申报单位报关专用章。

（46）填制日期。指报关单的填制日期，预录入和 EDI 报关单由计算机自动打印。

（47）海关审批注栏。本栏目是供海关内部作业时签注的总栏目，由海关关员手工填写在预录入报关单上。

2. 报关单填写的要求

（1）填报的项目要准确齐全。

（2）如有多种不同商品，应分别填写，但一张报关单上一般最多不要超过五项海关统计商品编号的货物。

（3）报关单必须做到两相符，一是单、单之间相符；二是单、货相符，即报关单内容与实际出口货物相符。

（4）因某种原因申报后需要更改，应填写报关单更正单，错什么，就改什么。

【出口货物报关单范例】

中华人民共和国海关出口货物报关单

预录入编号：　　　　　　　　　　　　　　　　　海关编号：

| 出口口岸 | 备案号 | | 出口日期 | | 申报日期 |
|---|---|---|---|---|---|
| 经营单位 | 运输方式 | | 运输工具名称 | | 提运单号 |
| 发货单位 | 贸易方式 | | 征免性质 | | 结汇方式 |
| 许可证号 | 运抵国（地区） | | 指运港 | | 境内货源地 |
| 批准文号 | 成交方式 | | 运费 | 保费 | 杂费 |
| 合同协议号 | 件数 | | 包装种类 | 毛重（公斤） | 净重（公斤） |
| 集装箱号 | 随附单据 | | | 生产厂家 | |

标记唛码及备注

| 项号 | 商品编号 | 商品名称、规格型号 | 数量及单位 | 最终目的国（地区） | 单价 | 总价 | 币制 |
|---|---|---|---|---|---|---|---|
| | | | | | | | |
| | | | | | | | |
| | | Total： | | | | | |

税费征收情况

| 录入员 录入单位 报关员 单位地址：　申报单位（签章） 邮编：　电话：　填制日期： | 兹声明以上申报无讹并承担法律责任 | 海关审单批注及放行日期（签章） 审单　　审价 征税　　统计 查验　　放行 |
|---|---|---|

**实训技能**

1. 实训内容

广浩国际货运代理有限公司取得由检验检疫局出具《出境货物通关单》后，于 2016 年 12 月 2 日填写出口货物报关单向海关申报。广浩国际货运代理有限公司海关注册号：32053 ×××××；金红叶纸业有限公司海关注册号：32053 ×××××。

2. 实训目的

掌握出口报关单的填制。

3. 实训准备

了解一般货物出口货物报关单的填制规范。

4. 实训步骤

步骤一：教师提供报关单范本，各组学生讨论，利用软件或纸质填写出口货物报关单。
步骤二：软件出口货物报关单查询。
步骤三：学生展示成果，各组相互评价，找出问题。
步骤四：教师点评，并提供标准报关单。
步骤五：学生讨论，修正报关单。

5. 实训评价

出口报关单的制作技能训练评价表见表 3 – 11。

表 3 – 11　出口报关单的制作技能训练评价表

| 被考评人 | | | | | | |
|---|---|---|---|---|---|---|
| 考评地点 | | | | | | |
| 考评内容 | 出口报关单的制作 | | | | | |
| 考评标准 | 内　容 | 分值 | 自我评价 | 小组评价 | 教师评价 | 实际得分 |
| | 知道出口报关单缮制规范 | 20 | | | | |
| | 掌握出口报关流程 | 20 | | | | |
| | 出口报关系统操作无误 | 30 | | | | |
| | 报关单填写完整，无遗漏项目 | 30 | | | | |
| | 该项技能能级 | | | | | |

注：（1）实际得分 = 自我评价 ×20% + 小组评价 ×40% + 教师评价 ×40%。

（2）考评满分为 100 分，60 ~ 74 分为及格，75 ~ 84 分为良好，85 分以上为优秀。

# 任务八　出口海运保险

**知识准备**

## 一、海洋货物运输保险

海运保险是各类保险中发展最早的一种，这是因商船在海洋航行中的风险大、海运事故频繁所致。海运保险一般属于国际商务活动，是随着航海贸易事业的发展而发展起来的。它以集中起来的保险费来补偿由于海上自然灾害和意外事故对保险标的物所造成的损失，以保护从事航海贸易的企业，促进国际贸易的发展。

1. 国际货物海运保险

在海运保险中，保险人的承保范围包括可保障的风险、可补偿的损失和承担的费用三个方面。

1）海上货物运输风险

国际贸易货物在海上运输、装卸和储存过程中，可能会遭到各种不同风险。而海上货物运输保险人主要承保的风险有海上风险和外来风险。

（1）海上风险。海上风险在保险界又称为海难，包括海上发生的自然灾害和意外事故。

自然灾害是指由于自然界的变异引起破坏力量所造成的灾害。海运保险中，自然灾害仅指恶劣气候、雷电、海啸、地震、洪水、火山爆发等人力不可抗拒的灾害。意外事故是指由于意料不到的原因所造成的事故。海运保险中，意外事故仅指搁浅、触礁、沉没、碰撞、火灾、爆炸和失踪等。

① 搁浅：是指船舶与海底、浅滩、堤岸在事先无法预料到的意外情况下发生触礁，并搁置一段时间，使船舶无法继续行进以完成运输任务。但规律性的潮涨落所造成的搁浅则不属于保险搁浅的范畴。

② 触礁：是指载货船舶触及水中岩礁或其他阻碍物（包括沉船）。

③ 沉没：是指船体全部或大部分已经没入水面以下，并已失去继续航行能力。若船体部分入水，但仍具航行能力，则不视作沉没。

④ 碰撞：是指船舶与船或其他固定的、流动的固定物猛力接触。如船舶与冰山、桥梁、码头、灯标相撞等。

⑤ 火灾：是指船舶本身、船上设备以及载运的货物失火燃烧。

⑥ 爆炸：是指船上锅炉或其他机器设备发生爆炸和船上货物因气候条件（如温度）影响产生化学反应引起的爆炸。

⑦ 失踪：是指船舶在航行中失去联络，音信全无，并且超过了一定期限后，仍无下落和消息，即被认为是失踪。

（2）外来风险。外来风险一般是指由于外来原因引起的风险。它可分为一般外来风险和特殊外来风险。

① 一般外来风险。指货物在运输途中由于偷窃、下雨、短量、渗漏、破碎、受潮、受热、霉变、串味、玷污、钩损、生锈、碰损等原因所导致的风险。

② 特殊外来风险。指由于战争、罢工、拒绝交付货物等政治、军事、国家禁令及管制措施所造成的风险与损失。如因政治或战争因素，运送货物的船只被敌对国家扣留而造成交货不到；某些国家颁布的新政策或新的管制措施以及国际组织的某些禁令，都可能造成货物无法出口或进口。

2）海损

被保险货物因遭受海洋运输中的风险所导致的损失称为海损或海上损失。海损按损失程度的不同，可分为全部损失和部分损失。

（1）全部损失。全部损失简称全损，是指被保险货物在海洋运输中遭受全部损失。从损失的性质来看，全损又可分为实际全损和推定全损两种。

① 实际全损。实际全损又称绝对全损，是指保险标的物在运输途中全部灭失或等同于全部灭失。在保险业务上构成实际全损主要有以下几种：

一是保险标的物全部灭失。例如，载货船舶遭遇海难后沉入海底，保险标的物实体完全灭失。

二是保险标的物的物权完全丧失已无法挽回。例如，载货船舶被海盗抢劫，或船货被敌对国扣押等。虽然标的物仍然存在，但被保险人已失去标的物的物权。

三是保险标的物已丧失原有商业价值或用途。例如，水泥受海水浸泡后变硬；烟叶受潮发霉后已失去原有价值。

四是载货船舶失踪，无音信已达相当长一段时间。在国际贸易实务中，一般根据航程的远近和航行的区域来决定时间的长短。

② 推定全损。指保险货物的实际全损已经不可避免，而进行施救、复原的费用已超过将货物运抵目的港的费用，或已超出保险补偿的价值的损失即为推定全损。构成被保险货物推定全损的情况有以下几种：

一是保险标的物受损后，其修理费用超过货物修复后的价值。

二是保险标的物受损后，其整理和继续运往目的港的费用，超过货物到达目的港的价值。

三是保险标的物的实际全损已经无法避免，为避免全损所需的施救费用，将超过获救后标的物的价值。

四是保险标的物遭受保险责任范围内的事故，使被保险人失去标的物的所有权，而收回标的物的所有权，其费用已超过收回标的物的价值。

（2）部分损失。部分损失是指被保险货物的损失没有达到全部损失的程度。部分损失按其性质，可分为共同海损和单独海损。

① 共同海损。根据 1974 年国际海事委员会制定的《约克安特卫普规则》的规定，载货船舶在海上遇难时，船方为了共同安全，以使同一航程中的船货脱离危险，有意而合理地作出的牺牲或引起的特殊费用，这些损失和费用被称为共同海损。构成共同海损的条件如下：

一是共同海损的危险必须是实际存在的，或者不可避免的，而非主观臆测的。因为不是所有的海上灾难、事故都会引起共同海损的。

二是必须是自愿地和有意识地采取合理措施所造成的损失或发生的费用。

三是必须是为船货共同安全采取的谨慎行为或措施时所做的牺牲或引起的特殊费用。

四是必须是属于非常性质的牺牲或发生的费用，并且是以脱险为目的。共同海损行为所作出的牺牲或引起的特殊费用，都是为使船主、货主和承运方不遭受损失而支出的。因此，不管其大小如何，都应由船主、货主和承运各方按获救的价值，以一定的比例分摊。这种分摊叫共同海损的分摊。在分摊共同海损费用时，不仅要包括未受损失的利害关系人，而且还需包括受到损失的利害关系人。

② 单独海损。指保险标的物在海上遭受承保范围内的风险所造成的部分灭失或损害，即指除共同海损以外的部分损失。这种损失只能由标的物所有人单独负担。与共同海损相比

较，单独海损的特点如下：

一是它不是人为有意造成的部分损失。

二是它是保险标的物本身的损失。

三是单独海损由受损失的被保险人单独承担，但其可根据损失情况从保险人那里获得赔偿。根据英国海上法规定，货物发生单独海损时，保险人应赔金额的计算，等于受损价值与完好价值之比乘以保险金。

3）费用

保险人承担的费用是指保险标的物发生保险事故后，为减少货物的实际损失而支出的合理费用，包括救助费用和施救费用。

救助费用是指因第三者的救助行为使船舶或货物确能有效地避免或减少损失而支出的酬金。施救费用指被保险人、代理人、受雇人或受让人在保险标的遭受任何保险事故时，负有采取一切合理措施避免或减轻损失到最低限度的责任，从而进行各种施救工作并支出的费用。

2. 海洋货物运输保险险别

1）保险险别

海洋运输货物保险，按照国家保险习惯，可将各种险别分为基本险和附加险。基本险可以单独投保，附加险不能独立投保，只有在投保某一种基本险的基础上才能加保附加险。

（1）基本险。

① 平安险（Free Particular Average，FPA）。平安险原来的含义是只保全损，即承保自然灾害和意外事故造成货物的全部损失。自然灾害是指恶劣气候、雷电、海啸、地震、洪水等。但在长期实践的过程中，对平安险的责任范围进行了补充和修订，当前平安险的责任范围已经超出只赔全损的限制。概括起来，平安险的责任范围主要包括以下几种：

第一，在运输过程中，由于自然灾害和运输工具发生意外事故，造成被保险货物的实际全损或推定全损。

第二，由于运输工具遭搁浅、触礁、沉没、互撞，与流冰或其他物体碰撞以及失火、爆炸等意外事故造成被保险货物的部分损失。

第三，只要运输工具曾经发生搁浅、触礁、沉没、焚毁等意外事故，不论意外事故发生之前或者以后曾在海上遭恶劣气候、雷电、海啸等自然灾害所造成的被保险货物的部分损失。

第四，在装卸转船过程中，被保险货物一件或数件落海所造成的全部损失或部分损失。

第五，运输工具遭自然灾害或意外事故，在避难港卸货所引起被保险货物的全部损失或部分损失。

第六，运输工具遭自然灾害或意外事故，需要在中途的港口或者避难港口停靠，因而引起的卸货、装货、存仓以及运送货物所产生的特别费用。

第七，发生共同海损所引起的牺牲、公摊费和救助费用。

第八，发生了保险责任范围内的危险，被保险人对货物采取抢救、防止或减少损失的各种措施，因而产生合理的施救费用。但是保险公司承担费用的限额不能超过这批被救货物的保险金额。施救费用可以在赔款金额以外的一个保险金额限度内承担。

②　水渍险（With Particular Average，WPA）。水渍险的责任范围除了包括上列"平安险"的各项责任外，还负责被保险货物由于恶劣气候、雷电、海啸、地震、洪水等自然灾害所造成的部分损失。

③　一切险（All Risks）。一切险的责任范围除包括上列"平安险"和"水渍险"的所有责任外，还包括货物在运输过程中，因各种外来原因所造成被保险货物的损失，不论全部损失或部分损失，除对某些运输途中的货物，经保险公司与被保险人双方约定在保险单上载明的免赔率外，保险公司都给予赔偿。

上述三种险别都是货物运输的基本险别，被保险人可以从中选择一种投保。

此外，保险人可以要求扩展保险期。例如，对某些内陆国家出口货物，如在港口卸货转运内陆，无法按保险条款规定的保险期内到达目的地，即可申请扩展。经保险公司出立凭证予以延长，每日加收一定保险费。

不过，在上述三种基本险别中，明确规定了除外责任。所谓除外责任（Exclusion）是指保险公司明确规定不予承保的损失或费用。

（2）附加险别

①　一般附加险。

第一，偷窃提货不着险（Theft，Piferageand Nondelivery，TPND）。保险有效期内，保险货物被偷走或窃走，以及货物运抵目的地以后，整件未交的损失，由保险公司负责赔偿。

第二，淡水雨淋险（Fresh Water Rain Damage，FWRD）。货物在运输中，由于淡水、雨水以及雪融所造成的损失，保险公司都应负责赔偿。淡水包括船上淡水舱、水管漏水以及汗等。

第三，短量险（Risk of Shortage）。负责保险货物数量短少和重量的损失。通常包装货物的短少，保险公司必须要查清外装包是否发生异常现象，如破口、破袋、扯缝等，如属散装货物，往往将装船和卸船重量之间的差额作为计算短量的依据。

第四，混杂、玷污险（Risk of Intermixture & Contamination）。被保险货物在运输过程中，混进了杂质所造成的损失。例如矿石等混进了泥土、草屑等因而使质量受到影响。此外，被保险货物因为和其他物质接触而被玷污，例如，布匹、纸张、食物、服装等被油类或带色的物质污染因而引起的经济损失。

第五，渗漏险（Risk of Leakage）。流质、半流质的液体物质和油类物质，在运输过程中因为容器损坏而引起的渗漏损坏。如以液体装存的湿肠衣，因为液体渗漏而使肠发生腐烂、变质等损失，均由保险公司负责赔偿。

第六，碰损、破碎险（Risk of Clash & Breakage）。碰损主要是对金属、木质等货物来说的，破碎则主要是对易碎性物质来说的。前者是指在运输途中，因为受到震动、颠簸、挤压而造成货物本身的损失；后者是在运输途中由于装卸野蛮、粗鲁、运输工具的颠震造成货物本身的破裂、断碎的损失。

第七，串味险（Risk of Odour）。例如，茶叶、香料、药材等在运输途中受到一起堆储的毛皮、樟脑等异味的影响使品质受到损失。

第八，受热、受潮险（Damage Caused by Heating & Sweating）。例如，船舶在航行途中，由于气温骤变，或者因为船上通风设备失灵等使舱内水汽凝结、发潮、发热引起货物的损失。

第九，钩损险（Hook Damage）。保险货物在装卸过程中因为使用手钩、吊钩等工具所造成的损失，例如粮食包装袋因吊钩钩坏而造成粮食外漏所造成的损失。

第十，包装破裂险（Loss for Damage by Breakage of Packing）。因为包装破裂造成物资的短少、玷污等损失。此外，对于因保险货物运输过程中为继续运输安全所需要而产生的候补包装、调换包装所支付的费用，保险公司也应负责。

第十一，锈损险（Risk of Rust）。保险公司负责保险货物在运输过程中因为生锈造成的损失。不过这种生锈必须在保险期内发生，如原装时就已生锈，保险公司不负责任。

上述 11 种附加险，不能独立承保，它必须附属于主要险面下。也就是说，只有在投保了主要险别以后，投保人才允许投保附加险。投保"一切险"后，上述险别均包括在内。

② 特别附加险。特别附加险也属附加险类，但不属于一切险的范围之内。它往往跟政治、国家行政管理规章所引起的风险相关联。目前中国人民保险公司承保的特别附加险别有交货不到险（Failure to Delivery Risks）、进口关税险（Import Duty Risk）、黄曲霉素险（Aflatoxin Risk）和出口货物到香港（包括九龙在内）或澳门存储仓火险责任扩展条款（Fire Risk Extention Clause For Storage of Cargo at Destination Hongkong, Including Kowloon, or Macao）。此外，还包括战争险（War Risk）和罢工险（Strikes Risk）等。

2）海运保险险别的选择

（1）险别选择的考虑因素。在投保时，人们总希望在保险范围和保险费之间寻找平衡点。要做到这一点，首先要对所面临的风险做出评估，甄别哪种风险最大、最可能发生，并结合不同险别的保险费率来加以权衡。多投险种当然安全感会强很多，但保险费的支出肯定也要增加。投保时，通常要对以下几个因素进行综合考虑，并进行基本险与附加险的综合运用。

① 货物的种类、性质和特点。如毛、棉、麻、丝、绸、服装类和化学纤维类商品，遭受损失的可能性较大，如玷污、钩损、偷窃、短少、雨淋等，有必要投保一切险。有的货物还需投保特别附加险，如花生、油菜籽、大米等含有黄曲霉素的食物，会因超过进口国对该黄曲霉素的限制标准而被拒绝进口、没收或强制改变用途，从而造成损失。因此，在出口这类货物的时候，就应将黄曲霉素险作为特别附加险予以承保。

② 货物的包装情况。一些低值、裸装的大宗货物如矿砂、钢材、铸铁制品，通常的做法是基本险投保平安险，根据实际情况再投保舱面险作为附加险。

③ 货物的运输情况（包括运输方式、运输工具、运输路线）。如对于不大可能发生碰损、破碎或容易生锈但不影响使用的货物，如铁钉、铁丝、螺钉等小五金类商品，以及旧汽车、旧机床等二手货，可以投保水渍险作为基本险。

④ 发生在港口和装卸过程中的损耗情况。如果当地码头情况混乱，风险比较大，应该选择偷窃提货不着险和短量险作为附加险，或者投保一切险。

⑤ 目的地的政治局势。例如，在 1998 年北约空袭南联盟和 1999 年巴基斯坦政变期间，如果投保战争险，出口商就不必为货物的安全问题而担心了。

（2）基本险与附加险的综合运用。附加险的选择要针对易出险因素来加以考虑。保险公司在理赔的时候，首先要确认导致损失的原因，只有在投保险别的责任范围内导致的损失才会被赔偿。

①玻璃制品、陶瓷类的日用品或工艺品等产品，会因破碎造成损失，投保时可在平安险或水渍险的基础上加保破碎险。

②麻类商品，受潮后会因发热、霉变、自燃等而造成损失，应在平安险或水渍险的基础上加保受潮受热险。

③石棉瓦（板）、水泥板、大理石等建筑材料类商品，主要因破碎而造成损失，应该在平安险的基础上加保破碎险。

**3. 承保责任的起讫期限**

承保责任的起讫期限又称保险期限，是指保险人承担责任的起讫时限。我国海运货物保险条款对基本险和战争险分别做出了规定。

**1）基本险的责任起讫期限**

根据中国海洋运输货物保险条款规定，基本险承保责任的起讫，均采用国际保险业中惯用的"仓至仓条款"（Warehouse to Warehouse，W/W）规定的办法处理。

仓至仓条款规定保险公司所承担的保险责任，是从被保险货物运离保险单所载明的起运港（地）发货人仓库开始，一直到货物到达保险单所载明的目的港（地）收货人的仓库时为止。当货物一进入收货人仓库，保险责任即行终止。但是，当货物从目的港卸离海轮时起满60天，不论保险货物有没有进入收货人的仓库，保险责任均告终止。例如，100台计算机从上海出口被运往吉隆坡，海轮于9月11日抵达吉隆坡港并开始卸货，9月13日全部卸在码头货棚而未运往收货人仓库，那么该保险责任到11月12日即告终止。当然，如果在11月2日前这批计算机运进了收货人仓库，则不论在哪一天进入该仓库，保险责任也告终止。如上述保险期限内保险货物需转运到非保险单所载明的目的地时，则以该项货物开始转运时终止。另外，被保险货物在运至保险单所载明的目的港或目的地以前的某一仓库而发生分配、分派的情况，则该仓库就作为被保险人的最后仓库，保险责任也从货物运抵该仓库时终止。

此外，保险人可以要求扩展保险期限。

**2）战争险的责任起讫期限**

战争险的责任起讫与基本险的责任起讫不同，它不采用仓至仓条款。战争险的承保期限仅限于水上危险或运输工具上的危险。例如，海运战争险规定自保险单所载明的起运港装上海轮或驳船时开始，直到保险单所载明的目的港卸离海轮或驳船时为止。如果货物不卸离海轮或驳船，则保险责任最长延至货物到目的港之当日午夜起算15天为止。如在中途港转船，则不论货物在当地卸载与否，保险责任以海轮到达该港或卸货地点的当日午夜起满15天为止，待再装上续运的海轮时，保险人仍继续负责。

**4. 保险公司的除外责任**

除外责任是保险人不负赔偿责任的范围。规定主要包括下列内容：

（1）被保险人的故意行为或过失所造成的损失。

（2）属于发货人责任所引起的损失。

（3）在保险责任开始前，被保险货物已存在品质不良或数量短差所造成的损失。

（4）被保险货物的自然损耗、本质和特性缺陷以及市价跌落、运输延迟所造成的损失或费用。

（5）战争险和罢工险条款规定的责任范围和除外责任。

5. 被保险人的义务

我国海运货物保险条款对被保险人应承担的义务规定如下：

（1）当被保险货物运抵目的地后，被保险人应及时提货。当发现被保险货物遭受任何损失，应立即向保险单上规定的检验、理赔代理人申请检验，并向有关当局（如海关、港务局）索取货损货差证明。如涉及第三者责任，必要时还须取得延长索赔时效的凭证。

（2）对遭受损失的货物，被保险人应采取合理抢救措施，以减少损失。

（3）如果遇航程变更或发现保险单所载明的货物、船名或航程有遗漏或错误，被保险人应在获悉后立即通知保险人。

（4）在向保险人索赔时，应提供下列单证：保险单正本、提单、发票、装箱单、磅码单、货损货差证明、检验报告及索赔清单。如涉及第三者责任，还须提供向责任方追偿的有关函电及其他必要的单证或文件。

## 二、保险单据

1. 投保单的概念

投保单是进出口企业向保险公司对运输货物进行投保的申请书，也是保险公司据以出立保险单的凭证，保险公司在收到投保单后即缮制保险单。

投保单是投保人的书面要约。投保单经投保人据实填写交付给保险人就成为投保人表示愿意与保险人订立保险合同的书面要约。

投保单一般是指在逐笔投保方式下采用的做法。进出口企业在投保单中要填制的内容包括货物名称、运输标志、包装及数量、保险金额、保险险别、运输工具、开航日期和提单号等。

2. 投保单的填制要求

（1）被保险人。指受保险合同保障的一方。如果以 CIF 条件成交，由卖方办理保险，一般均以卖方本人为被保险人。当卖方在保险单背面签章背书后，保险单即可转让。若信用证要求以进口商为被保险人或指明要过户给某一银行或第三者，应在投保单上填明。如果以 FOB 或 CFR 条件成交，由买方自行投保，直接以其本人为被保险人，一般不存在过户问题。

（2）发票号码和合同号码。此项确定保险保障的贸易货物的具体批号，以便发生索赔时进行核对。若为出口货物，只需填写该批货物的发票号码，若为进口货物，则填写贸易合同号码。

（3）标记。此项应填写商品的运输标志，或写明按发票规定（as Invoice）。

（4）包装数量。此项写明包装方式及包装数量。如果一次投保有数种不同包装，可以件（Packages）为单位。散装货应填写散装重量。如果采用集装箱运输，应予注明（in Container）。

（5）保险货物项目。应填写保险货物的名称，按发票或信用证填写，不必过于具体。

（6）保险金额。填写按照贸易合同或信用证规定的加成计算得出的保险金额数值。计算时一般按发票的金额加成。保险金额货币名称要与发票一致。

（7）装载运输工具。海运时应写明具体的船名。如果中途需转船，已知第二程船名时应打上船名；如果第二程船名未知，则只需打上转船字样。集装箱运输应打明用集装箱。

（8）开航日期。一般应注明"按照提单"或注明船舶的大致开航日期。

（9）运输路线。填写起始地和目的地名称。中途如需转船，则应注明转船地。若到目的地后，需转运内陆，应注明内陆地名称。如果到达目的地路线不止一条，要填写经过的中途港（站）的名称。

（10）承保险别。具体写明险别以及按什么保险条款执行。

（11）赔款地。通常在目的地支付赔款。如果被保险人要求在目的地以外的地方赔款，应予注明。

（12）投保人签章及公司名称、电话、地址。应如实填写。

（13）投保日期。投保日期应在船舶开航日期或货物起运日期之前。

【投保单范例】

**PICC** 中国人民财产保险股份有限公司

PICC Property and Casualty Company Limited

进 出 口 货 物 运 输 保 险 投 保 单

**APPLICATION FORM FOR CARGO TRANSPORTATION INSURANCE**

| 发票号<br>Invoice<br>No. | | 合同号<br>Contract No. | | 信用证号<br>L/C No. |
|---|---|---|---|---|
| 被保险人<br>Insured | | | | |
| 标记<br><br>Marks & Numbers | 包装及数量<br><br>Quantity | 保险货物项目<br>Description<br>of Goods | 发票金额<br><br>Invoice Value | 保险金额<br><br>Insured Amount |
| | | | | |
| 装载<br>运输工具<br>Conveyance | | 起运日期<br>Date of<br>Commencement | | 赔款偿付地点<br><br>Loss If Any Payable at |
| 运输路线<br>Voyage | 自<br>From | 到<br>To | | 转载地点<br>Port of transhipment |

| 投保险别<br>Insurance coverage required： | | 投保人（签名盖章）<br>Applicant's Signature & Stamp： | |
|---|---|---|---|
| 申请保险单正本份数为：<br>Issued in Original（s）Only. | □保险单（Insurance Policy）<br><br>□保险凭证（Insurance Certificate） | 投保日期<br><br>DATE | |

### 3. 保险单的概念

海洋货物运输保险单简称保险单，俗称大保单或保单，是保险人与被保险人之间订立保险合同关系的正式凭证，反映保险人与被保险人之间的权利和义务关系，具有法律效力，对双方当事人均具有约束力。其内容除载明被保险人，保险标的的名称、数量或重量，以及唛头、运输工具、险别、起讫地点、保险期限、保险币值和保险金额等项目外，还附有保险责任范围以及保险人和被保险人的权利和义务等方面的详细条款，是完整的承保文件。

当发生保险范围内的货物损失时，它又是被保险人或保险权益受让人向保险公司索取赔偿或对保险公司上诉的正式文件，同时也是保险公司理赔或应诉的主要依据。

保险单是可转让单据，通常是被保险人向银行进行议付或押汇的单证之一。在 CIF 合同中，保险单是出口方提供的单据之一。所以填制保险单要求质量高，不得涂改。

| 被保险人/INSURED： | | 中国人保财产保险公司<br>THE PEOPLE'S INSURANCE COMPANY OF CHINA<br>HEAD OFFICE：BEIJING<br>保险单<br>INSURANCE POLICY<br>No. 002207 |
|---|---|---|
| 自/FROM： | | 中国人保财产保险公司（以下简称本公司）根据本保险人的要求由被保险人向本公司缴付约定的保险费，按照本保险单承保险别和背后所载条款与下列特款承保下述货物运输保险，特立本保险单。 |
| 至/TO： | | THIS POLICY OF INSURANCE WITNESSES THAT THE PEOPLE'S INSURANCE COMPANY OF CHINA（HEREINAFTER CALLED "THE COMPANY",）AT THE REQUEST OF THE INSURED AND IN CONSIDERATION OF THE AGREED PREMIUM BEING PAID TO THE COMPANY BY THE INSURED UNDER TAKES TO INSURE THE UNDERMENTION GOODS IN TRANSPORTATION, SUBJECT TO THE CONDITIONS OF THIS POLICY AS PER THE CLAUSES PRINTED OVERLEAF AND OTHER SPECIAL CLAUSES ATTACHED HEREON. |
| 装载工具/PER CONVEYANCES | | |
| 起运日期/SLG | 保费/PREMIUM<br><br>费率/RATE | |
| 赔款地点及币别/CLAIM PAYABLE AT： | | |

续表

| 签单地点/ISSUING PLACE： | 签单日期/ISSUING DATE： | 发票号/INVOICE NO. | 保险单号/POLICY NO. |
|---|---|---|---|
| 标记/MARKS & NOS： | 保险货物项 DESCRIP-TION OF GOODS： | 数量及包装 PACKAGE & QUANTITY： | 保险金额/AMOUNT INSURED： |

| 总保险金额/TOTAL AMOUNT INSURED： |
|---|

承保险别/CAUTIONS：

所保货物如遇风险，本公司凭本保险单及其有关证件给付赔偿。所保货物如发生保险单项下负责赔偿的损失事故，应立即通知本公司下述代理人查勘。

CLAIMS, IF ANY, PAYABLE ON SURRENDER OF THIS POLICY, TOGETHER WITH OTHER RELEVANT DOCUMENTS. IN THE EVENT OF ACCIDENT WHEREBY LOSS OR DAMAGE MAY RESULT IN A CLAIM UNDER THIS POLICY, IMMEDIATE NOTICE APPLYING FOR SURVEY MUST BE GIVEN TO THE COMPANY'S AGENT AS MENTIONED HERE-UNDER：

中国人保财产保险公司上海分公司
THE PEOPLE'S INSURANCE CO. OF CHINA
SHANGHAI, CHINA
盖章

**4. 保险单缮制的主要内容**

（1）Number of Original Policy，正本份数。一套保险单正本的用纸，保险公司共印制三份正本，三份都印有"ORIGINAL"字样，但在保险单正本的本栏各标明"第一正本"（The First Original)"、"第二正本（The Second Original)"和"第三正本（The Third Original)"加以区别。各外贸公司可以根据信用证或实际需要的正本份数，取其一份、两份或三份使用。

根据 UCP500 第二十条 C 款第 Ⅱ 项规定：信用证要求多份单据时，诸如一式两份（Duplicate)、两张（Two Fold)、两份（Two Copies）等，可以交付一份正本，其余份数用副本单据来满足，但单据本身另作标明者除外。又根据 UCP500 第 34 条 B 款规定：如果保险单据注明签发的正本超过一份，必须提交所有的正本，除非信用证另有授权。所以，根据上述条文规定，如果信用证仅规定类似一式两份等说法，可以提供一份正本和一份副本来满足。但一般在实务中，对保险单的做法，只要信用证规定类似一式两份等说法，也习惯提供两份正本；如果规定一式三份，应提供三份正本。

（2）Invoice No.，发票号次。根据发票号填入。

（3）Policy No.，保险单号次。应填保险公司指定的号码，且作为本保险单的编号。

（4）Insured，被保险人。即保险的抬头，在 CIF 或 CIP 贸易条件下，投保人即卖方，所以被保险人栏填卖方名称，如信用证受益人名称。但发生货损时，实际索赔的权益是买方，所以保险单以卖方为被保险人时，卖方要在保险单的背面签字盖章进行背书，以表示被保险索赔的权益转让给保险单的持有人，同时受让人则承担被保险人的义务。

如果信用证规定为"To Order"，则本栏可照填"To Order"，受益人也需背书。一般背书多是空白背书（Blank Endorsed）。

如果信用证规定"Endorsed to order of ABC. CO.，Ltd"，则在本栏填受益人名称为被保险人，再在保险单的背面填上"To order of ABC. CO.，Ltd"或"Claim if any pay to the order of ABC. CO.，Ltd"，受益人再签字盖章。如果信用证规定："Endorsed in favour of ABC. CO.，Ltd"，则在本栏填受益人名称为被保险人，再在保险单背面填"in favour of ABC. CO.，Ltd"或"Please pay in favour of ABC. CO.，Ltd"，然后受益人签字盖章。上述两种背书都是记名背书。

如果信用证特别规定以某某公司或某某银行为被保险人，可以直接在本栏填上所规定的名称，则不用背书。

（5）Marks & Nos.，唛头和号码。按要求应将货物实际的唛头原形填入，并与提单、发票一致。

（6）Package & Quantity，包装及数量。要求将包装单位及其数量填入，并与提单、发票一致。例如，1 500cartons。若包装单位不止一种，如500箱中有200箱是纸箱，300箱是木箱，则作如下表示：

200 cartons

300 wooden cases

500 packages

如果货物的价格以毛重或净重计价，除应该表示数量外，还应该表示毛重或净重。如果是裸装货物则表示其个数。散装货物在其重量后再表示散装字样。

（7）Description of Goods，保险货物项目。一般要求按发票品名填写，范本的本栏就是信用证和发票的品名。如果发票品名繁多，保险单本栏允许填统称，但其统称不得与发票或信用证规格品名抵触。若有可能应列出具体品名，列出与发票或信用证一致的品名更好，这是最佳的制单方法。

如信用证要求一切单据均表示信用证号码（如信用证规定："All documents must indicate this credit No."），可在本栏空白处表示："Credit No. ×××××"。

（8）Amount Insured，保险金额。一般习惯最低按发票CIF或CIP的总值再加10%（该10%称为保险加成），即按发票总金额的110%投保。

如果发票金额有扣佣金者，应取发票金额未扣佣的毛额再加成计算保险金额。保险金额使用的货币必须是信用证所规定的货币。

（9）Total Amount Insured，总保险金额。它为第8栏金额的大写数字，两者必须完全一致。大写金额最末应加"ONLY"，以防涂改。

（10）Premium & Rate，保费与费率。保险单在印刷时已在本栏印妥"AS ARRANGED"（按约定），因此每笔保费与费率可以不具体表示。如果信用证要求标明保险费与费率，则应填上具体保险费额及费率。若信用证规定："Insurance policy or certificate for full invoice value plus 10% marked premium paid"，则应将印就的"AS ARRANGED"划掉，加盖核对章

后打上 "PAID" 字样。

（11）Per Conveyance，装载运输工具。应按实际运输方式和运输工具名称填入。对于海运（By sea，By steamer，By vessel per S. S.），则在本栏可填写具体船名及航次。例如，本栏可填 "S. S. EASTWIND VOY. NO. 009A"，即 "东风轮第 009A 航次"，其中 S. S. 即 steamship 的缩写。如中途将转船，而第二程船名已明确，也应同时表示出来。如第一程船名为 EASTWIND，第二程船名为 VICTORY，则表示："S. S. EASTWIND/VICTORY"。

（12）Slg. on…from…to…，开航日期及起讫地点。开航日期即运输单据上所载明的实际装运日期。如在缮制保险单时，提单尚未签发，保险单虽然允许表示大约开航日期，但最好本栏暂时留空，待提单签发后再填写真实日期，则比较妥当。

起讫地点应与提单所记载的一致，而且符合信用证要求。如果货物将在中途转船，而且在上述第 11 栏已经表示了一、二程船名，则起讫地点应表示从……装……轮在……转装……轮至……。例如，从大连装 EASTWIND 轮在香港转装 VICTORY 轮至鹿特丹，可填为 "From Dalian to Hong Kong per S. S. EASTWIND, and thence transshipped per S. S. VICTORY to Rotterdam."。如果第二程船名在当时无法明确，可填为 "From Dalian to Rotterdam with transshipment at Hong Kong."（一程船名已在 11 栏表示，这里就不再表示）。如转运地也不明确，仅表示 "with transshipment" 也可以。

在国际贸易中许多买方并不一定在港口，虽然贸易条件是某港口交货，卖方只负责货运至某港口，如果保险只保到港口，则从港口至内陆运输阶段发生货损，买方就无法得到补偿。但许多情况的货损在港口不易发现，只能在内陆收到货物后才能发现货损。所以货物最终目的地不在港口者，买方为了切身利益不受损失，一般都在信用证条款中要求保险投保到最终内陆目的地，尤其无港口的内陆国家。如果信用证条款要求投保到最终目的地，本栏除了填写与提单、发票一致的港口名称外，还要加注最后至某内陆目的地。例如，"From Dalian to Liverpool and thence to Birmingham."。

（13）Conditions，承保险别。本栏是保险单的核心内容，是将来理赔责任范围的主要依据，所以必须慎重填写，应完全与信用证规定相符，尽量在信用证词句的基础上再进行必要的调整排列。信用证对保险条款的责任有重复，只要不扩大责任范围，尽量满足信用证要求，使单证一致。即使信用证没有规定，保险单的险别也要标出该险别的适用文本名称及其日期。如 "…as per Ocean Marine Cargo（All Risks）Clauses of the People's Insurance Company of China dated 1/1/1981."。

如果信用证对险别规定不明确，如规定 "usual risks"（通常险别）或 "customary risks"（惯常险别）等，则不管双方如何约定，银行可接受任何险别的保险单，并不负漏保的责任。但其险别必须有主险，而不能仅有附加险别。信用证规定投保转运险，即使货物直达不转运，也要按信用证要求办理转运险。如果信用证要求的险别大于合同规定（例如，合同规定水渍险，而信用证要求一切险），应提出修改或其超出部分的险别的保险费由对方负担。如果信用证要求的险别小于合同规定，可以先按信用证要求投保，以利于安全收汇。但为了重合同守信用，同时应向保险公司办理未保部分险别的 "批单" 寄买方。

如果信用证规定投保伦敦协会货物条款，也可以接受。如来证规定 "…covering Institute Cargo Clause（A）of 1982…"，这就是投保伦敦协会货物（A）条款。投保伦敦协会货物条款于 1982 年 1 月 1 日又修订了一次，分（A）条款、（B）条款和（C）条款三个主险，分别类似于中国人民保险公司的一切险、水渍险和平安险。

（14）Surveying and Claim Setting Agents，货损检验与理赔代理人。根据中国人民保险公司《货损检验、理赔代理人名册》，选择在目的港或目的港附近有关机构为货损检验、理赔代理人。保险单上一定要详细注明代理人的地址（如范本所示），以便收货人联系查找。

如果保险单上注明保险责任终止不是在港口，而是在内地，则应填内地的代理人名称和地址。如当地没有中国人民保险公司代理机构，可注明由当地法定检验机构代为检验。

如信用证规定指派某某为理赔代理人，是不能接受的，代理人应由我方指定。

（15）Claim Payable at…，赔付地点。如果信用证指定赔付地点，应按信用证要求表示。如果信用证未明确赔付地点，则以目的地港为赔付地点。

（16）Date & Place，日期及地点。保险单签发日期是保险公司责任开始日期，所以不得晚于运输单据所记载的装运日期。尤其仓至仓条款，保险公司责任从装运货物一出仓库门时就开始。因此，保险单签发日期不但不得晚于运输单据所记载的装运日期，而且还要适当早于装运日期，除非保险单上记载"保险责任最迟于装运或接受监管之日起生效"。

保险单签发地点即办理投保所在的地点，一般保险公司在印制保险单时即事先印妥。

（17）Authorized Signature，签章。应由签发保险单的保险公司亲自签章。

5. 保险凭证（Insurance Certificate）

保险凭证又称"小保单"，指在保险凭证上不印保险条款，实际上是一种简化的保险单。保险凭证与保险单具有同等的法律效力。它与保险单的唯一区别在于背面不附有保险条款，但缺乏完整的独立性，需依赖于其他文件，即保险当事人权利、义务及相关保险责任范围的约定须以保险公司的正式条款为准。因此，如果信用证明确要求"Insurance Police"，银行就不会接受保险凭证。

为了便于双方履行合同，这种在保险单以外单独签发的保险凭证主要在以下几种情况时使用：

（1）在一张团体保险单项下，需要给每一个参加保险的人签发一张单独的凭证。

（2）在货物运输保险订有预约合同的条件下，需要对每一笔货运签发单独的凭证。

（3）对于机动车辆第三者责任险，一般实行强制保险。为了便于被保险人随身携带以供有关部门检查，保险人通常出具保险凭证。此外，我国还有一种联合保险凭证，主要用于保险公司同外贸公司合作时附印在外贸公司的发票上，仅注明承保险别和保险金额，其他项目均以发票所列为准。当外贸公司在缮制发票时，保险凭证也随即办妥。这种简化凭证大大节省人力，目前对港澳地区的贸易业务已大量使用。

### 实训技能 1

1. 实训内容

（1）某出口公司按 CIF 条件成交货物一批向中国人民保险公司投保了水渍险，货物在转船过程中遇到大雨，货到目的港后，收货人发现货物有明显的雨水浸渍，损失达 70%，因而向我方提出索赔。我方能接受吗？

（2）上海某造纸厂以 CIF 条件向非洲出口一批纸张，因上海与非洲的湿度不同，货到目的地后因水分过分蒸发而使纸张无法使用。买方能否向卖方索赔？为什么？

2. 实训目的

掌握海运保险处理能力。

3. 实训准备

了解海洋货物运输保险的有关知识。

4. 实训步骤

步骤一：各组讨论两个案例的问题，进行分析，得出处理问题的思路和结论。

步骤二：请同学讲解案例的处理办法。

步骤三：教师点评，并加以总结。

（1）案例 1 解答：不能接受。货物被雨水浸湿属淡水雨淋险范围；保险公司和卖方对货损都不负责，由买方承担损失。

（2）案例 2 解答：买方不能向我方索赔。因为虽然 CIF 表明由卖方承担保险费，但是风险划分依然以船舷为界，所以风险由买方承担。再者，卖方承担保险费一般只投保最低险别，除非买方要求加保附加险（受潮受热险）。

## 实训技能 2

1. 实训内容

广浩国际货运代理有限公司为金红叶纸业有限公司填制海洋货物运输投保单。保险公司根据投保单缮制保险单，货代公司审核保险单。

2. 实训目的

掌握海洋货物运输投保单的填写和识别保险单各栏的填制方法。

3. 实训准备

了解海洋货物运输投保单的基本内容。

4. 实训步骤

步骤一：识别信用证信息。

货物信息：无唛头

DESC OF GOODS：FACIAL TISSUE

PKGS：162ROLLS

GW：126，000.000KGS

VOL：378.000CBM

AMOUNT：CURRENCY USD AMOUNT USD82 000.00

SET OF ORIGINAL INSURANCE POLICY OR CERTIFICATE ENDORSED IN BLANK WITH 2 COPIES COVERING OCEAN MARINE TRANSPORTATION ALL RISKS AND WAR RISKS FOR 110 PCT INVOICE VALUE SHOWING CLAIMS PAYABLE IN USA IN CURRENCY OF THE DRAFT.

步骤二：认识投保单与保险单。

步骤三：计算保险金额。

（1）保险金额。海运货物金额一般为定值保险，即以当事人所持有的保险利益为限，以约定保险价值为保险金额。此项约定保险价值的估计，通常是以货物价值、预付价值、预付运费、保险费、其他费用及预期利润的总和为计算标准，即以出口价格条件（CIF价格）加成一定比例为保险金额。在CIF价格条件下，保险金额的计算公式为：

保险金额 = CIF价格 × （1 + 加成率）

其中加成率是由进出口双方自行协商的，如果双方没有商定，或在信用证中没有明确保险金额的加成比例，按惯例，加成比例一般不低于10%，即保险金额最低不得低于货物的CIF或CIP总值的110%。

若从单据上无法确定其CIF或CIP的总值，应按本信用证所付款、承兑、议付的金额或发票毛值，两者比较，取其较高者再加10%作为该保险单的保险金额。

例如，信用证规定"Insurance policy…for 110% of full CIF invoice value…"，发票的CIF总值是USD11 025.00，其110%总值应为USD12 128。

注意，按照惯例保险金额只保留整数，不保留辅币，因此小数点以下都采用向上进位方式，不管多少辅币（即使一个辅币）都进上一个货币单位，所以保险金额应该是整数。

（2）保险费。保险费的计算公式为：

保险费 = 保险金额 × 保险费率 = CIF价格 × （1 + 加成率）× 保险费率

保险费是投保人为获得保险保障而缴纳给保险人的费用。保险人依靠其所收取的保险费建立保险基金，对被保险人因保险事故所遭受的损失进行经济补偿。缴付保险费是投保人的基本义务，只有在投保人履行了约定交费义务的前提下，保险人才能承担保险合同载明的保险责任。

保险费率是应缴纳保险费与保险金额的比率（费率 = 保险费/保险金额）。保险金额单位一般为1 000元或100元，所以保险费率通常用千分率或百分率来表示。保险费率是由保险公司按投保险别确定的，不同的险别，保险费率不同。在实际业务中，投保人可以参照出口业务量与保险公司商谈，以争取最优惠的保险费率。保险公司对于业务稳定的大客户一般都给予优惠的保险费率，以此吸引客户，与同行竞争。

步骤四：填制投保单及审核保险单。

步骤五：学生代表展示实训成果，其他同学点评。

步骤六：教师分析总结，提供标准的保险单据。

5. 实训评价

投保单的填写技能训练评价表（表3-12）。

表3-12 投保单的填写技能训练评价表

| 被考评人 | |
|---|---|
| 考评地点 | |
| 考评内容 | 投保单的填写 |

续表

| | 内　容 | 分值 | 自我评价 | 小组评价 | 教师评价 | 实际得分 |
| --- | --- | --- | --- | --- | --- | --- |
| 考评标准 | 知道投保单各联的作用 | 20 | | | | |
| | 投保单填写清晰，无涂改 | 20 | | | | |
| | 投保单填写正确，无错误 | 30 | | | | |
| | 投保单填写完整，无遗漏项目 | 30 | | | | |
| 该项技能能级 | | | | | | |

注：(1) 实际得分 = 自我评价 ×20% + 小组评价 ×40% + 教师评价 ×40%。

(2) 考评满分为 100 分，60 ~ 74 分为及格，75 ~ 84 分为良好，85 分以上为优秀。

# 任务九　海运提单缮制

## 知识准备

### 一、海运提单的概念

海运提单（Bill of Lading）是承运人接到发货人的货物后，向发货人开具的表示收到货物的凭证。海运提单既是承运人出具的货物收据，又是承运人与发货人之间运输契约的证明，也是代表货物所有权的凭证。

### 二、提单的性质和作用

海运提单的性质及其作用如下。

(1) 提单是货物收据，表示提单签发人已经收到了提单所列货物。

(2) 提单是运输协议的证明。在班轮运输中，提单列明了承运人与托运人相互之间的权利和义务。

(3) 提单是物权凭证，收货人或提单的合法持有人，有权向承运人提取提单上列明的货物。它可以在船舶到达该货物应运抵的目的港之前办理转让手续，或凭以向银行办理抵押贷款手续。

### 三、提单的种类

常见的提单主要有以下几类。

1) 按提单上有无不良批注分为清洁提单和不清洁提单

(1) 清洁提单（Clean B/L）。指货物装船时“表面状况良好”，承运人在提单上未加任何有关货物受损或包装存在缺陷的不良批注。

(2) 不清洁提单（Unclean B/L）。指承运人在提单上加有货物受损或包装存在瑕疵等“货物表面状况”不良的批注。

在进出口业务中，通常都要求卖方提供“清洁提单”，尤其在信用证支付方式下，银行对运输单据的要求更为严格。《跟单信用证统一惯例》第 32 条 A 款规定，清洁运输单据是指单据上并无明确声称货物及（或）包装有缺陷的条文或批注；B 款规定，除非信用证上明确规定可以接受上述条款或批注，否则银行将拒收载有这类条款或批注的运输单据，此条款表明，银行将不接受不清洁运输单据，除非信用证特别授权。

2）按货物是否装船分为已装船提单和备运提单

（1）已装船提单（On Board B/L）。指承运人在货物已经装上指定船舶后所签发的提单。

（2）备运提单（Received for Shipment B/L）。备运提单又称收讫待运提单，是指承运人已收到托运货物，等待装船期间所签发的提单。这种提单上面没有载明装货日期，也没有注明船名，即使注明也只是拟装船名，将来货物能否装运和何时装运，都无法确定。因此，在实际业务中，买方一般不愿意接受备运提单。

3）按提单收货人的不同分为记名提单、不记名提单和指示提单

（1）记名提单（Staight B/L）。指提单的"收货人"栏内具体写明了收货人名称的提单。

由于这种提单只能由提单上指定的收货人提取货物，不能转让给第三者，因此记名提单不能流通。

（2）不记名提单（Open B/L）。指提单的"收货人"栏内不写具体的收货人名称，而仅写"To Bearer"（交持单人）的提单。不记名提单是可转让的提单，转让手续简便，无须作任何背书，仅凭交付即可。但这种提单风险较大，一旦遗失或被盗，提单持有人即可凭手中的单据向船公司提取货物。

（3）指示提单（Order B/L）。指提单的"收货人"栏目填有"To Order of ××"（凭××人指示），或"To Order"（凭指示）字样的提单。这种抬头的提单可以转让，但需要作"背书"手续。所谓背书（Endorsement）是指单据的权益人在单据的背面签字盖章，表示将本单据的权益转让给第三者。进行签字的转让人称为背书人（Endorser），受让的人称为被背书人（Endorsee）。发出指示的人不同则背书人不同。如为"To Order of Shipper"，转让时应由"托运人"背书；如为"To Order of ×× Bank"，转让时应由该指定的"银行"背书；如为"To Order of Consignee"，则由"收货人"背书。对于收货人栏为"To Order"，习惯上称为"空白抬头"的提单，虽然未列明具体的"指示人"，但根据业务惯例，转让时由"托运人"背书。

4）按运输方式可分为直达提单、转船提单和联运提单

（1）直达提单（Direct B/L）。指承运人签发的，货物从装运港装船后，中途不经过转船而直接运抵卸货港的提单。

（2）转船提单（Transhipment B/L）。指在装货港装货的船舶不直接驶达货物的目的港，而要在中途港换装其他船舶运抵目的港，由承运人为这种货物运输所签发的提单。

（3）联运提单（Combined Transport B/L）。指货物由海路、内河、铁路、公路和航空等两种以上不同运输工具共同完成全程运输时所签发的提单，这种提单主要用于集装箱运输。

5）按运费支付方式分为运费预付提单和运费到付提单

（1）运费预付提单（Freight Prepaid B/L）。指承运人在卖方支付运费的情况下签发的提单。

（2）运费到付提单（Freight to Collect B/L）。指承运人在装货港签发的，待货物到达目的港后，由收货人与承运人结算运费的提单。

6）按船舶营运方式的不同分为班轮提单和租船提单

（1）班轮提单（Liner B/L）。指班轮公司承运货物后签发给托运人的提单。

（2）租船提单（Charter Party B/L）。指承运人根据租船合同而签发的提单。这种提单受租船合同条款的约束。

7）按提单的适用效力分为正本提单和副本提单

（1）正本提单（Original B/L）。指在法律上和商业上都是公认有效的提单，这种提单上一般由承运人、船长或其代理人签名盖章并注明签发日期。正本提单上必须标明"正本"（Original）字样。

（2）副本提单（Copy B/L）。指提单上没有承运人、船长或其代理人签名盖章，仅作为工作参考用的提单。

8）其他种类提单

（1）倒签提单（Antedated B/L）。指货物实际装船完毕的日期迟于合同或信用证规定的最迟装运日，为使提单日期符合合同或信用证规定，托运人要求承运人在提单上倒填装船日期的提单。

（2）预借提单（Advanced B/L）。指货物尚未装船，而信用证的有效期已到（一般为双到期信用证），托运人为做到及时交单，且单证相符，而要求承运人预先借出提单，以此签发的提单。

需要指出的是，倒签提单和预借提单均需托运人提供担保函才能获得，英、美、法等国对担保函不承认，亚洲、欧洲一些国家认为只要未损害第三者利益，便不属非法，不过仍应严加控制。

（3）虚假提单。有一类提单被认定为属托运人与承运人的合谋欺诈行为，在这种情况下，收货人可以"伪造提单"为由拒绝提货，并可向法院起诉，扣留船舶，要求赔偿。这种提单称为虚假提单，承运人出具这种提单，将承担较大风险，即使承运人与托运人事前签有保证性文件，但由于这种文件本身不合法，不受法律保护，托运人随时可以摆脱责任。

（4）电子提单。电子提单是一种利用 EDI 系统对海运途中货物所有权进行转让的程序。电子提单采用现代电子通信网络（EDI 技术）传递单据，较传统的文件传递节省了时间和费用。

采用电子提单的提货方式，货物所有人在转让物权时应通知承运人，经承运人确认后由承运人通知被转让人，经被转让人确认后，承运人便销毁前手货物持有人的密码，然后向被通知人发出一个新的密码。

（5）舱面货提单，也叫甲板提单。这种提单银行一般不愿接受。因为货置舱面受损的可能性很大，且承运人对其风险不负赔偿责任，在发生共同海损时，这种风险损失也得不到分摊。因此，托运人必须加保甲板险（也叫舱面险）方可解决可能发生的风险损失问题。

舱面提单上应注明"在舱面"字样，对于活动物、危险品和体积过大的货物，只能装在甲板上运输，这时出具的提单为舱面提单。

（6）运输代理行提单。这种提单是运输代理人签发的提单，它只是运输代理人收到托运货物的收据，而不是可以转让的物权凭证，因此，银行一般不接受这种提单。除非信用证另有授权，银行将只接受运输代理行出具的表面上载有以下两项注明之一的运输单据：

① 作为承运人或多式运输经营人的运输行的名称并由其签署。

② 承运人或多式运输经营人的名称，并由作为承运人或多式运输经营人的具名代理人的运输行签署。

（7）过期提单。指由于出口商在取得提单后未能及时到银行议付的提单，因不及时而过期，形成过期提单，也称滞期提单。过期提单在运输合同下并不是无效提单，提单持有人仍可凭此要求承运人交付货物。

### 四、海运提单的填制方法

海运提单是出口业务中极为重要的单据之一，海运提单内容正确与否直接关系到出口商能否顺利结汇，进口商能否顺利提取货物。因此，在本部分学习中应重点掌握提单的内容以及填制方法。

1. 海运提单的内容

海运提单的格式并不统一，每家船公司都有自己的格式，但其具体内容和项目基本一致。通常海运提单包括正面和背面条款。

（1）提单正面条款。

① 托运人提供并填写部分：托运人、收货人、被通知人、货名及件数、标志及件数、重量和体积等。

② 承运人印就与填写部分：常见的印就内容有外表状况良好条款、内容不知条款及承认接受条款。

（2）提单背面条款。

提单背面条款主要规定承运人与货方之间的权利、义务和责任豁免，是双方处理争议时的主要法律依据。

我们在实际业务中所用到的海运提单，其背面内容通常是提前印制的固定条款，无须发货人与承运人讨论或更改，作为发货人或是承运人只需对提单正面的条款进行说明。

2. 海运提单的正面条款

（1）提单号码（B/L No.）。注明承运人及其代理人规定的提单编号，以便核查。

（2）托运人（Shipper）。通常是买卖合同中的卖方或信用证的受益人。又称托运人，即货物的实际发货人。托收支付方式下的提单发货人栏应按合同规定的卖方填制；信用证下的提单发货人栏一般填信用证的受益人名称和地址。如果信用证的受益人未规定地址，则提单发货人栏也可不加地址。如果信用证受益人并不实际办理发货，而是由第三者交货或办理交货，只要信用证没有禁止以第三者为发货人时，本栏允许以信用证之外的第三者作为发货人，但必须慎重。

（3）收货人或指示（Consignee or Order）。即通常所说的抬头人。在信用证或托收方式下，海运提单多为指示抬头，其收货人应填"to order of ××× Co"（凭××公司指定）、

"to order of ×××　Bank"（凭××银行指定）、"to order of shipper"（凭托运人指定）或 "to order"（凭指定）。

例如：信用证条款规定 "…Bill of Lading made out to order of ABC Co. …"，则收货人一栏打 "To order of ABC Co." 即凭 ABC Co. 指定。

信用证条款规定 "…Bill of Lading consigned to order of the issuing bank…"，则收货人一栏打 "To order of…（开证行）…bank" 即凭开证行的指定。

信用证条款规定 "…Bill of Lading made out to shipper's order…"，则收货人一栏中打制 "To shipper's order" 即凭托运人指定。

信用证条款规定 "…Bill of Lading consigned to order…" 或 "…Bill of Lading made out to order…"。则提单收货人栏中只要打 "to order" 即可，这种抬头即为空白抬头。

（4）被通知人和地址（Notify Party；Addressed to）。船到目的港后承运人的直接联系人。因为提单的收货人栏经常是指示式，甚至是不记名式，船方无法通知实际收货人，所以提单设立 "被通知人" 栏，以便船方在货到目的港后能及时给收货人或其代理人发出到货通知，使其按时办理有关手续。所以，被通知人就是收货人或其代理人。被通知人栏须提供详细地址。即使信用证未规定详细地址，为了单证一致，提单正本这一栏空白，但在副本这一栏内一定要加注详细地地址。被通知人的地址应该是目的港的地址；如果内容多打不下，则应在结尾部分打 "＊"，然后在提单 "描述货物内容" 栏的空白地方做同样的记号 "＊"，接着打完应填写的内容。这一方法对其他栏目的填写也适用。如果是记名提单或收货人指示提单且收货人有详细名址的，这一栏可以不填。托收项下填写买方的名址。

此栏目的主要目的是便于船公司在船到达目的港时能够和收货人联系。

（5）前程运输（Pre‑carriage by）。如货物需转运，则填写第一程船的船名（适合联运提单）；如货物不需转运，则此栏不必填写。

（6）装货港（Port of Loading）。填写装运港名称，且要与信用证规定一致。

在信用证或是合同中，经常会遇见没有规定具体装货港名称的情况，只是笼统地规定某个范围内的港口。在这种情况下，填制提单时一定要填写确定的具体装货港，而不能把信用证或合同中笼统的规定搬到提单中。如信用证中没有规定具体的装货港口，而实际装货港是上海港，这里应该填写 SHANGHAI，而不能写成 PORT IN CHINA。

（7）船名（Vessel）。按实际装船的船名、航次填写。如需转运，填写第二程船的船名。

（8）转运港（Port of Transshipment）。填写转运港口，如不转船，此栏空白。

（9）卸货港（Port of Discharge）。填写具体卸货港，如未转船，则填目的港，它必须与信用证及合同一致。

与装货港形似，在信用证或是合同中，也经常会遇见没有规定具体卸货港名称的情况，只是笼统地规定某个范围内的港口。在这种情况下，填制提单时同样要填写确定的具体卸货港，而不能把信用证或合同中笼统的规定搬到提单中。

（10）最后目的地（Final Destination）。按信用证规定的目的地填写。如果货物的最后目的地为卸货港时，也可空白这一栏。

（11）集装箱号或唛头号（Container seal No. or Marks and Nos.）。集装箱运输时填上集

装箱号码。若非集装箱运输，唛头按照实际运输标志填写，如果既没有集装箱号也没有唛头，则填 N/M。

（12）货物的件数、包装种类和货物的描述（Number and Kind of Packages Description of Goods）。按货物装船的实际情况填写总外包装件数、包装种类。如果提单项下商品的包装单位不止一种时，应分别表示，总包装数量应填 PACKAGES，而不应填其中的某种包装，如 80 箱，其中包括 60 木箱和 20 纸箱，可表示如下：

60 wooden cases

20 cartons

_____

80 packages

此栏目应按照实际装货的包装件数和包装种类填写，同时应该考虑与信用证要求的数量和包装种类相一致。如果散装货无件数时，本栏可表示"in bulk（散装）"。

货物的描述填写货物的总名称即可。

（13）毛重（Gross Weight）（千克）。除信用证有特别规定外，本栏目应填货物的实际毛重，和包装数量相对应，并以千克表示，若裸装货物没有毛重，只有净重，在净重前加注："N. W.（Net Weight）"。提单中的重量应与其他重量一致。

（14）尺码（Measurement）（立方米）。与装箱单上货物的总尺码一致，用立方米表示，小数保留三位。

本栏所表示的尺码及上述 13 栏表示的毛重主要供船方计算运费使用，所以既要与其他单据一致，还必须真实地表示货物实际尺码与重量，不得有误。例如，中国远洋运输公司提单在背面条款中有这样的规定："承运人有权在装运港或目的港查对发货人所报的货物数量、重量、尺码与内容。如所付的运费低于本来支付的运费，则承运人有权向货主收取货主对承运人的违约赔偿金，按实际货物与错报运费的两倍差额收取。"

（15）运费和费用（Freight and Charges）。在实际业务中，运费和费用一般是不对外公开的，除非信用证有特别规定。因此，此栏目一般是空白的或填写"FREIGHT AND CHARGE AS ARRANGED"。

（16）转船信息（Regarding Transshipment Information Please Contact）。本栏在转船情况下填写。

（17）运费预付地（Prepaid at）。填写运费的预付地点，在 CIF 和 CFR 条件下，运费的支付地在装运港。

（18）运费支付地（Freight Payable at）。填写运费的支付地点，在 FOB 条件下，则应该在卸货港。

（19）签单地点和日期（Place and Date of Issue）。提单签发地点为货物实际装运的港口和接受监管的地点。但内地有的公司常采取先通过铁路运输将货物运往口岸装船，由内地的船公司代理签发海运提单。例如由长春发往香港装船到伦敦，签单地点及签发日期后打上"Changchun，×年×月×日"，再批注"shipped on board in Hong Kong ×年×月×日"字样。这样既明确了实际签单地，也明确了在某地已装船。

海运提单签发日期应为装完货的日期，提单日期不得晚于装运期，已装船提单的出单日期即为提单装运日期。

（20）全部预付（Total Prepaid）。填写运费是否全部预付。

（21）正本提单份数（Number of Original Bs/L）。用大写数字填写。一般是 1~3 份。如来证对提单正本份数有具体规定，则按来证要求办理。如规定："Full set of B/L"（全套提单），习惯作三份正本提单解释。如来证规定"3/3 Marine bills of lading…"则表明船公司开立的正本提单必须是三份，并且三份正本提单都要提交给银行作为议付单据。（3/3）分子数字指交银行的份数，分母数字指应制作的正本份数。近年来，信用证要求卖方在装船后寄一份正本提单给买方。这种做法于买方提货和转口贸易以及较急需或易腐烂的商品贸易有利，但对卖方却有货权已交出而被拒付的风险。

（22）承运人或船长的签名（Signed for the Carrier）。每张正本提单有承运人或其代理人签章才能生效。任何承运人或船长的签署必须表明其为承运人或船长。若承运人或船长的代理人的签署或证实也必须表明被代理方，如承运人或船长的名字和资格。曾经有过我出口新加坡大米的提单未显示承运人的名字，致使我方降价出售的案例，足以说明这一问题的重要性。

任何一种运输单据必须由其承运人盖章才能生效，这是承运人的义务。

（23）提单背书（Endorsement）。提单背书分为记名背书和空白背书。记名背书在提单背面打上"endorsed or deliver to ×××Co."然后由托运人签章。一般信用证要求空白背书，即由托运人在提单背面签章即可。

【海运提单范例】

| 1. Shipper Insert Name, Address and Phone | B/L No. |
|---|---|
| 2. Consignee Insert Name, Address and Phone | 中远集装箱运输有限公司 COSCO CONTAINER LINES TLX: 33057 COSCO CN FAX: +86(021) 6545 8984 **ORIGINAL** |
| 3. Notify Party Insert Name, Address and Phone (It is agreed that no responsibility shall attach to the Carrier or his agents for failure to notify) | Port-to-Port or Combined Transport **BILL OF LADING** RECEIVED in external apparent good order and condition except as otherwise noted. The total number of packages or unites stuffed in the container, the description of the goods and the weights shown in this Bill of Lading are furnished by the Merchants, and which the carrier has no reasonable means of checking and is not a part of this Bill of Lading contract. The carrier has issued the number of Bills of Lading stated below, all of this tenor and date, one of the original Bills of Lading must be surrendered and endorsed or signed against the delivery of the shipment and whereupon any other original Bills of Lading shall be void. The Merchants agree to be bound by the terms and conditions of this Bill of Lading as if each had personally signed this Bill of Lading. SEE clause 4 on the back of this Bill of Lading (Terms continued on the back hereof, please read carefully). *Applicable Only When Document Used as a Combined Transport Bill of Lading. |

| 4. Combined Transport * Pre - carriage by | 5. Combined Transport * Place of Receipt | |
| 6. Ocean Vessel Voy. No. | 7. Port of Loading | |
| 8. Port of Discharge | 9. Combined Transport * Place of Delivery | |

续表

| Marks & Nos. Container / Seal No. | No. of Containers or Packages | Description of Goods (If Dangerous Goods, See Clause 20) | Gross Weight Kgs | Measurement |
|---|---|---|---|---|
| | | | | |
| | | Description of Contents for Shipper's Use Only (Not part of This B/L Contract) | | |

| 10. Total Number of containers and/or packages (in words) | | | | | | |
|---|---|---|---|---|---|---|
| Subject to Clause 7 Limitation | | | | | | |
| 11. Freight & Charges | Revenue Tons | Rate | Per | | Prepaid | Collect |
| Declared Value Charge | | | | | | |

| Ex. Rate: | Prepaid at | | Payable at | | Place and date of issue | |
|---|---|---|---|---|---|---|
| | Total Prepaid | | No. of Original B(s)/L | | Signed for the Carrier, COSCO CONTAINER LINES | |

| LADEN ON BOARD THE VESSEL | | | |
|---|---|---|---|
| DATE | | BY | |

在实际业务中，海运提单是由船公司或船公司的代理依据发货人或发货人的货运代理人提供的装货单（俗称下货纸）制作的。因此作为发货人或货运代理人，除了应掌握装货单的制作，更应该掌握如何审核提单的内容，并判断提单是否符合信用证或合同的要求。

### 实训技能

1. 实训内容

货物装船完毕，船公司向发货人开具海运提单。

2. 实训目的

掌握海运提单的基本内容。

3. 实训准备

了解海运提单的作用。

4. 实训步骤

步骤一：掌握海运提单的内容及填制方法。

步骤二：填制并审核海运提单。

步骤三：学生展示成果，各组相互评议。

步骤四：教师点评，重点讲解。

5. 实训评价

海运提单填写审核技能训练评价表（表3-13）。

表3－13　海运提单填写审核技能训练评价表

| 被考评人 | | | | | |
|---|---|---|---|---|---|
| 考评地点 | | | | | |
| 考评内容 | 海运提单 | | | | |
| 考评标准 | 内　容 | 分值 | 自我评价 | 小组评价 | 教师评价 | 实际得分 |
| | 知道海运提单各联的作用 | 20 | | | | |
| | 海运提单填写清晰，无涂改 | 20 | | | | |
| | 海运提单填写正确，无错误 | 30 | | | | |
| | 海运提单填写完整，无遗漏项目 | 30 | | | | |
| 该项技能能级 | | | | | | |

注：（1）实际得分 = 自我评价×20% + 小组评价×40% + 教师评价×40%。

（2）考评满分为100分，60～74分为及格，75～84分为良好，85分以上为优秀。

# 五、拓展训练

本公司广浩国际货运代理有限公司受同行上海浦东国际货运有限公司委托完成1×20尺普货箱海运出口业务，由SHANGHAI至VANCOUVER，交货地为CHICAGO，运费到付。

发货人为：

SHANGHAI HUIZHONG MARBLE CO.，LTD. NO. 918

JIAXIN ROAD JIADING INDUSTRIAL AREA

SHANGHAI 201818 CHINA

TEL：+86－21－59901688 FAX：+86－21－39519076

国外收货人为：

TERRAZZO & MARBLE SUPPLY COMPANIES 77 SOUTH

WHEELING RD，WHEELING，IL 60090 U. S. A

TEL：847－353－8000 FAX：847－353－8696

通知人：

RIM LOGISTICS 1226 MICHEAL DRIVE，SUITE

C，WOOD DALE，IL 60191，U. S. A.

TEL：630－595－0610 FAX：630－595－0614

货物信息：

唛头：TERRAZZO

NO. 00033507

CHICAGO

NO. 1－7

DESC OF GOODS：GRANITE POLISHED SLABS

AT 3CM THICKNESS

PKGS：7BUNDLES

GW：18,000KGS

VOL：8.75

出分单给客户，海外代理为 WSA LINES INTERNATIONAL LTD.（105030）

由本公司负责报关

装箱方式为客户自拉自送

向天津海峡货运有限公司（TJHXHY）订舱，船名：ZIM USA 航次 V.030E

船期 2016 年 7 月 28 日

装箱信息：

CONTAINER NO：GLDU2963973

SEAL NO：0121416

MB/L NO：SHCHI3AL745

HB/L NO：同业务编号

此业务产生费用如下：

向客户收取报关费 CNY100.00、订舱费 CNY200.00、改单费 USD80.00。

向海外代理收取海运费 USD2,500、AMS 费 USD25.00。

支付天津海峡货运有限公司海运费 USD2,356.00、订舱费 CNY200.00、操作费 CNY100.00、改单费 CNY330.00、AMS 费 USD25.00。

请您作为广浩货运代理有限公司业务操作人员，完成该票货物的货代操作。

项目三 授课资料

# 国际海运进口货运代理

## 一、技能目标

1. 具有利用系统操作海运进口货运代理流程的能力。
2. 具有准备进口单据的能力。
3. 具有进口接货的能力。
4. 具有报检、报关的能力。
5. 具有进口提取货物的能力。

## 二、知识目标

1. 了解国际进口货运代理委托业务。
2. 掌握进口接货准备业务。
3. 掌握进口提货程序。

## 三、工作任务

完成海洋进口货运代理业务：
1. 进口委托及单据准备。
2. 进口接货准备。
3. 进口报检。
4. 进口报关。
5. 进口提取货物。

## 四、实训项目

### 项目背景

本公司广浩国际货运代理有限公司自揽一个 20 尺小柜的进口代理业务，货物由日本大阪至上海，运费到付。

委托人为上海长江服饰有限公司

国外发货人为 MARKPOINT INTERNATIONAL LTD. （MIL）

WOODBOURNE HALL PO BOX 3162 ROAD TOWN TORTOLA BRITISH VIRGIN ISLANDS

通知人 SAME AS CONSIGNEE

MARKS：05C5010M

OSAKA

ITEM NO.

C/M NO.

MADE IN CHINA

DESC OF GOODS：WOMEN'S SHIRTS

PKGS：284CARTONS

GW：4，828KGS

VOL：17.52

运输条款 CY－CY

承运人为美国总统轮船公司（APL），船名 APL CORAL 航次 V.126W

到港日为 2016 年 7 月 30 日

MB/L NO.：AHLE3323587

HB/L NO.：WSA38912011

本项目将以 CIF 成交条件为例，来完成进口货运代理业务。

任务内容：完成海运进口货运代理业务

### 项目分析

本项目是集装箱整箱货海运进口业务，采用 CIF 成交条件，故可省去租船订舱、购买保险的业务。所以，完成此项目，主要通过以下几个任务。

# 任务一  认知海运进口货运业务流程

### 知识准备

## 一、进口合同履行的基本程序

在进口业务中，作为买方，履行合同的基本程序如下：

申请开立信用证、租船订舱（FOB 条件）、船期通知（FOB 条件）、接受装船通知、办理保险（CIF 由卖方投保）、付款赎单、接货准备、进口报验、进口报关、提取货物等。

## 二、海运进口货运代理业务程序

海运进口货运代理业务是我国货代业务中涉及面最广、线最长、量最大、货种最复杂的货代业务。完整的海运进口业务，从国外接货开始，包括安排装船、安排运输、代办保险，直至货物运到我国港口后的卸货、接运、报关报检、转运等业务。

以 FOB 成交条件的进口业务为例，货运代理的主要业务范围和程序如下：

1. 委托与单据准备

（1）货运代理接受进口商的委托，代理其租船订舱，待完成租船订舱后，应及时将租船订舱信息通知委托人即进口商，以便进口商将其所预定的船期通知出口商，出口商根据船期情况准备出口货物。

（2）出口商发运货物后，将单据通过议付行交到开证行或付款行。进口商应及时向开证行或付款行赎单，并将相关单证尽早交给货运代理公司，由其向船公司或其代理公司换取提货单，以备报验、报关和提货时使用。

2. 接货准备

（1）出口商转运货物后，会将装船通知发给进口商。进口商接到装船通知后应及时与货运代理公司联系，密切关注船舶运行情况，了解船舶到港时间，安排好港口接货工作。

（2）进口商在接到装船通知之后，应立即向保险公司办理投保事宜，或委托货运代理公司代理其办理保险投保事宜。

（3）得到船公司或其代理关于船舶的确切到港时间后，货运代理公司应及时与港口落实供船舶停靠的泊位及其相关手续（对于班轮集装箱运输，此项工作由船公司或其代理直接与港口联系）。

3. 检验检疫

在船舶卸货完毕后，办理检验检疫申报手续，并取得检验检疫放行。

4. 报关

待检验检疫放行后，凭检验检疫通关单或盖放行章的入境检验检疫报验单向海关申报，配合海关审单、查验并缴纳关税和相关费用后，办理海关放行。

5. 提取货物

凭海关盖放行章的提货单到港口货运部门办理提取货物。

6. 保险索赔

提取货物后，如果发现货物出现损失，应及时按照保险合同的规定准备相关索赔单证，向保险公司索赔。如果在运输途中货物遭受损失，在得到船公司的海事证明后，即可以向保险公司提出索赔。

## 实训技能

1. 实训内容

绘制集装箱整箱货进口流程图，并简要叙述操作步骤。

2. 实训目的

掌握集装箱整箱货进口流程。

3. 实训准备

将学生分组，每组5~6人，教师准备空白纸张，及船代、货代、集装箱船、卖方、买方、商检、海关等标志图标，以及笔、剪刀各组一套，分发给每组。

4. 实训步骤

步骤一：组内学生讨论。

步骤二：用分发的工具，在白纸上剪贴图标，画上集装箱货物进口流程图。

步骤三：每组选派代表简要叙述操作步骤。

5. 实训评价

海运进口货代流程图绘制技能训练评价表（表4-1）。

表4-1 海运进口货代流程图绘制技能训练评价表

| 被考评人 | | | | | | |
|---|---|---|---|---|---|---|
| 考评地点 | | | | | | |
| 考评内容 | 海运进口货代流程图绘制 | | | | | |
| 考评标准 | 内 容 | 分值 | 自我评价 | 小组评价 | 教师评价 | 综合评价 |
| | 各组材料、海运进口流程图绘制 | 60 | | | | |
| | 各组上台分享的演讲能力 | 40 | | | | |
| 该项技能得分 | | | | | | |

注：（1）实际得分＝自我评价×20%＋小组评价×40%＋教师评价×40%。

（2）考评满分为100分，60~74分为及格，75~84分为良好，85分以上为优秀。

# 任务二　进口委托及资料准备

## 知识准备

### 一、进口货运代理委托

货运代理人与货主双方建立的委托关系可以是长期的，也可以是就某一批货物而签订的。在建立长期代理关系的情况下，委托人往往会把代理人写在合同的一些条款中。这样，国外发货人在履行合约有关运输部分时会直接与代理人联系，从而有助于提高工作效率和避免联系脱节的现象发生。在货代与货主双方之间订立的协议中，通常应明确以下项目：

（1）委托人和代理人的全称及其注册地址。

（2）代办事项的范围，如是否包括海洋运输，是否包括装运前的拆卸工作、集港运输等，到港后是提单交货还是送货上门等。明确了代办事项范围，则一旦发生意外，就能判明双方责任，也可以避免因双方职责不明而造成的损失。

（3）委托方应该提供的单证及提供的时间。提供的时间应根据该单证需用的时间而定。

（4）服务收费标准及支付时间、支付方法。

（5）委托方和代理人的特别约定。

（6）违约责任条款。

（7）有关费用如海洋运费、杂费及关税等的支付时间。

（8）发生纠纷后，协商不成的解决途径及地点。通常解决争议的途径有仲裁或诉讼等，地点可以在双方同意的地点，仲裁一般在契约地，诉讼则可以在契约地，也可以在被告所在地。

（9）协议必须加盖双方公章并经法定代表人签字，这是协议成立的要件。如果是就某一批货物而委托货代公司办理进口业务，则需要签发进口货运代理委托书。

进口货运代理委托书的主要内容如下。

（1）委托单位名称：一般是进口商。

（2）受理单位：一般是货运代理公司。

（3）船名航次号：运载进口货物船舶的名称与航次号码。

（4）合同号：进出口合同号码。

（5）提单号：海运提单号。

（6）装运港：国外的装货港口。

（7）卸货码头：应是具体的卸货码头名称，不能只写港口名称。

（8）靠泊时间：船舶到港时间；在确报之前，此为预报时间，具体时间以确报为准。

（9）商品编码：海关商品编码。

（10）中英文货名：货物名称。

（11）件数：运输包装数量。

（12）毛重：总毛重。

（13）净重：总净重。

（14）尺码：总体积数。

（15）进口委托事项：即委托货运代理公司办理的具体事项。

（16）随附单证：提交的单证名称及份数。

（17）单证特殊要求说明：一般空白，只是在对货运代理公司有单证方面的特殊要求时填写，如返换手册、许可证等。

（18）运输特殊要求说明：对特殊商品而言，委托书内容一是用来填制入境货物报检单和进口货物报关单，二是明确双方的责任以及应办理的事项。

【进口委托书范例】

| 进口委托书 | | | | | | | |
|---|---|---|---|---|---|---|---|
| | | | | 委托日期： | 年 月 日 | | |
| 委托单位名称 | | | | | | | |
| 合　同　号 | | | | 受理单位 | | | |
| 船　名　航　次 | | 提单号 | | 20′ | 40′ | 特种规格箱 | |
| 装运港 | | 卸港码头 | | | 靠泊时间 | | |
| 商品编码（H.S.） | 中英文货名 | 件数 | 毛重（KGS） | 净重（KGS） | 散货、大件尺码（M） | | |
| | | | | | | | |

| 进口委托事项∨ | 换单 | 报关 | 口岸商检 | 动植物检疫 | 卫生检疫 | 熏蒸 | 进口分拨（CFS） | 散货运输 | 集箱门到门 | 代办保险 | 随付单证 | 商业发票 | 重量单/装箱单 | 进口许可证 | 机电产品证 | 征免税表 | 原产地证明书 | 危险品申报 | 先征后返 | 合同 | 正（副）本提单 |
|---|---|---|---|---|---|---|---|---|---|---|---|---|---|---|---|---|---|---|---|---|---|
| | | | | | | | | | | | 份 | 2 | 2 | | | | 2 | | | 1 | 3 |

单证特殊要求说明：　　　　　　　　　　　运输特殊要求说明：

进口委托书及声明事项：

1. 本进口业务委托书均由委托人填写。

2. 委托书一式两份，委托人和××货代公司各执一份。

3. 费用结算按协议或费用确认书。

委托单位：　　　　　　　　　　　　　受托单位：××国际货运代理有限公司

　　签名（盖章）　　　　　　　　　　　　签名（盖章）

　　联系人：　　　　　　　　　　　　　　联系人：

　　地址：　　　　　　　　　　　　　　　地址：

　　电话：　　　　　　　　　　　　　　　电话：

　　传真：　　　　　　　　　　　　　　　传真：

## 二、单据准备

货运代理接到进口商的委托后，即应着手接受单据，并审核业务所需的所有单据，特别是提单和保险单（对 CIF 成交条件）的背书是否符合信用证要求，其他单证是否相互一致，单证是否齐全等。

1. 进口货运业务单证

货主委托货代办理进口货运业务单证主要包括进口货运代理委托书、进口订舱联系单、提单、发票、装箱单、保险单、进口许可证、机电产品进口登记表以及木箱包装熏蒸证明等其他单证。

2. 审核单证

（1）综合审核的要点，检查规定的单证是否齐全，包括所需单证的份数。

（2）检查所提供的文件名称和类型是否符合要求。

（3）有些单证是否按规定进行了认证。

（4）单证之间的货物描述、数量、金额、重量、体积、运输标志等是否一致。

（5）单证出具或提交的日期是否符合要求。

## 实训技能

**1. 实训内容**

上海长江服饰有限公司委托广浩国际货运代理有限公司办理"WOMEN'S SHIRTS"的进口货运代理业务，现制作一份进口货运代理委托书，并在货代软件系统中输入委托书信息。

**2. 实训目的**

掌握进口货代委托书的填制方法，学会在软件中输入委托信息。

**3. 实训准备**

将学生分组，每组 5~6 人。各组分别准备一张空白的海运进口委托书。

**4. 实训步骤**

步骤一：认识进口货运代理委托书范本。
步骤二：各组学生讨论，根据业务，查找资料，分组填制审核进口委托书。
步骤三：选派两组代表上台展示填制的进口委托书。
步骤四：其他组学生分析、评价、补充。
步骤五：教师点评，总结，并提供标准的海运进口委托书。

**5. 实训评价**

海运进口货运代理委托书的填写技能训练评价表（表4-2）。

表4-2　海运进口货运代理委托书的填写技能训练评价表

| 被考评人 | | | | | | |
|---|---|---|---|---|---|---|
| 考评地点 | | | | | | |
| 考评内容 | 货运代理委托书的填写 | | | | | |
| 考评标准 | 内　容 | 分值 | 自我评价 | 小组评价 | 教师评价 | 实际得分 |
| | 知道委托书各联的作用 | 20 | | | | |
| | 委托书填写清晰，无涂改 | 20 | | | | |
| | 委托书填写正确，无错误 | 30 | | | | |
| | 委托书填写完整，无遗漏项目 | 30 | | | | |
| | 该项技能能级 | | | | | |

注：（1）实际得分 = 自我评价×20% + 小组评价×40% + 教师评价×40%。
（2）考评满分为100分，60~74分为及格，75~84分为良好，85分以上为优秀。

# 任务三　进口接货准备

## 知识准备

### 一、船期确定

为保证收货人及时接到货物，避免因为没有得到准确的船期报告，延误了办理进口货物的提货手续，造成集装箱滞港，而产生保管费、再次搬运费、集装箱超期使用费等不应发生的费用，给收货人造成损失，货运代理应在接到收货人提交的装运港装船通知后，密切联系船公司或其代理公司，随时掌握进口船舶的运行状态，做好接船、接货的准备工作。

船期报告分船期预报和船期确报两个阶段，船舶到港前 72 小时为船期预报，船舶到港前 24 小时为船期确报。

货运代理掌握船期和获得有关船舶运行状态的主要渠道如下：

（1）装港的分支机构或代理提供的有关船舶动态。

（2）各大船公司提供的船期表或船舶动态表。

（3）收货人向货运代理提供的进口货物装船情况。

（4）国外发货人寄来的货运单证或发送电报所提供的船期。

（5）各船公司卸港代理提供的进口货物船舶时间表。

## 二、提货通知

根据我国《集装箱管理规则》，卸港船公司或其代理应在规定的时间内向收货人或其货运代理人发送提货通知书。

（1）对于整箱交货的，填制整箱交货记录，在集装箱货物运达提单注明的交货地点后，卸港船公司或其代理的业务部门应在即日向收货人发出加盖本公司"进口业务专用章"的到货通知书，通知收货人或其代理人到通知书指定的地点提取货物。

（2）对于拆箱交货的，填制拆箱交货记录，对于拆箱交付的进口集装箱货物，港口或内陆中转站、货运站应在卸船后或集装箱运抵内陆中转站或货运站后 4 天内拆箱完毕，并向收货人发出催提通知，通知收货人或其代理人到通知书中指定的内陆中转站或货运站提取货物。

接到提货通知书后，货代打印到货通知单，通知收货人。

## 三、换取提货单

### 1. 提单的背书

收货人向银行付款后，得到全套信用证单据，还包括表示物权证明的货运单据——提单。在通常情况下，提单的收货人会被制成指示式、记名式和不记名式三种格式。

（1）指示提单上不列明收货人，凭背书进行转让，有利于资金的周转，所以在国际贸易中应用较普遍。指示提单按照表示指示人方法的不同分为以下三种：

① 托运人指示提单，又称空白抬头提单。在收货人栏内只填记"指示—TO ORDER"字样，由托运人背书后转让。这种提单在托运人未指定收货人或受让人之前，货物所有权仍属于卖方。在跟单信用证支付方式下，托运人就是以议付银行或收货人为受让人，通过转让提单而取得议付货款的。与记名指示提单不同，这种提单没有经提单指定的人背书才能转让的限制，转让时只凭托运人的空白背书即可，所以其流通性更大。

② 记名指示人提单，又称指示抬头提单。收货人栏内填记"某某指示—TO ORDER OF..."。根据指示方不同分为凭托运人 SHIPPER 的指示、凭收货人指示或凭进口方银行指示等，分别需托运人、收货人或进口方银行背书后方可转让或提货。

③ 选择指示人提单。如果在收货人栏内填记"某某或指示"，则称为选择指示人提单。记名指示提单中"某某"相当于记名指示提单，"或指示"相当于托运人指示提单。指示提单一经背书即可转让，意味着背书人确认该提单的所有权转让。指示提单背书有空白背书 BLANK ENDORSEMENT 和记名背书 SPECIAL ENDORSEMENT 两种：空白背书是由提单转让人在提单背面签上背书人单位名称及负责人签章，但不注明被背书人的名称。空白背书的使用方法是在提单后面盖背书人公司的发票章就行了。空白背书的流通性强，采用较普遍。记名背书除同空白背书需由背书人签章外，还要注明被背书人的名称。如被背书人再进行转让，必须再加背书（如信用证出口业务中，出口商以发货人的身份作成开证行的记名背书，信用证规定提单收货人是议付行，在寄单前，议付行作成记名背书给开证行，进口商付款赎单时，若提单抬头人或被背书人是开证行，由开证行背书给进口商）。

（2）记名提单在收货人 CONSIGNEE 一栏内列明收货人名称，货物只能交与列明的收货人，这种提单失去了代表货物、可转让流通的便利，但同时也可以避免在转让过程中可能带来的风险。

（3）不记名提单，又称来人抬头提单，提单上不列明收货人名称。这种提单不需要任何背书手续即可转让或提取货物，极为简便。承运人应将货物交给提单持有人，谁持有提单，谁就可以提货，承运人交付货物只凭单，不凭人。这种提单丢失或被窃，风险极大，若转入恶意的第三者手中，极易引起纠纷，因此国际上较少使用这种提单。另外，根据有些班轮公会的规定，凡使用不记名提单，在给大副的提单副本中必须注明卸货港通知人的名称和地址。

收货人完成提单签字盖章手续后，应持提单向船公司或其代理人办理换取提货单。

2. 换取提货单

1）提单的审核

如正本提单由提货人出具，需对提货人所出具的提单进行审核，内容包括：

（1）确认船公司对该票货物是否有扣货指示，如有，则及时协助收货人与船公司联系，并协助解决放货问题。

（2）检查与舱单中该票货物的有关内容是否一致。

（3）提单是否为船公司正本海运提单，如船公司或其代理提供的有关单证资料中有签发提单复印传真件，要将收货人出示的正本提单与提单复印传真件核对，以确认其真实性。

（4）对于指示提单需审核背书是否连贯、完整。

（5）海运费等费用是否到付，如是，则根据船公司的指示收取运费或其他费用。

2）正本提单的回收

正本提单的回收，要求提货人在正本提单背面加盖公章或公司的授权章（需有授权证明书在本公司备案）、提货人签名、注明身份证号码及提货日期。分以下几种情况，收回正本提单，并在收回的正本提单上签字或盖核销章。

（1）一般情况下，收回三份正本中的一份即可，在特殊情况下按船公司要求收回全套正本提单，才可签发提货单。

（2）对于改港货物，必须收回全套正本海运提单。

（3）对于转船货物，能否接受收货人出具的全程海运提单，需依据舱单上的注明或船东书面提示。

3）签发提货单

凭带背书的正本提单（如果是电报放货，可带电报放货的传真件与保函）去船公司或船舶代理部门换取提货单和设备交接单。

提货单共分五联，白色为提货联、蓝色为费用账单、红色为费用账单、绿色为交货记录、浅绿色为交货记录。提单的收货人可以是指示式的，但提货单的收货人栏目必须是记名式的。

设备交接单是集装箱进出港区、场站时，用箱人、运箱人与管箱人或其代理人之间交接集装箱及其他机械设备的凭证，并兼管箱人发放集装箱的凭证的功能。当集装箱或机械设备在集装箱码头堆场或货运站借出或回收时，由码头堆场或货运站制作设备交接单，经双方签字后，作为两者之间设备交接的凭证。

正本提单经审核无误后，船公司或其代理应在提货单上加盖船公司或其代理的"进口提货章"（如果是运费到付情况，收货人应先支付到付运费，再办理换取提货单手续）。提货单的签发是采用与正本提单相交换的形式进行的。

## 实训技能

### 1. 实训内容

广浩国际货运代理有限公司从提单上得知提单是由 APL 签发的，随即在网上查询船期表，确定船舶将于 2016 年 7 月 30 日到达上海港。确定船期后，广浩国际货运代理有限公司应持有上海长江服饰有限公司作为背书人做背书（在提单的背书人处签字盖章）的提单。

在集装箱货物运达提单注明的交货地点后，制作到货通知书，通知收货人，同时，凭提单到船公司换取提货单。

### 2. 实训目的

利用网络查询各大船公司的船期表，学会在软件中输入委托信息，并制作到货通知书。

### 3. 实训准备

将学生分组，每组 5~6 人，各小组分组讨论完成实训操作。

### 4. 实训步骤

步骤一：利用网络查询船公司的船期表，并提交船期表。

步骤二：各组选派学生代表讲解船期表所表示的意思。

步骤三：货代软件系统操作，制作到货通知单。

由于是整箱业务，所以不需舱单输入，直接在接单中输入预报信息。海外预报，即收到国外代理的 PRE-ALERT（船期预报）后将收货人、船名航次资料、MB/L&HB/L NO. 输入系统，并需要打印出到货通知后，向收货人发出到货通知单。如果是分拨业务则要先进行舱单输入。

步骤四：组织学生进行软件操作练习，教师巡视教室，并做相应的指导。

步骤五：安排学生代表演练，其他学生评议，教师指导并纠正错误。

步骤六：学生修正进口接单操作错误之处。

5. 实训评价

进口接货准备技能训练评价表（表4-3）。

**表4-3　进口接货准备技能训练评价表**

| 被考评人 | | | | | |
|---|---|---|---|---|---|
| 考评地点 | | | | | |
| 考评内容 | 进口接货准备技能训练 | | | | |
| 考评标准 | 内　　容 | 分值 | 自我评价 | 小组评价 | 教师评价 | 实际得分 |
| | 明晰船期表的各项功能 | 20 | | | | |
| | 会制作到货通知书 | 30 | | | | |
| | 熟练接货准备工作 | 30 | | | | |
| | 能发挥团队合作精神 | 20 | | | | |
| | 该项技能能级 | | | | | |

注：（1）实际得分 = 自我评价×20% + 小组评价×40% + 教师评价×40%。

（2）考评满分为100分，60~74分为及格，75~84分为良好，85分以上为优秀。

# 任务四　进口报检

## 知识准备

### 一、进口商品检验检疫

进口商品检验检疫的含义和内容在项目三任务六中已做介绍，这里不再赘述。

1. 入境货物检验检疫的报检方式

（1）进境一般报检。进境一般报检是指法定检验检疫入境货物的货主或其代理人，持有关单证向卸货口岸检验检疫机构申请取得《入境货物通关单》，并对货物进行报检。对进境一般报检业务而言，签发《入境货物通关单》和对货物的检验检疫都是由口岸检验检疫机构完成的。

（2）进境流向报检。进境流向报检也称口岸清关转异地进行检验检疫的报检，指法定入境检验检疫货物的收货人或代理人持有关单证在卸货口岸检验机构报检，获取《入境货物通关单》并通关后，由进境口岸检验检疫机构进行必要的检疫处理，货物调往目的地后再由目的地检验机构进行检验检疫监管。申请进境流向报检货物的通关地与目的地属于不同辖区。

（3）异地施检报检。异地施检报检是指已在口岸完成进境流向报检，货物到达目的地后，该批货物的货主或代理人在规定时间内向目的地检验检疫机构申请进行检验检疫的报检，异地施检报检时应提供口岸签发的"入境货物调离通知单"。

2. 入境货物报检的地点和时限

单证中规定检疫地点的按规定地点报检；大宗散装货物，容易腐烂变质的、废旧的货物，在卸货时发现破损或残缺的货物必须在口岸检疫机构检验；开箱后难以恢复或需要调试检验的设备在收货人所在地检验；其他货物应在入境前或入境时向报关地检验机构办理报检手续。

入境货物需对外索赔出证的，应在索赔有效期前不少于20天内向到货口岸或到达地检验机构报检。输入微生物、人体组织、生物制品、血液及其制品或种畜、禽及其精液、胚胎、受精卵，应在入境前30天报检；输入其他的动物，应在入境前15天报检；输入植物、种子、种苗及其他繁殖材料的，应在入境前7天报检。

3. 入境货物报检应提供的单据

报检入境旧机电产品的还应提供与进口旧机电产品相符的进口许可证明。入境的动植物及其产品，在提供贸易合同、发票、产地证书的同时，还必须提供输出国家或地区官方的检疫证书；需办理入境审批手续的，还应提供入境动植物检疫许可证。入境旅客、交通员工携带伴侣动物的，应提供进境动物检疫审批单及预防接种证明。入境食品报检时，应按规定提供《进出口食品标签审核证书》或《标签审核受理证明》。入境化妆品报检时，应按规定提供《进出口化妆品标签审核证书》或《标签审核受理证明》。来自美国、日本、欧盟和韩国的入境货物报检时，应按规定提供有关包装情况的证书和证明。

4. 入境检验检疫的一般流程

同出境检验检疫的流程基本相似，也需经过报检、抽样、检验检疫和签证放行四个环节。

## 二、入境货物报检单

1. 报检单填制总体要求

（1）同一合同、同一商业发票、同一提单填写一份报检单。如果同一货运单中既有动物产品，又有植物产品，需按动物类和植物类分开报检。

（2）书写工整，字迹清晰，不得随意涂改，项目填写齐全；对栏目内容确实无法填写的，应注明"无"或"/"；任何人不得擅自涂改已受理报检的单据。

（3）详细列明联系人、电话号码，加盖报检单位公章；报检日期按检验检疫机构受理报检日期填写。

2. 报检单各项内容要求

（1）编号：由检验检疫机构报检受理人员填写，前6位为检验检疫机构代码，第7位为报检类代码，第8、9位为年代码，第10～15位为流水号。实行电子报检后，该编号可在受理电子报检的回执中自动生成。

（2）报检单位：填写报检单位的全称。

（3）报检单位登记号：填写报检单位在检验检疫机构备案或注册登记的号码。

（4）联系人：填写报检人员姓名。电话：填写报检人员的联系电话。

（5）报检日期：检验检疫机构实际受理报检的日期，由检验检疫机构受理报检人员填写。

（6）收货人：填写外贸合同中的收货人。应用中英文对照填写。

（7）发货人：填写外贸合同中的发货人。

（8）货物名称（中/外文）：填写本批货物的品名，应与进口合同、发票名称一致，如为废旧货物应注明。

（9）H. S. 编码：填写本批货物的商品编码（8 位数或 10 位数编码）。以当年海关公布的商品税则编码分类为准。

（10）产国（地区）：填写本批货物生产/加工的国家或地区。

（11）数/重量：填写本批货物的数/重量，应与合同、发票或报关单上所列的货物数/重量一致，并应注明数/重量单位。

（12）货物总值：填写本批货物的总值及币种，应与合同、发票或报关单上所列的货物总值一致。

（13）包装种类及数量：填写本批货物实际运输包装的种类及数量，应注明包装的材质。

（14）运输工具名称号码：填写装运本批货物的运输工具的名称和号码。

（15）合同号：填写对外贸易合同、订单或形式发票的号码。

（16）贸易方式：填写本批货物进口的贸易方式，如一般贸易、三来一补、边境贸易、进料加工、其他贸易。

（17）贸易国别（地区）：填写本批进口货物的贸易国别（地区）。

（18）提单/运单号：货物海运提单号或空运单号，有二程提单的应同时填写。

（19）到货日期：填写本批货物到达口岸的日期。

（20）启运国家（地区）：填写装运本批货物的交通工具的启运国家或地区。

（21）许可证/审批号：需办理进境许可证或审批的货物应填写有关许可证号或审批号。

（22）卸毕日期：按货物在口岸卸毕的实际日期填写。

（23）启运口岸：填写装运本批货物的交通工具的启运口岸。

（24）入境口岸：填写装运本批货物的交通工具进境时首次停靠的口岸。

（25）索赔有效期至：按合同规定的日期填写，特别要注明截止日期。

（26）经停口岸：填写本批货物启运后，到达目的地前中途曾经停靠的口岸名称。

（27）目的地：填写本批货物预定最后到达的交货地。

（28）集装箱规格、数量及号码：货物若以集装箱运输，则应填写集装箱的规格、数量及号码。

（29）合同订立的特殊条款以及其他要求：填写在合同中特别订立的质量、卫生等条款或报检单位对本批货物检验检疫的特别要求。

（30）货物存放地点：填写本批货物存放的地点。

（31）用途：填写本批货物的用途。自以下 9 个选项中选择：种用或繁殖；食用；奶用；观赏或演艺；伴侣动物；实验；药用；饲用；其他。

（32）随附单据：按实际向检验检疫机构提供的单据，在对应的□打"√"或补填。

（33）标记及号码：填写货物的标记号码，应与合同、发票等有关外贸单据保持一致。若没有标记号码，则填"N/M"。

（34）外商投资财产：由检验检疫机构报检受理人员填写。

（35）报检人郑重声明：由报检人员亲笔签名。

（36）检验检疫费：由检验检疫机构计费人员填写。

（37）领取证单：由领证人员填写实际领证日期并签名。

## 【入境货物报检单范例】

### 入境货物报检单

报检单位（加盖公章）：　　　　　　　　　　　　　　　　　　* 编　　号 _____

报检单位登记号：　　　联系人：　　　电话：　　　　　　　报检日期：　　年　月　日

| 发货人 | （中文） | | | | | |
| | （外文） | | | | | |
| 收货人 | （中文） | | | | | |
| | （外文） | | | | | |
| 货物名称（中/外文） | H.S. 编码 | 产地 | 数/重量 | 货物总值 | | 包装种类及数量 |
| | | | | | | |

| 运输工具名称号码 | | | 贸易方式 | | 货物存放地点 | |
| 合同号 | | | 信用证号 | | 用途 | |
| 发货日期 | | 输往国家（地区） | | 许可证/审批号 | | |
| 启运地 | | 到达口岸 | | 生产单位注册号 | | |

集装箱规格、数量及号码

| 合同订立的特殊条款以及其他要求 | 标 记 及 号 码 | 随附单据（划"√"或补填） | |
| --- | --- | --- | --- |
| | | □合同 | □包装性能结果单 |
| | | □信用证 | □许可/审批文件 |
| | | □发票 | □ |
| | | □换证凭单 | □ |
| | | □装箱单 | □ |
| | | □厂检单 | □ |

| 需要单证名称（划"√"或补填） | | 检验检疫费 | |
| --- | --- | --- | --- |
| □品质证书 ___正___副 | □植物检疫证书 ___正___副 | 总金额（人民币元） | |
| □重量证书 ___正___副 | □熏蒸/消毒证书 ___正___副 | | |
| □数量证书 ___正___副 | □出境货物换证凭单 | | |
| □兽医卫生证书 ___正___副 | □通关单 | 计费人 | |
| □健康证书 ___正___副 | □ | | |
| □卫生证书 ___正___副 | □ | 收费人 | |
| □动物卫生证书 ___正___副 | □ | | |

| 报检人郑重声明： | 领 取 证 单 | |
| --- | --- | --- |
| 　1. 本人被授权报检。 | | |
| 　2. 上列填写内容正确属实，货物无伪造或冒用他人的厂名、标志、认证标志，并承担货物质量责任。 | 日期 | |
| 　　　　　　　　　　　　　签名：_____ | 签名 | |

注：有"＊"号栏由出入境检验检疫机关填写。

### 实训技能

**1. 实训内容**

2016 年 7 月 30 日，APL CORAL 船舶到达上海港，广浩国际货运代理有限公司于 2016 年 7 月 31 日填写入境货物报检单，随附商业发票、装箱单、海运提单、合同等单证向检验检疫局申报。

**2. 实训目的**

掌握入境货物报检单的填制方法。

**3. 实训准备**

将学生分组，每组 5~6 人。各组分别准备一张空白的入境货物报检单。

**4. 实训步骤**

步骤一：仔细阅读报检单范例。

步骤二：各组学生讨论，根据提供的业务材料分组填制入境货物报检单。

步骤三：选派两组代表上台展示填制的入境货物报检单。

步骤四：其他组学生分析、评议、补充。

步骤五：教师点评、总结，并提供标准的入境货物报检单。

步骤六：学生总结自己出现遗漏错误的部分，结合前述知识进行总结。

**5. 实训评价**

入境货物报检单的填制技能训练评价表（表 4-4）。

表 4-4　入境货物报检单的填制技能训练评价表

| 被考评人 | | | | | | |
|---|---|---|---|---|---|---|
| 考评地点 | | | | | | |
| 考评内容 | 入境货物报检单的填制 | | | | | |
| 考评标准 | 内　容 | 分值 | 自我评价 | 小组评价 | 教师评价 | 实际得分 |
| | 知道出入境货物报检单缮制规范 | 30 | | | | |
| | 掌握进口报检流程 | 30 | | | | |
| | 报检单填写完整，无遗漏项目 | 40 | | | | |
| | 该项技能能级 | | | | | |

注：（1）实际得分 = 自我评价×20% + 小组评价×40% + 教师评价×40%。

（2）考评满分为 100 分，60~74 分为及格，75~84 分为良好，85 分以上为优秀。

# 任务五　进口报关

### 知识准备

## 一、进口报关基本程序

在进口货物的进境报关阶段，进口货物收货人或其代理人应当按海关规定的程序办理进口申报、配合查验、缴纳税费、提取货物等手续，货物才能进境。与之相对应，海关对进境货物经过审单、查验、征税、放行四个海关作业环节即完成海关工作。

1. 进口申报

进口申报是指报关单位（进口货物收货人或其代理人）在规定的期限内按照海关规定的形式和要求向海关报告进口货物的情况，提请海关按其申报的内容放行进口货物的行为。

申报的具体手续需由报关员代表报关单位向海关办理。

（1）申报地点。一般情况下，进口货物的收货人或其代理人应当在设有海关货物的进境地向海关申报；凡进口的集装箱货物直接运往内地设有海关的地点，则在口岸向海关申请办理转运（转点）手续，口岸海关将有关申报单证转交承运人负责带交内陆地海关，由内陆地海关查验放行。

（2）申报期限。进口货物的申报期限为自装载货物的运输工具申报进境之日起 14 天内。

申报期限的最后一天是法定节假日或休息日，顺延至法定节假日或休息日后的第一个工作日。做出这样的规定是为了加快口岸疏运，促使进口货物早日投入使用，减少差错，防止舞弊。

如果在法定的 14 天内没有向海关办理申报手续，海关将征收滞报金。滞报金的起收日期为运输工具申报进境之日起的 15 天；转关运输货物为货物运抵指运地之日起的第 15 天；邮运进口货物为收到邮局通知之日的第 15 天。截止日期为海关申报之日。滞报金的每日征收率为进口货物到岸价格的 0.5‰，滞报金的起征点为 50 元。计算滞报金的公式为：

滞报金总额 = 货物的到岸价格 × 滞报天数 × 0.5‰

进口货物的收货人自运输工具申报进境之日起超过三个月未向海关申报的，其进口货物由海关提取变卖处理。所得价款在扣除运输、装卸、存储等费用和税款后，尚有余款的，自货物变卖之日起一年内经收货人申请，予以发还；逾期无人申请的，上缴国库。确属误卸或者溢卸的进境货物除外。

（3）申报方式。同出口货物申报。

（4）申报前看货取样。为了确认货物以便做到如实申报，进口货物的收货人在经海关同意后，可以在申报前查看货物或提取货样。

（5）提交报关单及随附单证。进口货物收货人或其代理人完成电子申报后，在计算机上打印纸质《进口货物报关单》，随附必需的申报单证，提交给指定的海关，由海关审核，确定是否进行查验。

（6）修改申报内容和撤销单证。同出口货物报关，海关接受申报后，将对报关单位所提交的单证进行审核，即审单。审单是海关监管的第一环节，它不仅为海关监管工作中的查验和放行环节打下基础，也为海关的征税、统计和查私工作提供了可靠的单证和资料。海关审单的主要任务如下：

① 确认报关企业及报关员的报关资格和有关证件的合法性。

② 报关时限是否合法，是否符合国家有关对外贸易法律、法规的规定。

③ 货物的进口是否合法，是否符合国家有关对外贸易法律、法规的规定。

④ 报关单的填制是否完整、准确，单证是否相符、齐全、有效。

⑤ 对通过计算机登记备案的加工贸易合同，要对有关加工贸易合同的每次进出口数据进行核对，并在《加工贸易手册》上登记。

⑥ 根据《进出口关税条例》和国家其他有关税收政策确定出口货物的征免性质。

2. 配合查验

进口货物在进境报关的配合海关查验环节与出口货物出境报关配合查验的程序和过程一致。

3. 缴纳税费

进口货物缴纳税费方式同出口货物缴纳税费方式，不同的是进口缴纳的完税价格以 CIF 价格为基准，而出口纳税以 FOB 价格为基准。

4. 提取货物

（1）提取货物。进口货物的收货人或其代理人，在办理了进口申报、配合查验、缴纳税费等手续，海关决定放行后，持海关加盖"放行章"的进口提货凭证到货物进境地的港区海关监管区（仓库）提取进口货物。进口提货凭证一般有提单、运单、提货单等。

（2）申请签发证明。进口货物收货人或其代理人在办完提货手续后，如需要海关签发有关货物进口证明的，均可向海关提出申请。常见的证明如下：

① 进口付汇证明。对需要进口付汇核销的进口货物，报关员可向海关申请进口货物付汇证明联。海关核准后，即在已放行的进口货物报关单上签名，加盖"海关验讫章"，作为进口付汇证明交报关员。同时，海关通过电子口岸执法系统向银行和外汇管理部门发送证明联的电子数据。

② 进口货物证明书。对于进口汽车、摩托车等，报关员应当向海关申请签发进口货物证明书，进口货物收货人凭以向国家交通部门办理汽车或摩托车的牌照申请手续。

## 二、进口报关单填制规范

1. 适用范围

除来料加工、补偿贸易、进料加工合同项下和外商投资企业的进口货物外，其余的进口货物申报手续均适用《进口货物报关单》（白色）。

某些非贸易渠道进口的物品，如捐赠物资，礼品，外国企业、新闻等常驻机构进口的公用物品等，也适用本报关单。

2. 栏目填写规范

（1）进口口岸：填明货物在中国的进境地点名称（第一口岸），如文锦渡、广州等。可从提单上查悉。

（2）经营单位：填明对外签订并执行合同的中国境内企业或单位的名称，要填写全称。中外双方仅执行技术合作项目，未成立合作经营企业的，应填写参加该项目的境内单位。捐赠进口物资，应填写直接受赠单位。

委托报关企业代办报关手续的，应填委托单位名称。

（3）收货单位：填明进口货物最终收货使用单位名称及所在地。一般有以下三种情况：

① 直接接受外贸公司调拨的收货单位。

② 委托有进口权的公司进口货物的单位。

③ 自行从国外进口货物的单位。

同一批货物有两个以上收货单位的，应填报收货量最大的单位。

（4）合同（协议）号：填明本批货物合同（协议）的详细年份、字头和编号及附件号码。根据进口合同查填。

（5）批准机关及文号：本批货物如经有关主管部门批准进口或领有进口许可证的，应填明批准文号或许可证号码。如果批准文号、许可证号码不止一个，应逐一填写。

（6）运输工具名称及号码：填明载运货物进口的船只名称、汽车/火车号码/车次。空运或邮寄只填"空运"或"邮运"字样。应填报实际进入中国国境的运输工具名称及号码。

进境人员随身携带货物进境，应以所乘坐的交通工具确定填报。

（7）贸易性质（方式）：填明本报单货物的贸易性质。

目前，使用白色《进口货物报关》申报进口货物，一般有以下几种贸易方式，可视具体情况选择填报。

一般贸易；国家间、国际组织无偿援助和赠送的物资；华侨、港澳台同胞、外籍华人捐赠物资；寄售、代销贸易；边境小额贸易；对外承包工程货物；租赁贸易；易货贸易；出料加工贸易；免税外汇商品；其他贸易。

（8）起运国别（地区）：填明本报单货物起始发出直接运往或在运输中转国中未发生任何商业性交易的情况下运往我国的国家（地区）。如货物在运输中转国（地）发生了商业性交易，则该运输中转国（地）即为该货物的起运国（地）。

（9）原产国别（地区）：填明本报单货物的生产、开采或制造国家（地区）。如果产品经过其他国家加工复制，以最后加工的国家为原产国。原产国一般以货物的产地证明书确定。

同一批货物，品种繁多、数量零星的，可以金额最大的货物的产地确定填报。一份报关单上申报的几种货物如属于不同的原产国（地区），应在品名下分明填明。

要填写具体国名或地区名，不能笼统地填报某个地域或经济联合体的名称。

（10）外汇来源：填具购买本报单货物所使用的外汇来源。

以白色《进口货物报关单》申报的货物可根据实际情况选择以下几种外汇来源填报：

① 中央外汇。

② 地方外汇和地方留成外汇。

③ 中央各部留成外汇。

④ 不支付外汇。

⑤ 其他。

（11）进口日期：填具负责运载本报单货物的运输工具向海关申报进境的日期。

（12）提单或运单号：填具本报单货物的提单或运单号码。

具体填报方法：海运填提单号；陆运填运单号；空运填货运单号；邮运填报税清单（包裹单）号。

（13）运杂费及保险费/率：填具本报单货物所需支付的运杂费及保险费的金额。如果不能取得实际运杂费及保险费数字，可按规定的定额率计算。

（14）标记唛码：填具货物的标记唛码，如有地点名称的也应填写。

（15）包装种类及件数：填具货物的包装方式及总件数。包装种类指袋、箱、包、捆、桶等。一批货物有多种包装的，要分别填具件数。

（16）重量："毛重"指货物全部重量，"净重"指货物扣除内外包装后的自然净重。

货物不止一项时，应逐项填具重量。

（17）海关统计商品编号：应按照《海关统计商品目录》中的号别对应填报货物编号，并将编号与货名填写在同一水平线上。

（18）货名、规格及货号：填具货物的全称、规格、型号、品质、等级。属于不同商品目录编码的货物，应分行填具。

（19）数量：填具货物的实际数量和数量单位。

如《海关统计商品目录》有规定第二数量单位的货物，必须同时填具第二数量。货物不止一项时，应分别按商品编号填具数量。如合同规定的计量单位与《海关统计商品目录》规定的计量单位不一致，应进行换算，然后按海关统计商品目录规定的计量单位填报。

（20）成交价格：填具合同确定的成交单价、总价和价格条款并注明币制。如果是以CIF条款成交的，要注明CIF到达境内口岸的地点名称。如不止一项货物，应分别填报单价、总价。

（21）备注：有关需要述明的问题在此栏填具。

（22）集装箱号：如属集装箱运输的，应将集装箱数量及每个集装箱的号码在此填具。

（23）随附单据：填具随本报关单递交的单据名称及份数。

（24）申报单位（盖章）：填具办理货物申报手续的单位全称，并加盖印章。报关员的姓名，报关员证的号码、联络电话号码也应一并填具。

（25）申报日期：填具向海关申报的日期。

**【进口货物报关单范例】**

### 中华人民共和国海关进口货物报关单

预录入编号：　　　　　　　　　　　　　　　　海关编号：

| 进口口岸 | | 备案号 | | 进口日期 | | 申报日期 | |
|---|---|---|---|---|---|---|---|
| 经营单位 | | 运输方式 | | 运输工具名称 | | 提运单号 | |
| 收货单位 | | 贸易方式 | | 征免性质 | | 征税比率 | |
| 许可证号 | | 起运国（地区） | | 装货港 | | 境内目的地 | |
| 批准文号 | | 成交方式 | | 运费 | | 保费 | 杂费 |
| 合同协议号 | | 件数 | | 包装种类 | | 毛重（公斤） | 净重（公斤） |
| 集装箱号 | | 随附单据 | | | | | 用途 |
| 标记唛码及备注 | | | | | | | |

| 项号 | 商品编号 | 商品名称、规格型号 | 数量及单位 | 原产国（地区） | 单价 |
|------|----------|--------------------|------------|----------------|------|
| 总价 | | 币制 | 征免 | | |
| | | | | | |
| | | | | | |
| | | | | | |
| | | | | | |
| 税费征收情况 | | | | | |

| 录入员<br>录入单位 | 兹声明以上申报无讹并承担法律责任 | 海关审单批注及放行日期（签章） |
|------|------|------|
| | | 审单　　　　　　审价 |
| 报关员 | | |
| 申报单位（签章）<br>单位地址 | | 征税　　　　　　统计 |
| 邮编　　　电话　　　　　填制日期 | | 查验　　　　　　放行 |

### 实训技能

1. 实训内容

APL CORAL 船舶到达上海港，广浩国际货运代理有限公司于 2016 年 8 月 1 日获得检验检疫局签发的入境货物通关单，2016 年 8 月 2 日，广浩国际货运代理有限公司填制进口货物报关单向海关申报，经过海关审单、查验、完税等手续后，于 2016 年 8 月 3 日获得海关放行。海关在报关单各联及提货单上加盖放行章。广浩国际货运代理有限公司海关注册号：32053 ×××× 。

2. 实训目的

掌握进口报关软件的操作，会填制进口货物报关单。

3. 实训准备

了解一般货物进口报关的基本程序。准备纸质进口货物报关单一份，或打开进口货物报关软件。

4. 实训步骤

步骤一：各组学生讨论，利用软件或纸质填写进口货物报关单。

步骤二：利用软件进行进口货物报关单查询。

步骤三：学生展示成果，各组相互评价，找出问题。

步骤四：教师总结，并提供标准报关单。

步骤五：学生讨论，修正报关单。

5. 实训评价

进口报关单的填写技能训练评价表（表4－5）。

表4－5　进口报关单的填写技能训练评价表

| 被考评人 | | | | | | |
|---|---|---|---|---|---|---|
| 考评地点 | | | | | | |
| 考评内容 | 进口报关单的填写 | | | | | |
| 考评标准 | 内　容 | 分值 | 自我评价 | 小组评价 | 教师评价 | 实际得分 |
| | 知道进口报关单缮制规范 | 20 | | | | |
| | 掌握进口报关流程 | 20 | | | | |
| | 进口报关系统操作无误 | 30 | | | | |
| | 报关单填写完整，无遗漏项目 | 30 | | | | |
| | 该项技能能级 | | | | | |

注：（1）实际得分 = 自我评价×20% + 小组评价×40% + 教师评价×40%。

（2）考评满分为100分，60～74分为及格，75～84分为良好，85分以上为优秀。

# 任务六　提取货物

## 知识准备

货运代理人向货主交货有两种情况：一是象征性交货，即以单证交接，货物到港经海关验收，并在提货单上加盖海关放行章，将该提货单交给货主，即为交货完毕；二是实际性交货，即除完成报关放行外，货物交给货主，集装箱运输中的整箱货通常还需要负责空箱的还箱工作。在这两种情况下，货运代理人都应做好交货工作的记录。

## 一、"交货记录"联单及流转程序

在集装箱班轮运输中普遍采用"交货记录"联单以代替杂货运输中使用的"提货单"。"交货记录"在性质上与"提货单"一样，仅仅在构成和流转过程方面与其有所不同。"交货记录"标准格式一套共五联：

① 到货通知书。

② 提货单。

③ 费用账单（蓝色）。

④ 费用账单（红色）。

⑤ 交货记录。

其流转程序如下：

（1）船舶代理人在收到进口货物单证资料后，通常会向收货人或通知人发出"到货通知书"。

（2）收货人或其代理人在收到"到货通知书"后，凭海运正本提单（背书）向船舶代理人换取"提货单"及场站、港区的"费用账单"联、"交货记录"联等五联。"提货单"经船代盖章方始有效。

（3）收货人或其代理人持"提货单"在海关规定的期限内办妥报关资料，向海关申报。海关验放后在"提货单"的规定栏目内盖放行章。收货人或其代理人还要办理其他有关手续的，也应办妥手续，取得有关单位盖章。

（4）收货人或其代理人凭已盖章放行的"提货单"、"费用账单"和"交货记录"联向场站或港区的营业所办理申请提货作业计划，港区或场站营业所核对船代"提货单"是否有效及有关放行章后，将"提货单""费用账单"联留下，作为放货、结算费用及收费的依据。在第五联"交货记录"联上盖章，以示确认手续完备，受理作业申请，安排提货作业计划，并同意放货。

（5）收货人及其代理人凭港区或场站已盖章的"交货记录"联到港区仓库，或场站仓库、堆场提取货物，提货完毕后，提货人应在规定的栏目内签名，以示确认提取的货物无误。"交货记录"上所列货物数量全部提完后，场站或港区应收回"交货记录"联。

（6）场站或港区凭收回的"交货记录"联核算有关费用。填制"费用账单"一式二联，结算费用。将第三联（蓝色）"费用账单"联留存场站、港区制单部门，第四联（红色）"费用账单"联作为向收货人收取费用的凭证。

（7）港区或场站将第二联"提货单"联及第四联"费用账单"联、第五联"交货记录"联留存归档备查。

## 二、设备交接单

对于整箱提货，双方还应办理箱子交接检查，共同签发设备交接单。如果提取门到门整箱货物，托运人或其代理人还需要同时到船代箱管部门办理提重箱与还空箱手续，箱管将开具提箱通知单、进场与出场设备交接单，并在提货单上加盖船代"放箱章"。

### 实训技能

1. 实训内容

获得海关放行后，广浩国际货运代理有限公司可以持盖有海关放行章的提货单到上海港码头堆场提取货物。提取货物时，应与堆场工作人员办理货物交接手续，在交货记录上签收确认，并签署集装箱设备交接单。请画出提货流程图。

2. 实训目的

掌握海运进口提货流程及单据的交接流程。

3. 实训准备

将学生分组，每组 5~6 人，各小组分组讨论，完成实训操作。

4. 实训步骤

步骤一：参考资料，借助网络，画出"交货记录"联单的流转程序。

步骤二：参考资料，借助网络，画出设备交接单的流转程序。

步骤三：组内选出两名代表给同学们培训讲解流程图，并对同学的提问进行解答。

步骤四：教师归纳、总结。

5. 实训评价

办理提货手续技能训练评价表（表 4 - 6）。

表 4 - 6　办理提货手续技能训练评价表

| 被考评人 | | | | | | |
|---|---|---|---|---|---|---|
| 考评地点 | | | | | | |
| 考评内容 | 办理提货手续流程 | | | | | |
| 考评标准 | 内　容 | 分值 | 自我评价 | 小组评价 | 教师评价 | 实际得分 |
| | 流程图绘制仔细，正确，流程清晰 | 40 | | | | |
| | 讲解时思路清晰 | 30 | | | | |
| | 能对学生的提问做全面细致的分析与解答 | 30 | | | | |
| | 该项技能能级 | | | | | |

注：（1）实际得分 = 自我评价×20% + 小组评价×40% + 教师评价×40%。

（2）考评满分为100分，60~74分为及格，75~84分为良好，85分以上为优秀。

# 五、拓展训练

本公司广浩国际货运有限公司接受海外代理 WSA LINES INTERNATIONAL LTD.（105030）的指定货 1×40 尺冷冻箱（FR）海运进口业务，由 SEATTLE（USSEA）至 SHANGHAI，运费预付。

委托人即国内收货人为南通欣宇光（NTXY）：

Nantong New World Glory Casing

通知人：

SAME AS CONSIGNEE

货物信息：无唛头

DESC OF GOODS：猪肠衣

PKGS：68CARTONS

GW：20，896.4KGS

VOL：50

海外出分单给客户，海外代理为 WSA LINES INTERNATIONAL LTD. （105030）

承运人日本邮船（NYK），船名 OOCL AMERICA 航次 V. 90W33

靠港日 2016 年 9 月 7 日

装箱信息：

CONTAINER NO：TRLU4202856

SEAL NO.：2552717

MB/L NO.：NYKS358507512

HB/L NO.：61664

此业务产生费用如下：

由于此业务仅限换单操作，只需向客户收取换单费 CNY375.00。

请您作为广浩货运代理有限公司业务操作人员，完成该票货物的货代操作。

项目四　授课资料

# 国际航空出口货运代理

## 一、技能目标

1. 具有空运出口货运代理的能力。
（1）具有国际空运代理委托与订舱的能力。
（2）具有航空出口单据准备与货物交接的能力。
（3）具有航空出口报检报关单填写的能力。
（4）具有航空运单填写的能力。
2. 具有系统操作航空出口货运代理的能力。

## 二、知识目标

1. 掌握国际出口货运代理委托业务。
2. 了解国际航空运输的种类。
3. 了解国际航空货运代理的作用和职能。
4. 掌握国际航空委托书的填制要求。
5. 掌握航空货运订舱的基本程序。
6. 掌握航空出口货物交接的一般程序。
7. 掌握航空运单的性质和作用。

## 三、工作任务

1. 国际航空出口货运代理委托与订舱。
2. 航空出口单据准备与货物交接。
3. 航空出口报验与报关。
4. 航空运单签发与货物发运。

## 四、实训项目

### 项目背景

广浩国际货运代理有限公司接受委托人的空运出口委托业务，由 PVG 至 JFK（NEW YORK），运费到付、杂费预付。

委托人为宁波保税区宇纺国际贸易有限公司：

NINGBO YU SILK I/E CO., LTD.

RM 508, 5/F PETROLEUM BLDG 618

ZHENMING ROAD NINGBO, PR OF CHINA

国外收货人为：

BRAWN OF CALIFONIA, 1500    HARBOR BLVD

WEEHAWKEN, NJ 07087, USA

货物信息：

唛头：BRAWN OF CALIFORNIA

1500 HARBOR BLVD

WEEHAWKEN, NJ07087,

USA

MADE IN CHINA

DESC OF GOODS：NASSAU SILK NOILE TROUSER

STYLE NO.：K810

PO#：53008

NASSAU SILK NOILE JACKET

STYLE NO.：1560

PO#：53009

PKGS：63CARTONS

GW：996KGS

VOL.：8.8

合同规定装运期是 2016 年 3 月 30 日以前。宁波保税区宇纺国际贸易有限公司于 2016 年 3 月 2 日委托广浩国际货运代理有限公司办理订舱、报检报关等发运手续。广浩国际货运代理有限公司接受委托后，向上海航空公司货运部办理订舱手续，并定于 2016 年 3 月 15 日上海至纽约的航班承运该批货物。合同规定结算方式为 T/T 方式。航班号：FM9651，航班日期 2016 年 3 月 22 日。

MAWB NO.：774 - 78821551

HAWB NO.：同业务编号

任务内容：

完成空运出口货运代理业务操作。

### 项目分析

本项目是集装箱空运出口货运代理业务，货代员需要了解空运出口的货运代理流程，掌握流程中的业务操作，完成此项目，主要通过以下几个任务。

# 任务一　认知航空出口货运业务流程

### 知识准备

#### 一、航空运输概述

航空运输（Air Transportation），指使用飞机、直升机及其他航空器运送人员、货物、邮件的一种运输方式。

（一）国际航空运输的种类

1. 班机运输

班机是指定期开航的，定航线、定始发站、定目的港、定途经站的飞机。一般航空公司都使用客货混合型飞机（Combination Carrier），一方面搭载旅客，另一方面又运送少量货物。但一些较大的航空公司在一些航线上开辟定期的货运航班，使用全货机（All Cargo Carrier）运输。

班机运输的特点如下：

（1）班机由于固定航线、固定停靠港和定期开航，所以国际货物流通多使用班机运输方式，能安全迅速地到达世界上的各通航地点。

（2）收、发货人可确切掌握货物起运和到达的时间，这对市场上急需的商品、鲜活易腐货物以及贵重商品的运送是非常有利的。

（3）班机运输一般是客货混载，因此舱位有限，不能使大批量的货物及时出运，往往需要分期分批运输，这是班机运输的不足之处。

2. 包机运输

包机运输方式可分为整包机和部分包机两类。

1）整包机

（1）整包机是指航空公司按照与租机人事先约定的条件及费用，将整架飞机租给包机人，从一个或几个航空港装运货物至目的地。

（2）包机人一般要在货物装运前一个月与航空公司联系，以便航空公司安排运载和向起降机场及有关政府部门申请办理过境或入境的有关手续。

（3）包机的费用一次一议，随国际市场供求情况而变化。原则上包机运费是按每飞行一公里固定费率核收费用，并按每飞行一公里费用的80%收取空放费。因此，大批量货使用包机时，要争取来回程都有货载，这样费用比较低。只使用单程，运费就比较高。

2）部分包机

（1）部分包机是指由几家航空货运公司或发货人联合包租一架飞机或者由航空公司把

一架飞机的舱位分别租给几家航空货运公司装载货物，一般用于托运不足一架整飞机舱位但货量又较重的货物运输。

（2）部分包机与班机的比较：时间比班机长，尽管部分包机有固定时间表，但往往因其他原因不能按时起飞。各国政府为了保护本国航空公司的利益，常对从事包机业务的外国航空公司实行各种限制。如包机的活动范围比较狭窄，降落地点受到限制，需降落非指定地点外的其他地点时，一定要向当地政府有关部门申请，同意后才能降落（如申请入境、通过领空和降落地点）。

3）包机的优点

（1）解决班机舱位不足的矛盾。

（2）货物全部由包机运出，节省时间和多次发货的手续。

（3）弥补没有直达航班的不足，且不用中转。

（4）减少货损、货差或丢失的现象。

（5）在空运旺季缓解航班紧张状况。

（6）解决海鲜、活动物的运输问题。

3. 集中托运

1）集中托运的概念

将若干票单独发运的、发往同一方向的货物集中起来作为一票货，填写一份总运单发运到同一目的站的做法称为集中托运。

2）集中托运的具体做法

（1）将每一票货物分别制定航空运输分运单，即出具货运代理的运单 HAWB（House Air Waybill）。

（2）将所有货物区分方向，按照其目的地相同的同一国家、同一城市来集中，制定出航空公司的总运单 MAWB（Master Air Waybill）。总运单的发货人和收货人均为航空货运代理公司。

（3）打出该总运单项下的货运清单（Manifest），即此总运单有几个分运单，号码各是什么，其中件数、重量各多少等。

（4）把该总运单和货运清单作为一整票货物交给航空公司。一个总运单可根据货物具体情况附分运单（可以是一个分运单，也可以是多个分运单）。例如，一个 MAWB 内有十个 HAWB，说明此总运单内有十票货，发给十个不同的收货人。

（5）货物到达目的站机场后，当地的货运代理公司作为总运单的收货人负责接货、分拨，按不同的分运单制定各自的报关单据并代为报关，为实际收货人办理有关接货、送货事宜。

（6）实际收货人在分运单上签收以后，目的站货运代理公司以此向发货的货运代理公司反馈到货信息。

3）集中托运的限制

（1）集中托运只适合办理普通货物，对于等级运价的货物，如贵重物品、危险品、活动物及文物等不能办理集中托运。

（2）目的地相同或临近的可以办理，如某一国家或地区，其他则不宜办理。例如，不能把去日本的货发到欧洲。

4）集中托运的特点

（1）节省运费。航空货运公司的集中托运运价一般都低于航空协会的运价，发货人可得到低于航空公司的运价，从而节省费用。

（2）提供方便。将货物集中托运，可使货物到达航空公司到达地点以外的地方，延伸了航空公司的服务，方便了货主。

（3）提早结汇。发货人将货物交与航空货运代理后，即可取得货物分运单，可持分运单到银行尽早办理结汇。

集中托运方式已在世界范围内普遍开展，形成了较完善、有效的服务系统，为促进国际贸易发展和国际科技文化交流起了良好的作用。集中托运已成为我国进出口货物的主要运输方式之一。

4. 国际航空快递

国际航空快递是指由具有独立法人资格的企业，将进出境的如急需的药品、医疗器械、贵重物品、图纸资料、货样、各种运输贸易商务单证和书报杂志等小件物品从发件人所在地通过自身或代理的网络运达收件人的一种快速运输组织形式。

1）国际航空快递的特点

作为国际航空货物运输业的一个分支，国际航空快递与国际航空普通货物运输既存在许多相似性，也有其比较显著的特点。

（1）国际航空快递由其中间环节少而速度明显快于普通的航空货运。

（2）国际航空快递承接的货物以商业函件、小型样品等小包裹为主，其本身的价值并不高，但一旦在运输途中造成损坏、灭失或延误，却可能引起货方较大的间接损失。

（3）国际航空快递大多提供"桌至桌"服务，快递经营人的责任期间为在收货地从收货人处收到物件开始直至在目的地将物件交至收货人止的全部期间。即责任期间在传统的航空运输的基础上向两端延伸，极大地方便了用户。

（4）国际航空快递大多采取"预先申报，集中验放"的方式通关。发达国家快递公司的资料库一般同海关联网，在承运快件的飞机尚未到达时，有关资料已进入海关的资料库进行电子清关。飞机到港后，海关决定查验的快件立即送交海关查验，其他快件海关会立即放行，这样，快件的清关就可缩减到很短的时间内。我国海关对进出境快件的监管依据1998年4月1日起实施的《中华人民共和国海关对进出境快件监管办法》的规定办理。

（5）尽管国际航空快递过程涉及陆运与空运两种运输方式，但整个国际航空快递过程仍统一应用规范国际航空货物运输方面的国际公约或国内法律法规。

（6）基于国际航空快递的特殊性，与普通的航空运单相比，各快递公司所签发的分运单［也称为交付凭证（Proof of Delivery，POD）］共有四联，第一联用于出口报关；第二联贴在货物包装上随货同行，作为收件人核收货件的依据，并且在随货单据丢失时作为进口报关单据；第三联用于快运公司结算运费和统计；第四联交发件人作为发运凭证。在该联背面印有条款，以明确当事人各方的责任和义务，并作为解决争议的依据。它专门增加了有关间接损失、保险等方面的条款，而且承运人的责任限制也提高到 100 美元/件。

（7）办理快递业务的大都是国际性的跨国公司。航空快递是由专门从事航空快递的公司与航空公司合作，设专人用最快的速度在货主、航空公司、用户之间进行传递，适用于急需的药品、贵重物品、货样及单证等传送。

2）国际航空快递业务的主要操作形式

（1）机场到机场的快递服务。发货人在航班始发站将货交给航空公司，然后发货人通知目的地的收货人到机场取货。

（2）门到门（也称桌到桌）的快递服务，是航空特快专递最主要的业务种类。发货人需要发货时通知快递公司，快递公司立即派人到发货人的办公室取货，然后将所有收到的快件集中到一起，根据其目的地分拣、整理、制单、报关，发往世界各地。到达目的地后，再由当地的分公司办理清关、提货手续，并分送至收件人手中。

（3）派专人送货。由快递公司派人随机同行，直至安全送达收货人手中。这种服务方式虽然周到，但费用很高，一般很少使用。

（二）航空货运的特点

航空货物运输有其自身特有的优势，自飞机诞生后，航空货运的发展速度极为迅速。航空货运同其他的交通方式相比，有着鲜明的特点，这些特点与各种不同运输方式相比既有优势，也有劣势。

（1）运送速度快。由于航空货运所使用的运输工具是飞机，飞机的飞行时速大约都在每小时 600～800 千米，比其他的交通工具要快得多。火车时速每小时 100～140 千米，汽车在高速公路上"飞驰"也就是 120～140 千米，轮船就更慢了。航空货运的这个特点适应了一些特种货物的需求，如海鲜、活动物等鲜活易腐的货物，由于货物本身的性质导致这类货物对运输时间的要求特别高，只能采用航空运输。另外，在现代社会，需要企业及时对市场的变化做出非常灵敏的反应，这个社会发展趋势所引发的一些货物的运输时间约束性很强，企业考虑的不仅仅是生产成本，时间成本也成为成本中很重要的一项因素。例如，产品的订单生产、服装及时上市而获取更高的利润等情况，这都需要航空运输的有力支持才可以实现。

（2）破损率低，安全性好。由于航空运输的货物本身的价格比较高，与其他运输方式相比，航空货运地面操作流程的环节比较严格，这就使货物破损的情况大大减少，货物装上飞机之后，在空中不容易导致损坏。因此，在整个航空货运运输环节中，货物的破损率低、安全性好。这种特点使有些货物虽然从物理特性来看不适合空运，例如体积比较大、重量比较重的机械设备仪器等货物，但这类货物中有些货物特别怕碰撞而导致损坏，因此只能采用航空运输方式，以减少货物受损的概率。

（3）空间跨度大。在有限的时间内，飞机的空间跨度是最大的。通常，现有的宽体飞机一次可以飞 7 000 千米左右，进行跨洋飞行完全没有问题。从中国飞到美国西海岸，通常只需要 13 个小时左右，这对于某些货物的运输是非常大的优点，例如活动物，如果跨洋运输，即采用海运方式通常需要半个月左右时间，如果没有采用特别的措施，可能就无法运输，只有采用航空运输，才能在很短时间内保证活动物的存活。

（4）可节省生产企业的相关费用。由于航空运输的快捷性，可加快生产企业商品的流通速度，从而节省产品的仓储费、保险费和利息支出等，另一方面产品的流通速度加快，加快了资金的周转速度，可大大增加资金的利用率。

（5）运价比较高。由于航空货运的技术要求高、运输成本大等原因，使它的运价相对来说比较高。例如，从中国到美国西海岸，空运价格至少是海运价格的10倍以上。因此，对于货物价值比较低、时间要求不严格的货物，通常在考虑运输成本的基础上，会选择采用非航空货运的其他运输方式。

（6）载量有限。由于飞机本身的载重容积的限制，通常航空货运的货量相对于海运来说少得多。例如，载重最大的民用飞机B747全货机，货物最大载重为119吨，相对于海运几万吨、十几万吨的载重量，两者相差很大。

（7）易受天气影响。

（三）航空货物运输当事人

在航空货物运输业务中，涉及的有关当事人主要有发货人、收货人、承运人、代理人及地面运输公司。承运人一般指航空公司，代理人一般指航空货运代理公司（简称空运代理）。

1. 航空公司

航空公司自身拥有飞机并借以从事航空运输活动。在货运业务中，航空公司一般只负责空中运输，即从某地机场运至另一地机场。

表5-1所列为常见的航空公司的英文代码和数字代码。

表5-1　常见的航空公司的英文代码和数字代码

| 航空公司英文名称 | 航空公司中文全称 | 二字英文代码 | 三位数字代码 | 所在国家 |
|---|---|---|---|---|
| Air China | 中国国际航空公司 | CA | 999 | 中国 |
| China Eastern Airlines | 中国东方航空公司 | MU | 781 | 中国 |
| Shanghai Airlines | 上海航空公司 | FM | 774 | 中国 |
| Northwest Airlines Inc. | 美国西北航空公司 | NW | 012 | 美国 |
| Air Canada | 加拿大航空公司 | AC | 014 | 加拿大 |
| German Lufthansa AG | 汉莎航空公司 | LH | 020 | 德国 |
| Air France | 法国航空公司 | AF | 057 | 法国 |
| Japan Airlines | 日本航空公司 | JL | 131 | 日本 |

2. 航空货运代理公司

航空货运代理公司也称航空货运公司（简称空运代理），是随航空运输的发展及航空公司运输业务的集中化而发展起来的一种服务性机构。它们从事航空货物在始发站交给航空公司之前的揽货、接受、报关、订舱，以及在目的地从航空公司手中接货、报关、交付或送货上门等业务。航空货运代理公司具有以下优点。

① 使航空公司能更加集中精力搞好空中运输业务而不必担心货源。

② 方便货主，货主可以及时托运、查询、跟踪货物。

③ 将零散货物集中拼装托运，简便手续，降低运输成本。

空运代理公司的类型有以下几种：

一类代理公司：经营国际及中国香港、澳门、台湾地区航线的代理业务。

二类代理公司：经营除中国香港、澳门、台湾地区航线外的国内航线的代理业务。

航空货物运输业务范围遍布国内外广大地区，不仅涉及面广，头绪多，而且情况复杂，处理不当极易造成错误与损失，因此有很多货主乐于委托空运代理来办理。空运代理需要有广泛的商品知识，了解复杂的法律规定和各种单证，熟悉各种货物混载时的尺码与比重、各种超限的数量、飞机机舱的可用容积及重量限制，以及各种各样的货运管理费用、货损处理保险和许可证等方面的知识。国际上从事代理业务的代理人一般都经营运输多年，精通业务，经验比较丰富，而且熟悉各种运输的手续和规章制度。它们与交通运输部门及贸易、银行、保险、海关等有着广泛的联系和密切的关系，从而具有有利条件为委托人代办各种运输事项。根据国际航空运输协会的规定，空运代理可以从航空公司收取 5% 的订舱佣金和一定数量的运价回扣；对于代办报关、报验、分拨、运送、保险、申请许可证等与运输有关的服务，可向发货人收取一定的手续费。

随着国际贸易和运输的发展，航空运输代理业务也迅速广泛发展起来。当前，代理行业已渗透到运输领域的各个角落，成为国际货物运输事业不可缺少的重要组成部分。

## 二、国际航空货运代理概述及业务程序

20 世纪 80 年代以来，我国的航空运输业快速发展，目前，我国已形成以北京、天津、上海、广州等重点开放城市为核心，以各省、自治区的省会城市、沿边开放城市及主要城市为节点的航空货运业务网络。随着航空货运业务的发展，航空货运代理业应运而生。

### （一）国际航空货运代理

#### 1. 国际航空货运代理的作用与职能

采用航空货运形式进出口货物，需要办理一定的手续，如出口货物在始发地交航空公司承运前的订舱、储存、制单、报关、交运等，进口货物在目的地机场的航空公司或机场接货、监管储存、制单、报关、送货及转运等。航空公司一般不负责上述业务，由此，收货人、发货人必须通过航空货运代理公司办理航空货运业务，或自行向航空公司办理航空货运业务。航空公司主要业务是为飞行保障，它们受人力、物力等影响，难以直接面对众多的客户，处理航运前和航运后繁杂的服务项目。在实践中需要航空货运代理公司为航空公司出口揽货、组织货源、出具运单、收取运费、进口疏港、报关报验、送货、中转，使航空公司可集中精力做好其自身业务，进一步开拓航空运输。

航空货运代理公司的工作是整个航空运输中不可缺少的一环，其服务功能能为货主及航空公司双方均带来方便和好处。随着我国对外贸易近年来的大幅度增长，航空货运代理业也

得以迅速发展。

　　航空货运代理公司作为货主和航空公司之间的桥梁和纽带，一般具有以下两种职能：一是为货主提供服务的职能，即代替货主向航空公司办理托运或提取货物；二是航空公司的代理职能，部分货代还代替航空公司接受货物，出具航空公司的总运单和自己的分运单。

　　航空货运代理公司应十分熟悉航空运输各环节业务以及相关的法规和规章制度，并与各航空公司、机场、海关、商检、卫检、动植检及其他运输部门有着广泛而密切的联系，具有代办航空货运的各种设施和必备条件，同时各航空货运代理公司利用其在世界各地或有分支机构，或有代理网络的优势，能够及时联络、掌握货物运输的全过程。因此，货主委托航空货运代理公司办理进出口货物运输事宜比到航空公司直接办理有关事宜可能更为便利。

　　航空货运代理公司在现代经济中起了非常大的作用，但随着互联网的普及，电子商务的发展，货物运输的交易可能会在互联网上实现，货主可以在网上查询到所有的信息，因此航空货运代理业务也会随之而发生变化。

　　2. 国际航空货运代理的种类

　　根据业务范围和法律地位，国际航空货运代理可分为以下几类。

　　1）国际航空货运代理

　　国际航空货运代理，是指我国国际货运代理业管理规定中所称的空运代理，即受进出口发货人、收货人的委托，在约定的授权范围内，作为他们的代理人，处理国际航空货物运输过程中的各项业务。这类代理严禁从航空公司处收取佣金。

　　2）国际航空运输销售代理

　　国际航空运输销售代理，是指受航空公司的委托，在约定的授权范围内，作为他们的代理人，代为处理国际航空客货运输销售及其相关业务。

　　根据我国国务院于1993年7月5日发布的《民用航空运输销售代理业管理规定》，空运销售代理分为一类销售代理和二类销售代理。前者经营国际航线或者香港、澳门、台湾地区航线的民用航空运输销售代理业务；后者经营国内航线除香港、澳门、台湾地区航线外的民用航空运输销售代理业务。

　　申请设立一类空运货运销售代理业务，除了具备一般商业公司的条件之外，还必须满足以下特殊条件，才能取得民航行政主管部门签发的空运销售代理业务经营批准证书。

　　① 提供《中华人民共和国国际货物运输代理企业认可证书》。

　　② 提供经济担保证明。

　　③ 具有民用航空运输企业出具的委托代理意向书。

　　④ 注册资本不得少于人民币150万元。

　　空运销售代理业务经营批准证书的有效期为3年。销售代理人在空运销售代理业务经营批准证书有效期满后继续从事该项代理业务的，应当在经营批准证书期满前1个月向核发空运销售代理业务经营批准证书的民航行政主管部门或者民航地区行政管理机构书面申请换领空运销售代理业务经营批准证书。

从事一类空运销售代理业者，年平均代理销售量最低标准为2 000人次客票或者代理货运销售量100吨，未达到此标准的，不予换发空运销售代理业务经营批准证书。

此外，如果销售代理的年度代理销售量连续两年均超过上述规定的最低标准两倍以上，并在该两年内未受本规定罚款、停业整顿处罚的，可以申请设立分支机构或者营业分点。每增设一个分支机构或者一个营业分点，应当增加注册资本人民币50万元。

由此可见，在我国，申请设立国际航空货物销售代理的前提之一是必须先成为国际货运代理。这表明，这类代理人一方面可以为货方提供代理服务，从中收取代理费，另一方面，也可以为承运方（航空公司）服务，收取佣金。

3）IATA空运代理

IATA（International Air Transport Association）空运代理，是指经IATA批准，可以代表IATA所属的航空公司从事货物销售等业务的国际航空货运代理。

欲成为IATA空运代理，除了应取得国际航空销售代理资格，并被IATA所属的一家航空公司指定为其代理之外，还应有一定的资信、业务量以及雇佣包括至少两名取得IATA的国际危险品和特殊货物运输代理证书的业务人员。

经批准成为IATA的空运代理，除了标志着实际能力、专业水平、效率质量及信誉等均达到国际公认标准，有助于扩大业务和销售范围之外，还可以参加IATA的货运结算系统（Cargo Accounts Settlement Systems，CASS）和各类培训，以及有权使用IATA货运单和信用服务等。

3. 国际航空货运代理的业务范围

国际航空货运代理除了提供订舱、租机、制单、代理包装、代刷标记、报关报验、业务咨询等传统代理业务之外，还提供以下业务。

（1）集中托运业务。在这种业务下，国际航空货运代理实际上已成为契约承运人，它是目前国际航空货运代理的主要业务之一。

（2）地面运输。地面运输指提供机场至机场之外的地面运输服务。在这种业务下，有些空运代理以代理人身份提供地面运输服务，有些则利用自身拥有或租赁的地面运输工具以承运人身份提供地面运输服务。

（二）国际航空运输组织

国际航空货物运输组织负责制定国际航空运输活动的行为规范，协调国际航空运输业务，以保障国际航空运输的航行安全和国际航空运输业的有序发展。

目前，世界上有多个国际性航空组织，具有较大影响的主要有以下两个：

（1）国际航空运输协会（International Air Transport Association，IATA）。国际航空运输协会是世界航空运输企业自愿联合而建立的非政府国际组织。其宗旨是"为了世界人民的利益，促进安全、正常而经济的航空运输""为直接或间接从事国际航空运输工作的各空运企业提供合作的途径""与国际民航组织以及其他国际组织通力合作"。

凡国际民航组织成员国的任一经营定期航班的空运企业，经其政府许可都可成为该协会的会员。经营国际航班的航空运输企业为正式会员，只经营国内航班的航空运输企业为准会员。

该协会总部设在加拿大的蒙特利尔，在蒙特利尔和瑞士的日内瓦设有总办事处，在纽约、巴黎、新加坡、曼谷、内罗毕、北京设有分支机构或办事处，在瑞士的日内瓦还设有清算所。协会的最高权力机构为全体会议，另有4个常务委员会分管法律、业务、财务和技术。

目前，中国内地共有13家航空公司已经成为国际航空运输协会会员。

（2）国际民用航空组织（International Civil Aviation Organization，ICAO）。国际民用航空组织是协调世界各国政府在民用航空领域内各种经济和法律事务，制定航空技术国际标准的重要组织。1944年11月1日至12月7日，52个国家在美国芝加哥举行国际民用航空会议，签订了《国际民用航空公约》（简称《芝加哥公约》），并决定成立过渡性的临时国际民用航空组织。1947年4月4日《芝加哥公约》生效，国际民用航空组织正式成立，同年5月13日成为联合国的一个专门机构。秘书处为处理日常工作的机构，总部设在加拿大的蒙特利尔。

其宗旨是制定国际空中航行原则，发展国际空中航行技术，促进国际航行运输的发展，以保证国际民航的安全和增长；促进和平用途的航行器的设计和操作艺术；鼓励用于国际民航的航路、航站和航行设备的发展；保证缔约各国的权利受到尊重和拥有国际航线的均等机会等。

成员大会为该组织的最高权力机构，每3年开会一次，理事会为常设机构，有33名理事，第一类理事国为民航大国，占10席；第二类理事国是对国际民航提供便利方面作出大贡献的国家，占11席；第三类理事国是具有区域代表性的国家，占12席；理事会每年开会3次，下设航行技术、航空运输、法律、经营导航设备、财务和非法干扰国际民航等委员会。

（三）航空货运出口代理业务程序

1. 航空货运出口代理业务流程

1）市场销售

货代企业需及时向出口单位介绍本公司的业务范围、服务项目、各项收费标准，特别是向出口单位介绍本公司的优惠运价、服务优势等。

2）委托运输

由托运人自己填写货运托运书。托运书应包括下列内容栏：托运人、收货人、始发站机场、目的地机场、要求的路线/申请订舱、供运输用的声明价值、供海关用的声明价值、保险金额、处理事项、货运单所附文件、实际毛重、运价类别、计费重量、费率、货物的品名及数量、托运人签字和日期等。

3）审核单证

单证应包括发票、装箱单、托运书、报送单、外汇核销单、许可证、商检证、进料/来料加工核销本、索赔/返修协议、到会保函和关封。

4）预配舱

代理人汇总所接受的委托和客户的预报，并输入计算机，计算出各航线的件数、重量、体积，按照客户的要求和货物情况，根据各航空公司不同机型对不同板箱的重量和高度要求，制定预配舱方案，并对每票货配上运单号。

5）预订舱

代理人根据所制定的预配舱方案，按航班、日期打印出总运单号、件数、重量、体积，向航空公司预订舱。

6）接受单证

接受托运人或其代理人送交的已经审核确认的托运书及报送单证和收货凭证。将收货记录与收货凭证核对，制作操作交接单，填上所收到的各种报关单证份数，给每份交接单配一份总运单或分运单。将制作好的交接单、配好的总运单或分运单、报关单证移交制单。

7）填制货运单

航空货运单包括总运单和分运单，填制航空货运单的主要依据是发货提供的国际货物委托书，委托书上的各项内容都应体现在货运单项式上，一般用英文填写。

8）接收货物

接收货物，是指航空货运代理公司把即将发运的货物从发货人手中接过来并运送到自己的仓库。

接收货物一般与接单同时进行。对于通过空运或铁路从内地运往出境地的出口货物，货运代理按照发货提供的运单号、航班号及接货地点日期，代其提取货物。如货物已在始发地办理了出口海关手续，发货人应同时提供始发地海关的关封。

接货时应对货物进行过磅和丈量，并根据发票、装箱单或送货单清点货物，核对货物的数量、品名、合同号或唛头等是否与货运单上所列一致。

9）标记和标签

标记：包括托运人、收货人的姓名、地址、联系电话、传真；合同号等；操作（运输）注意事项；单件超过 150 千克的货物。

标签：航空公司标签上前三位阿拉伯数字代表所承运航空公司的代号，后八位数字是总运单号码。分标签是代理公司对出具分标签的标识，分标签上应有分运单号码和货物到达城市或机场的三字代码。一件货物贴一张航空公司标签，有分运单的货物，再贴一张分标签。

10）配舱

核对货物的实际件数、重量、体积与托运书上预报数量的差别。对预订舱位、板箱的有效利用、合理搭配，按照各航班机型、板箱型号、高度、数量进行配载。

11）订舱

接到发货人的发货预报后，向航空公司吨控部门领取并填写订舱单，同时提供相应的信息；货物的名称、体积、重量、件数、目的地；要求出运的时间等。航空公司根据实际情况安排舱位和航班。货运代理订舱时，可依照发货人的要求选择最佳的航线和承运人，同时为发货人争取最低、最合理的运价。

订舱后，航空公司签发舱位确认书（舱单），同时给予装货集装器领取凭证，以表示舱位订妥。

12）出口报关

首先将发货人提供的出口货物报关单的各项内容输入计算机，即计算机预录入。在通过计算机填制的报关单上加盖报关单位的报关专用章；然后将报关单与有关的发票、装箱单和货运单综合在一起，并根据需要随附有关的证明文件；以上报关单证齐全后，由持有报关证的报关员正式向海关申报；海关审核无误后，海关官员即在用于发运的运单正本上加盖放行章，同时在出口收汇核销单和出口报关单上加盖放行章，在发货人用于产品退税的单证上加盖验讫章，粘上防伪标志；完成出口报关手续。

13）出仓单

配舱方案制定后就可着手编制出仓单：出仓单的日期、承运航班的日期、装载板箱形式及数量、货物进仓顺序编号、总运单号、件数、重量、体积、目的地三字代码和备注。

14）提板箱

向航空公司申领板箱并办理相应的手续。提板箱时，应领取相应的塑料薄膜和网。对所使用的板箱要登记、消号。

15）货物装箱装板

注意事项：不要用错集装箱、集装板，不要用错板型、箱型；不要超装箱板尺寸；要垫衬，封盖好塑料纸，防潮、防雨淋；集装箱板内货物尽可能配装整齐，结构稳定，并接紧网索，防止运输途中倒塌；对于大宗货物、集中托运货物，尽可能将整票货物装一个或几个板箱内运输。

16）签单

货运单在盖好海关放行章后还需要到航空公司签单，只有签单确认后才允许将单、货交给航空公司。

17）交接发运

交接是向航空公司交单交货，由航空公司安排航空运输。

交单就是将随机单据和应由承运人留存的单据交给航空公司。随机单据包括第二联航空运单正本、发票、装箱单、产地证明和品质鉴定证书。

交货即把与单据相符的货物交给航空公司。交货前必须粘贴或拴挂货物标签，清点和核对货物，填制货物交接清单。对于大宗货物、集中托运货物，以整板、整箱称重交接。对于零散小件货物，按票称重，计件交接。

18）航班跟踪

需要联程中转的货物，在货物运出后，要求航空公司提供二程、三程航班中转信息，确认中转情况。及时将上述信息反馈给客户，以便遇到有不正常情况及时处理。

19）信息服务

从多个方面做好信息服务：订舱信息、审单及报关信息、仓库收货信息、交运称重信息、一程二程航班信息、单证信息。

20）费用结算

发货人结算费用：在运费预付的情况下，收取航空运费、地面运输费、各种服务费和手续费。

承运人结算费用：向承运人支付航空运费及代理费，同时收取代理佣金。
国外代理结算主要涉及付运费和利润分成。

2. 航空出口代理业务岗位分析

航空出口代理业务岗位分析，如图 5-1 所示。

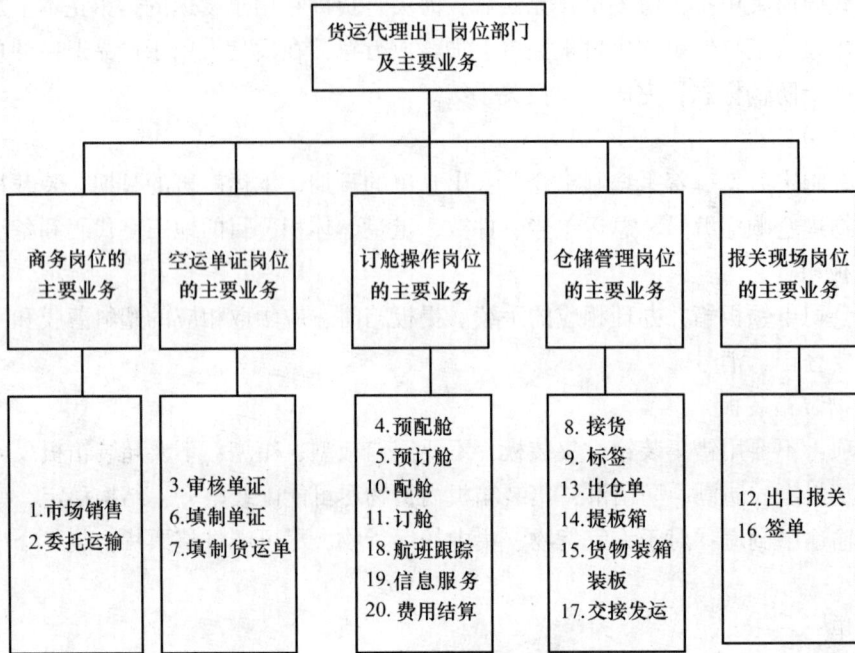

**图 5-1 航空出口代理业务岗位分析**

## 🖥 实训技能

1. 实训内容

绘制航空出口货运业务流程图，并简要叙述操作步骤。

2. 实训目的

掌握航空出口货运业务流程。

3. 实训准备

将学生分组，每组 5~6 人，教师准备空白纸张及航空公司、货代、卖方、买方等标志图标，以及笔、剪刀各组一套，分发给每组。

4. 实训步骤

步骤一：组内学生讨论。
步骤二：用分发的工具，在白纸上剪贴图标，画出空运出口流程图。
步骤三：每组选派代表简要叙述操作步骤。

5. 实训评价

航空进口货代流程图绘制技能训练评价表（表 5-2）。

表 5 – 2　航空出口货代流程图绘制技能训练评价表

| 被考评人 | | | | | | |
|---|---|---|---|---|---|---|
| 考评地点 | | | | | | |
| 考评内容 | 航空出口货代流程图绘制 | | | | | |
| 考评标准 | 内　　容 | 分值 | 自我评价 | 小组评价 | 教师评价 | 综合评价 |
| | 航空出口货代业务流程图绘制 | 60 | | | | |
| | 各组上台分享的演讲能力 | 40 | | | | |
| | 该项技能得分 | | | | | |

注：（1）实际得分 = 自我评价 ×20% + 小组评价 ×40% + 教师评价 ×40%。

（2）考评满分为 100 分，60 ~ 74 分为及格，75 ~ 84 分为良好，85 分以上为优秀。

# 任务二　航空出口货代委托与订舱

## 知识准备

### 一、国际货物委托书

国际货物委托书又称托运书（Shippers Letter of Instruction，SLI），是托运人用于委托国际航空货运代理人办理航空货运相关手续，以及代理其填写航空货运单的一种文件，其内容中列有填制货运单所需的各项内容，并印有授权国际航空货运代理人代其在货运单上签字的文字说明。

发货人发货时，首先需要填写国际货物委托书，并加盖公章，作为货主委托代理承办航空货运出口货物的依据。航空货运代理公司根据托运书要求办理出口手续，并据以结算费用。

因此，国际货物托运书是一份重要的法律文件。它是托运人用于委托承运人或其代理人填开航空货运单的一种表单，表单上列有填制货运单所需的各项内容，并印有授权承运人或其代理人代其在货运单上签字的文字说明。

国际航空货运委托书的主要内容如下：

（1）托运人姓名、地址、电话：指发货人单位名称、地址及联系电话。

（2）收货人姓名、地址、电话：指国外收货人单位名称、地址及联系电话。此栏目不能出现指示式收货人，如 TO ORDER 或 TO ORDER OF SHIPPER，必须写明实际收货人。

（3）通知方：除上述收货人之外，在货到目的站时，还需通知方的单位名称、地址及联系电话。

（4）始发站：货物始发机场的全称，也可以填机场所在的城市名称。

（5）到达站：货物到达的目的机场的全称，也可以填机场所在的城市名称。为避免重名，城市名称后面应写上国家名称。

（6）航班/日期：执行飞行任务的航班号以及起飞日期。如不详，可以空白，由承运人填写。

（7）托运人声明价值（供运输用）：指托运人向承运人声明其托运货物的实际价值，此价值是承运人赔偿责任的最高限额。如果所交付的货物毛重每千克不超过 20 美元（或等值货币），则无须填写声明价值金额，只填写"NVD"（NO VALUE DECLARED，无声明价值）。

如果货物毛重每千克超过 20 美元（或等值货币），应该填写实际价值。如果本栏目未填写，承运人或其代理可以视为货物无声明价值。

（8）托运人声明价值（供海关用）：此价值是供海关征税之用。属于征税范围内的货物，应如实填写货物的实际价值，在报关时，向海关交纳税款；如果货物是属于无商业价值的样品等，应向海关声明货物无商业价值（NO COMMERCIAL VALUE，NCV），填写"NCV"。

（9）保险金额：中国民航各空运企业暂未开展国际航空运输代保险业务，本栏可以不填。

（10）处理事项：填列附加的处理要求。例如，另请通知（ALSO NOTIFY），除填收货人之外，如托运人还希望在货物到达的同时通知他人，请另填写通知人的全名和地址；外包装上的标记；操作要求，如易碎、向上等。

（11）运单所附文件：填列随附在货运单上运往目的地的文件，应填上所附文件的名称。例如，托运人所托运的动物证明书（SHIPPER'S CERTIFICATION FOR LIVE ANIMALS）。

（12）件数与包装：指货物运输包装的数量以及运输包装的种类，如包裹（PACK-AGE）、纸板盒（CARTON）、盒（CASE）、板条箱（CRATE）、袋（BAG）、卷（ROLL）等。如货物没有包装，就注明为散装（LOOSE）。

（13）毛重：指托运货物的毛重，应由承运人或其代理称重后填写实际毛重，如果托运人已填写，则承运人或其代理必须对其进行复核。

（14）运价类别：运价分类为"M""N""Q""C""R""S"，详情参考航空运价部分。

（15）计费重量（千克）：本栏目由承运人或其代理计算出计费重量后填写。如果托运人已填写，承运人或其代理须复核。

（16）费率：此栏目可以不填。

（17）品名及数量：填写货物的名称和数量。如果一票货有多种品名，应分别填写。此栏目不能使用"样品""部件"等笼统的名称。名称应与商业发票等单据上的名称一致。

（18）托运人签字：托运人必须在本栏内签字。

（19）日期：填托运人或其代理人交货的日期。

在实际业务中，对于初次业务合作，有的公司使用航空货运代理协议书，其作用与国际航空货运委托书基本一致。使用协议书也需要发货人提供类似的委托书，告知货运代理货物的相关资料。

在接受托运人委托后、单证操作前，货运代理公司的指定人员对托运书进行审核（或称为合同评审）。审核的主要内容为价格和航班日期。目前，在审核起降航班的航空公司大部分采取自由销售方式。每家航空公司、每条航线、每个航班甚至每个目的港均有优惠运价，这种运价会因货源、淡旺季经常调整，而且各航空公司之间的优惠价也不尽相同。所以有时更换航班，运价也随之更换。需要指出的是，货运单上显示的是航空货物运价手册上公布的适用运价和费率；托运书上显示的则是航空公司优惠价加上杂费和服务费或使用协议价格。托运书的价格审核就是判断其价格是否能接受和预订航班是否可行，审核人员必须在托运书上签注姓名和日期以示确认。

**【国际货物托运书范例】**

国际货物托运书
## SHIPPER'S LETTER OF INSTRUCTION
货运单号码（MAWB/HAWB）：

| 托运人姓名、地址、电话号码：<br>Shipper's Name, Address & Tel No. | 托运人账号：<br>Shipper's Account Number | 客户要求：Client Requirement<br>航班/日期要求：<br>Flight/Date<br>随机文件要求（√/×）：<br>Attachment（Y/N）：<br>报关要求：<br>Custom Clearance：<br>代理要求：（√/×）<br>Agent Needed（Y/N）；<br>其他 Other： |
| --- | --- | --- |
| 收货人姓名、地址、电话号码<br>Consignee's Name, Address & Tel No. | 收货人账号<br>Consignee's Account Number | 预付运费 PP / 到付运费 CC |
| | | 另请通知 Also Notify |

| 始发站<br>Airport of Departure | 到达站<br>Airport of Destination | | |
| --- | --- | --- | --- |

| 托运人声明价值 Shipper's Declared Value | | 保险金额<br>Amount of Insurance | 随附文件<br>Documents to Accompany<br>Air waybill |
| --- | --- | --- | --- |
| 供运输用 for Carriage | 供海关用 for Customs | | |
| | | | |

储运注意事项（包括包装方式、货物标志及号码等）
Handling Information（Including Method of Packing, Identifying Mark and Numbers, etc.）

| 件数<br>No. of PCS. | 毛重（千克）<br>Gross Weight（kg） | 运价种类<br>Rate Class | 计费重量（千克）<br>Chargeable Weight（kg） | 费率<br>Rate/Charge | 货物品名（包括体积、尺寸、中文品名）<br>Nature and Quantity of Goods Incl. Dimension or Volume Nature in Chinese |
| --- | --- | --- | --- | --- | --- |
| | | | | | |

| 托运人证实以上所填全部需实并愿遵守承运人的一切承运章程。<br>The shipper certifies that the particulars on the face here of are correct and agrees to the conditions of carriage of the carrier | 托运人签字/盖章<br>Signature of Shipper.<br><br>日期<br>Date | 代理人签字/盖章<br>Signature of Agent<br><br>日期<br>Date |
| --- | --- | --- |

注：请用英文填写
　国外指定代理名称（Agent Name）：

货物起运地 Departure：

## 二、出口审核的单证

1. 出口审核的单证

所需审核的单证根据贸易方式、信用证要求等有所不同，主要包括以下单证。

（1）发票、装箱单：发票上一定要加盖公司公章（业务科室、部门章无效），标明价格术语和货价（包括无价样品的发票）。

（2）托运书：一定要注明目的港名称或目的港所在城市名称，明确运费预付或运费到付、货物毛重、收发货人、电话/电传/传真号码。托运人签字处一定要有托运人签名。

（3）报关单：注明经营单位注册号、贸易性质、收汇方式，并要求在申报单位处加盖公章。

（4）外汇核销单：在出口单位备注栏内，一定要加盖公司公章。

（5）许可证：合同号、出口口岸、贸易国别、有效期一定要符合要求，与其他单据相符。

（6）商检证：商检证、商检放行单、盖有商检放行章的报关单均可。商检证上应有"海关放行"字样。

（7）进料/来料加工核销本：注意本上的合同号是否与发票相符。

（8）索赔/返修协议：要求提供正本，要求合同双方盖章，如果外方没章，也可以签字。

（9）到付保函：凡到付运费的货物，发货人都提供。

（10）关封。

国际航空货运委托是航空货运的发货人授权国际航空货运代理为其办理国际航空货运业务中的一切事宜，双方通过委托书明确委托方和受托方的责任与义务。

由于航空运输的特殊性，国际航空货运代理除了要求托运人填写托运书，提交发票、装箱单、报关单、外汇核销单、出（进）口许可证等报验、报关单证外，对于特种货物还需要提交其他规定的额外单证。

① 对于危险品，托运人必须填写一式两份的危险物品申报单，签字后一份交始发站留存，另一份随货物运至目的站。申报单必须由托运人填写、签字并对申报的所有内容负责，任何代理人都不可代替托运人签字。

② 对于活体动物，托运人必须填写一式两份活体动物申报单，签字后交承运人，一份由收运货物的承运人留存，另一份随货运单运往目的地。此外，还应提交动物卫生检验证明、有关国家的进出口许可证等。

③ 对于灵柩，托运人应提交死亡证明书（Death Certificate）、入殓证明书（Certificate of Burial）、出境许可证（Export Permit）等。

2. 审核的标准

国际航空货运代理接受委托后，应认真审核相关单证。如认为单证不符合要求或缺少必要单证，应要求托运人尽快修改或补交，否则应拒绝接受发货人的委托，以免影响货运业务正常进行。

与海洋运输不同，航空货运所承运的主要是一些时间要求紧、不宜颠簸、容易受损、货价较高的货物，如海鲜、服装、鲜花、精密仪器、邮件等，加之受飞机机型及载重量等方面的限制，因此航空货运对所承运货物比海运有着更为严格的限制。具体规定如下：

（1）货物价值限制。

① 每次班机装载的货物总价值不得超过 600 万美元。

② 每次班机上所装载的贵重物品总价值不得超过 300 万美元。

③ 每份运单上货物的声明总价值不得超过 10 万美元，如果超过以上限制，则须得到有关航空公司的批准方可运输。

（2）重量和尺寸的限制。

① 窄体飞机承运的散装货物一般不超过 150 千克/件，收运宽体飞机载运的货物，重量不得超过集装设备的最大载量，对有些危险品实行限量运输。

② 货物的尺寸三边之和不得小于 40 厘米。

③ 受到舱门尺寸和货舱结构的限制，散装货物应查阅《TACT RULES 中的 8.2 Loading Charts 部分》（《散装货物装载表》），对于集装货物，查阅《集装器尺寸限制表》和《集装器适配表》。

（3）付款限制。

① 如前所述，有些货物严禁运费到付。

② 运费与声明价值附加费必须全部预付或全部到付。

③ 在始发站发生的其他费用必须全部预付或全部到付，在中转站或途中或目的站发生的其他费用应全部到付，但如果在始发站能预先确定中转站或目的站所发生的费用，则应预付。

④ 在目的站发生的其他费用只能全部到付。

如果托运货物超出航空公司的收运限制，空运代理应及时通知托运人。

（4）特种货物限制。

① 活体动物、贵重物品、灵柩不得与其他货物作为一票货物交运，但必备的设备和饲料可以与活体动物作为一票货物交运。

②《危险物品手册》（DGR）、《活体动物规则》（LAR）、《TACT RULES，ES 7.3 国家规定》、《TACT RULES 8.3 承运人规定》规定了特种货物在包装、标签、重量、装卸、存储等方面的具体要求。

③ 需要预先办理订舱。

（5）对于国际快件货物运输（指定航班服务 FDS）的限制。

① 托运人应在指定航班起飞前 24 小时订妥舱位。

② 托运人最迟应在指定航班起飞前 3 小时将快件交至承运人机场收运部门。

③ 活体动物、贵重物品、危险物品、鲜活易腐货物不适用快件运输。

④ 每件快件货物的最大重量为 50 千克，每件快件货物的最大周边之和为 210 厘米。

⑤ 快件货物必须实行运费预付的付款方式，其运价为公布的普通货物运价（包括 500 千克及其以下的所有重量等级运价）以及最低运费的 140%。

航空货运代理在接受发货人委托时，除认真审核相关单证外，还应根据航空公司对空运货物的各项限制，逐一核实，对不符合规定的货物不能接受货主的委托。

### 三、订舱的一般程序

订舱是国际航空货运代理向航空公司申请运输并预订舱位的行为，包括配舱和订舱两个部分，通常是同时进行的。

**1. 配舱**

配舱就是国际航空货运代理汇总所接受的同一航线各发货人委托的货物情况，根据与航空公司确定的舱位容量，按照已受理委托货物的重量和（或）体积、数量及货物类别，参照航空公司航班的机型、箱板型号、高度规定，合理安排装箱或装板装载，以提高箱或板的使用效率，最大限度地利用空间和舱位。航空货运代理在配舱时，应该掌握航空公司对重量、容积、地板承受力和舱门尺寸等的限制，以满足航空公司对货运安全的要求。

在实际业务中，配舱和订舱通常是同时进行的。航空货运代理在接受发货人委托时，应该对航空公司的舱位情况以及航空公司的箱板规格都有清楚了解，以保证业务顺利进行。

**2. 订舱**

国际航空货运代理接到托运人的委托后，应按照委托书内容以及发货人的要求，选择最佳的航线和最佳的承运人，同时为发货人争取最低、最合理的运价。确定了航空公司后，应采取合适的方式向航空公司正式提出运输申请并订妥舱位。航空公司接受订舱后，签发舱位确认书（舱单），同时给予装货箱板领取凭证，表示舱位订妥。订舱完成时，应该有确定的航班号，并为每票货物分配运单号，以备报关使用。

对于直接发给国外收货人的单票货物，只需航空公司的运单号，即总运单号；如果是集中托运货物，则必须先为每票货分配分运单号，即国际航空货运代理的运单号，然后由航空货运代理向航空公司为集中托运的整批货物申请总运单号。

目前，在实际业务中，由于计算机网络的广泛应用，大多数航空公司货运业务已经不再使用纸质的舱单，而是采用直接在网上确认订舱完成情况的方式。

1）订舱时间

一般情况下，各航空公司根据托运货物本身的特点和托运人的要求规定订舱时间。

（1）一般而言，限额（如 10 kg）以下货物，在航班离开前几小时提出订舱要求即可。

（2）限额以内货物（如 10 ～ 100 kg 之间），仅需在航班起飞前 24 小时用电话或传真方式告知有关资料申请订舱。

（3）限额以上货物（如 100 kg 以上）以及在中转站有特殊要求的货物、大宗货、紧急货、鲜货、易腐货、危险品、贵重货、尸体及包机货物等，应提前一周办理订舱手续。

2）订舱应提交的资料

国际航空货运代理订舱时，应向航空公司吨控部门提供以下相应的资料。

（1）货物名称。

（2）体积（必要时提供单件尺寸）。

（3）重量。

（4）件数。

（5）目的地。

（6）要求出运的时间等。

（7）其他运输要求（温度、装卸要求、货物到达目的地时限等）。

航空公司根据实际情况安排航班和舱位。

3）航空公司舱位销售原则

作为国际航空货运代理，应该了解各航空公司对各类货物舱位销售的基本原则，以此指导其订舱业务，保证货运代理业务顺利进行。

（1）保证有固定舱位配额的货物。

（2）保证邮件、快件舱位。

（3）优先预定运价较高的货物舱位。

（4）保留一定的零散货物舱位。

（5）未订舱的货物按交运时间的先后顺序安排舱位。

对于联运货物，应该预订全程舱位，并符合承运人的有关规定，如需要变更承运人，必须重新得到续程承运人的许可。

**3. 客户确认**

国际航空货运代理向航空公司办理订舱手续后，应及时通知发货人，确认航班信息以及空运费，核对货物的相关资料，避免货物数量、目的地等信息出现差异，而导致空舱或甩货。如果货物与订舱信息相符，即可通知发货人在规定的时间内，将货物送至机场指定仓库，办理货物交接手续、装箱板等工作。

## 实训技能

**1. 实训内容**

广浩国际货运代理有限公司接到宁波保税区宇纺国际贸易有限公司出口空运货物的委托，要求他们订舱并安排合适的班机运出。

**2. 实训目的**

掌握空运货物出口委托与订舱业务。

**3. 实训准备**

将学生分为8组，每组5~6人，4组代表委托人宁波保税区宇纺国际贸易有限公司，另外4组代表广浩国际货运代理有限公司。各组分别准备一张空白的空运委托书，并准备货代软件一套。

**4. 实训步骤**

步骤一：认识委托书范本。

步骤二：各组学生讨论，代表广浩国际货运代理有限公司的4组学生，根据委托书填制要求和业务情况分别填制委托书。

步骤三：委托书填制完成后，分别递交给代表广浩国际货运代理有限公司的另外4组学生进行审核。

步骤四：选派两组代表上台展示填制的委托书。

步骤五：其他组学生分析、评价、补充。

步骤六：教师点评、总结，并提供标准的空运委托书。

步骤七：学生修正委托书。

步骤八：教师打开货代系统软件，单击空运出口模块，建立订舱所需的订舱代理、航班、总单，操作订舱流程。

步骤九：学生操练，展示成果。

步骤十：教师点评。

**5. 实训评价**

货运代理委托与订舱技能训练评价表（表5-3）。

表 5 - 3　货运代理委托与订舱技能训练评价表

| 被考评人 | | | | | | |
|---|---|---|---|---|---|---|
| 考评地点 | | | | | | |
| 考评内容 | 货运代理委托与订舱 | | | | | |
| 考评标准 | 内　容 | 分值 | 自我评价 | 小组评价 | 教师评价 | 实际得分 |
| | 委托书填写清晰，无涂改 | 25 | | | | |
| | 委托书审核仔细 | 25 | | | | |
| | 订舱流程掌握清楚 | 25 | | | | |
| | 订舱系统操作完整 | 25 | | | | |
| | 该项技能能级 | | | | | |

注：（1）实际得分＝自我评价×20％＋小组评价×40％＋教师评价×40％。

（2）考评满分为100分，60～74分为及格，75～84分为良好，85分以上为优秀。

# 任务三　航空出口单据准备与货物交接

## 知识准备

在实际业务中，一部分单据由托运人提交，也可以由航空货运代理代托运人制作，主要用于办理检验检疫和海关等手续；另一部分单据由航空货运代理制作，在与航空公司办理货物交接时使用。

### 一、托运人出口单据准备

航空货运代理在接受发货人的委托之后，应按照委托书或委托代理协议的内容审核发货人交付的各种单证，或接受发货人的委托代理发货人制作所需要的各种单证。

（1）航空货运出口需要准备的主要单据。

① 委托书：即托运人与航空货运代理签订的托运书。托运书中应注明目的站名称或所在城市名称，运费预付还是到付，货物毛重、体积，以及收发货人名称、地址、电话等主要内容，并一定要有托运人的签字和盖章。

② 商业发票（包括无价样品的发票）：应标明价格术语和货物价格。

③ 装箱单（货物交接清单）：列明详细的货物名称、货物数量、装箱方式、包装件数、净重、毛重及体积等。

④ 许可证、配额：仅对属于国家许可或配额管理的商品。许可证、配额中的合同号、出口口岸、贸易国别、有效期等一定要与其他单证相一致。

⑤ 到付保函：对于 FOB 成交的合同，出口商向航空公司出具保证函，保证进口商能够如期支付运费，否则，表示出口商愿意为进口商承担其未支付的运费。

⑥ 加工贸易手册：指加工贸易进出口货物使用的手册，一般贸易不需要加工贸易手册。

⑦ 产地证书：指原产地证，按贸易合同或信用证要求，到贸促会或检验检疫局申领。

⑧ 外汇核销单：出口收汇核销用。

⑨ 报验单及报关单：如托运人委托航空货运代理为其办理报验和报关手续，需要托运

人出具报验委托书和报关委托书并加盖公章。

（2）航空货运代理审核单据。航空货运代理应审核以下内容：

① 单证种类是否齐全。

② 货物品名是否规范，不能泛指，如"机器零件""VCD"的提法不规范。

③ 是否需要做危险品（DGM）鉴定，如药品、磁性物质、化工品、车辆等。

④ 各单证之间相互对应一致。

## 二、与托运人货物交接

### 1. 接货

航空货运代理接受托运人委托后，会通知托运人在规定时间内将货物送到指定机场仓库。航空货运代理在机场仓库接受由托运人或托运人指定的国内段承运人送来的货物。在实际业务中，航空货运代理为提高服务水平和服务质量，也可以安排车辆到发货人处直接接货（也称到门服务），也可按照托运人提供的运单号、航班号及接货地点、接货日期，代托运人向国内段承运人提取货物。如果货物已在起运地办理了出口海关手续，托运人应同时提供起运地海关的关封。

航空货物的托运人在发运货物时，一定要了解航空运输的有关限制，按照航空运输的规定办理，以免货物到达机场而因不符合航空运输的规定而遭拒载。

### 2. 理货

航空货运代理接到货物后，需进行理货工作。所谓理货就是货运代理与托运人或托运人指定的国内段承运人一起按照托运书、装箱单或货物清单清点货物数量、过磅称重、丈量包装尺寸以及检查货物的外包装情况等工作，同时，货运代理还应核对货物配载与舱位情况、装运时间要求、货物是否要求分批等条件是否能满足航空运输要求。其中过磅称重、丈量包装尺寸是为计算计费重量做准备。过磅称重可以得到货物的实际毛重，通过丈量包装尺寸可以计算出货物的体积重量，即外包装的长（cm）×宽（cm）×高（cm）×总件数/6 000立方厘米/千克（有些国家按7 000立方厘米/千克），以上二者中较大者就是计费重量。

航空公司对货物包装最小尺寸的要求：10×20×30立方厘米/件，低于这个要求，航空公司有权拒绝受理托运货物。

如果货物的各项运输要求与委托书一致，外包装符合航空运输的要求，则由航空货运代理为发货人办理交接、验收及入库手续。由于航空运输的特殊性，对货物的外包装有着更为严格的要求，因此在理货环节，航空货运代理应对托运人提供的货物包装认真检查，保证货物的外包装坚固、完好、轻便，能满足运输中各操作环节的正常操作要求，保证货物可以完好地运达目的站，同时，保证不因包装问题而损坏其他货物和设备设施。因此，在航空运输中，对货物的外包装有着特殊的要求。

1）基本要求

① 包装不破裂，内装物不泄漏，填塞要牢固，内装物互相不摩擦、不碰撞，没有异味散发，不因气压、气温变化而引起货物变质，不会对机上工作人员和地面操作人员造成伤害，不会对飞机、设备以及机上其他装载货物造成污损，便于装卸。

② 为了不使密封机舱的空调系统堵塞，不得使用带有碎屑、草末等材料作包装，如草袋、草绳、粗麻包等，包装的内衬物，如谷糠、锯末、纸屑等不得外漏。

③ 包装内部不能有突出的棱角，也不能有钉、钩、刺等；包装外部需清洁、干燥，没

有异味和油腻。

④ 托运人应在每件货物的包装上详细写明收货人、另请通知人和托运人的名称和地址。如包装表面不能书写，可写在纸板、木牌或布条上，再拴挂在货物上，填写时字迹必须清楚、明晰。

⑤ 包装用的材料要良好，不得用腐朽、虫蛀、锈蚀的材料，无论木箱还是其他容器，为了安全起见，必要时可用塑料带或铁箍加固。

⑥ 如果包装件有轻微破损，填写货运单时应在"HANDLING INFORMATION"栏里标注出详细情况。

2）对包装材料的具体要求

下述要求适用于木箱、结实的纸箱（塑料打包带加固）、皮箱、金属或塑料桶等。

① 液体类货物包装规范。液体、袋装货物必须保证不能渗漏，不论瓶装、罐装或桶装，容器内至少要有5%～10%的空隙，封盖严密，容器不得渗漏。用陶瓷、玻璃容器盛装的液体，每一容器的容量不得超过500毫升，并需外加木箱包装，箱内应装有内衬物和吸湿材料，内衬物要装填牢实，以防内装容器碰撞破碎。用陶瓷、玻璃容器盛装的液体货物，外包装上应加贴"易碎物品"标贴。

② 易碎物品。对于易碎物品，须用木箱包装，而且要用内衬物将物品填塞牢实，每个包装的重量不得超过25千克，包装上应贴"易碎物品"标贴。

③ 精密仪器。需要多层次包装，内衬物要有一定的弹性，但不得使货物移动位置和互相碰撞摩擦；对于悬吊式包装，应用弹簧悬挂在木箱内；应加大包装底盘，不使货物倾倒；包装上应加贴"易碎物品"和"不可倒置"标贴。

④ 裸装货物。不怕碰压的货物（如轮胎），可以不用包装。但不易清点或容易碰坏飞机的仍须妥善包装。

⑤ 木制包装。木制包装或垫板的表面应清洁、光滑，不携带任何种类的植物虫害。有些国家要求在"HANDLING INFORMATION"栏目中注明"THE SOLID WOOD MATERIALS ARE TOTALLY FREE FROM BANK AND APPARENTLY FREE FROM LIVE PLANTPEST"；大多数国家对实木包装要求做木质熏蒸，但手续简化，不需要出熏蒸证，只需要在木包装上加盖已熏蒸标识。

⑥ 混装货物。一票货物中包含有不同物品称为混装货物，这些货物可以装在一起，也可以分别包装，但不能包含下列物品：贵重货物、动物、尸体、骨灰，外交信袋、作为货物运送的行李。

3. 标签

在货物理货入库的同时，航空货运代理工作人员应根据航空公司的运单号码，制作主标签和分标签，并分别粘贴或拴挂在货物的外包装上；对散装货物，可以直接粘贴或拴挂在货物上。在航空货运中，粘贴标签的主要目的是便于起运港及目的港的货主、货代、海关、航空公司、检验检疫机构以及收货人识别查找。

航空货运标签主要有以下分类方法和种类。

根据标签的作用分为识别标签、特种货物标签和操作标签。

（1）识别标签。识别标签是说明货物的货运单号码、件数、重量、始发站、目的站、中转站等信息的一种运输标志，分为挂签和贴签两种。识别标签的使用要求如下：

① 在使用标签之前，清除所有与运输无关的标记和标签。

② 体积较大的货物需对贴两张标签。

③ 袋装、捆装、不规则包装除使用两个挂签外，还应在包装上写清楚货运单号码和目的站。

（2）特种货物标签。特种货物标签是说明特种货物性质的各类识别标志，分为动物标签、危险品标签和鲜活易腐物品标签。

（3）操作标签。操作标签是说明货物储运过程中应注意事项的各类标志，如易碎物品、请勿倒置等标志。

标签按照类别分为航空公司标签和航空货运代理标签。

（1）航空公司标签（主标签）是对其所承运货物的标识。各航空公司的标签虽然在格式、颜色上有所不同，但内容基本相同。标签上前三位阿拉伯数字代表承运货物的航空公司代号，后八位是总运单号码。另外，标签上还有起运地、目的地、件数及总毛重等。

（2）航空货运代理标签（分标签）是其对所代理货物的标识。凡出具分运单的货物都要制作分标签，填制分运单号码和货物到达城市或机场的三字代码。一件货物贴一张航空公司标签，有分运单的货物，再贴一张分标签。

4. 装货（装箱板）

除特殊情况外，航空货运均是以"集装箱""集装板"的形式装运的。因此，航空货运代理在完成订舱手续后，航空公司的吨控部门根据订舱货量出具"发放航空集装箱板凭证"，航空货运代理凭此凭证向航空公司箱、板管理部门领取与订舱货量相应的集装箱板，提箱板时，应同时领取相应的塑料薄膜和网。对所使用的箱板在领取时需要登记，与航空公司交接货物时需要向航空公司销号。

一般而言，体积在 2 立方米以上并已预订舱位的大宗货物或集中托运货物，货运代理人自己安排装箱、装板，2 立方米以下货物作为小件货物交给航空公司拼装或单件运输。

在实际业务中，航空货运代理接到货物后，应视货物情况，及时安排货物的装箱、装板，保证货物及时装机。对于大宗货物、集中托运货物可以在航空货运代理自己的仓库、场地或货棚装箱、装板，也可以在航空公司指定的场地装箱、装板。

装箱、装板时应注意以下事项：

（1）不要用错集装箱板，也不要用错箱型、板型。每个航空公司为了加强本航空公司箱板的管理，都不许可本公司的箱板为其他航空公司的航班使用。不同航空公司的集装箱板因型号、尺寸有异，所以如果用错会出现装不上飞机的现象。

（2）货物外包装尺寸不要超过箱板的尺寸。一定型号的箱板用于一定型号的飞机，箱板都有具体的尺寸规定，一旦超过箱板的尺寸，就无法装上飞机。因此装箱板时，一定要注意货物的尺寸，既不能超装，又要在规定的范围内用足箱板的可用体积。

（3）要垫衬、封盖好塑料膜，以便防潮、防雨。

（4）集装箱板内的货物尽可能配装整齐，结构稳定，并接紧网索，防止运输途中倒塌。

（5）对于大宗货物、集中托运货物，尽可能将整票货物装在一个或几个箱板内运输。已装妥整个箱板后剩余的货物要尽可能地拼装在同一箱、同一板内，以防止散乱、丢失。

5. 安检

目前，世界各地机场对发运的货物都要求通过机场安检仪器进行检查，安检人员对安检合格货物进行登记后，方允许货物入库待发运。

## 实训技能

**1. 实训内容**

广浩国际货运代理有限公司与托运人宁波保税区宇纺国际贸易有限公司货物交接。

**2. 实训目的**

掌握货代公司与托运人货物交接的业务流程。

**3. 实训准备**

将学生平均分成四组，两组代表广浩国际货运代理有限公司，另外两组代表宁波保税区宇纺国际贸易有限公司。四组学生提前做好信息收发准备，教师提醒学生在操作前的各组任务完成过程中做好记录，并公布评价标准。同时准备一些货物样品、标签和单据。

**4. 实训步骤**

步骤一：教师布置任务，完成航空出口货物单据和货物交接。
步骤二：四组学生分别代表不同的角色进行演练。
步骤三：选派两组学生展示成果，学生评价、总结。
步骤四：教师点评。

**5. 实训评价**

航空出口单据准备与货物交接技能训练评价表（表5-4）。

表5-4 航空出口单据准备与货物交接技能训练评价表

| 被考评人 | | | | | | |
|---|---|---|---|---|---|---|
| 考评地点 | | | | | | |
| 考评内容 | 航空出口单据准备与货物交接 | | | | | |
| 考评标准 | 内　容 | 分值 | 自我评价 | 小组评价 | 教师评价 | 实际得分 |
| | 会收集资料 | 25 | | | | |
| | 能体现团队合作力、决策力、制订计划的能力 | 25 | | | | |
| | 实施准确、完整、准时 | 25 | | | | |
| | 能进行过程监控和自我评估 | 25 | | | | |
| | 该项技能能级 | | | | | |

注：（1）实际得分=自我评价×20%+小组评价×40%+教师评价×40%。
（2）考评满分为100分，60~74分为及格，75~84分为良好，85分以上为优秀。

# 任务四　航空出口报检与报关

## 知识准备

### 一、国际航空出境货物报检单和通关单

航空出境货物和海运出口货物一样，也需要向检验检疫机构出具报检单，只有法定检验

合格，才能签发通关单，凭此办理出口报关。

1. 国际航空出境货物报检单的主要内容

国际航空出境货物报检单的主要内容如下。

（1）报检单位：航空货运中的报检单位应该是在检验检疫机构登记注册的航空货运代理公司，应该填写公司名称并加盖"报检专用章"。

（2）报检单位登记号：指航空货运代理公司在检验检疫机构的登记号。

（3）联系人：航空货运代理公司的报检员姓名。

（4）电话：航空货运代理公司的报检员联系电话。

（5）发货人：即托运人。

（6）收货人：即国外的进口商。

（7）运输工具名称号码：填写运输本批货物的航班号，预报检时可填"×××"。

（8）启运地：指装运本批货物离境的交通工具的启运机场城市名称。

（9）到达口岸：指装运本批货物的交通工具最终抵达目的地停靠的机场城市名称。

国际航空出境货物报检单的其他内容与海运出口中的出境报检单内容基本相似，这里不再重复。

2. 国际航空出境货物通关单的主要内容

国际航空出境货物通关单的主要内容与海运出境货物通关单的内容基本一致。

## 二、国际航空出口货物报关单

国际航空出口货物报关单与海运出口货物报关单相比较，有以下内容与海运出口货物报关单不同。

（1）出口口岸：指机场海关的全称。

（2）运输方式：填航空运输。

（3）运输工具名称：填航班号/起飞日期（八位数字）。

（4）提运单号：航空运单号，如果有分运单，填"主运单号"+"分运单号"。

（5）指运港：目的机场名称或目的机场所在城市名称。

除以上内容，其他内容和海运出口货物报关单的内容填写基本一致。

### 实训技能

1. 实训内容

广浩国际货运代理有限公司于 2016 年 3 月 13 日接到宁波保税区宇纺国际贸易有限公司送来的货物后，填制出境货物报检单和出口货物报关单，着手办理报检、报关手续。广浩国际货运代理有限公司的海关注册号：32053×××××。

2. 实训目的

通过本次实训，使学生能了解报关单的填制规范，熟练掌握报关单的填制技巧，掌握经营单位、贸易方式、征免性质等重要概念及其之间的对应关系。

3. 实训准备

将学生分组，每组 5 ~ 6 人。各组分别准备一张空白的报关单。

4. 实训步骤

步骤一：教师布置任务。

步骤二：每组学生选出组长，组长分配组内成员任务。

步骤三：学生查阅、讨论报关单的填制要求，并完成报关单的填写。

步骤四：学生进行报关单展示，各组相互之间进行评价。

步骤五：教师点评。

5. 实训评价

报关单填制技能训练评价表（表5-5）。

表5-5　报关单填制技能训练评价表

| 被考评人 | | | | | | |
|---|---|---|---|---|---|---|
| 考评地点 | | | | | | |
| 考评内容 | 报关单填制技能 | | | | | |
| 考评标准 | 内　容 | 分值 | 自我评价 | 小组评价 | 教师评价 | 实际得分 |
| | 报关单填制完整性 | 50 | | | | |
| | 结果的正确性 | 30 | | | | |
| | 个人在项目中的贡献 | 20 | | | | |
| | 该项技能能级 | | | | | |

注：（1）实际得分=自我评价×20%+小组评价×40%+教师评价×40%。

（2）考评满分为100分，60~74分为及格，75~84分为良好，85分以上为优秀。

# 任务五　航空运单签发与货物发运

## 知识准备

### 一、与航空公司签发的单据

根据《华沙公约》《海牙议定书》和承运人运输条件的条款规定，承运人为托运人准备航空运单，托运人有责任填制航空运单。托运人或其代理人对运单所填各项内容的正确性、完备性负责。

1. 航空运单的含义

航空运单（Air Waybill）是承运人签发给发货人表示已收妥货物，接受发货人托运的货运单据。它仅是一种收据，并不是货物的物权证明，是不可转让的运输单据。

2. 航空运单的性质

（1）航空运单是发货人与航空承运人之间的运输合同，与海运提单不同，航空运单不仅证明航空运输合同的存在，而且航空运单本身就是发货人与航空运输承运人之间缔结的货物运输合同，在双方共同签署后产生效力，并在货物到达目的地交付给运单上所记载的收货人后失效。

（2）航空运单是承运人签发的已接收货物的证明，航空运单也是货物收据，在发货人将货物发运后，承运人或其代理人就会将其中一份交给发货人（发货人联），作为已经接收货物的证明。除非另外注明，它是承运人收到货物并在良好条件下装运的证明。

（3）航空运单是承运人据以核收运费的账单，航空运单分别记载着属于收货人负担的费用、属于应支付给承运人的费用和应支付给代理人的费用，并详细列明费用的种类、金额，因此可作为运费账单和发票。承运人往往也将其中的承运人联作为记账凭证。

（4）航空运单是报关单证之一。出口时航空运单是报关单证之一，在货物到达目的地机场进行进口报关时，航空运单也通常是海关查验放行的基本单证。

（5）航空运单可作为保险证书。如果承运人承办保险或发货人要求承运人代办保险，则航空运单也可用来作为保险证书。

（6）航空运单是承运人内部业务的依据。

由此可见，航空运单与海运提单不同，它是由承运人或其代理人签发的重要货物运输单据，是承托双方的运输合同，其内容对双方均具有约束力；但航空运单不是物权凭证，不可转让，持有航空运单也并不能说明可以对货物要求所有权；托运人只可以凭此向银行办理结汇。货物到达目的地后，收货人凭承运人的到货通知提取货物，并不要求收货人一定要提交航空运单才能提取货物，这一点是航空运单和海运提单本质上的区别。

采用信用证支付方式时，卖方可要求将空运单的收货人填写为开证行，这样货物到达后提货权掌握在银行手中，可以避免收货人凭到货通知提货后不付款或买方拒付。但这种做法一定要提前征得开证行的同意后才能实行，否则是无效的。

航空运单随货同行，证明了货物的身份。运单上载有有关该票货物发送、转运、交付的事项，承运人会据此对货物的运输做出相应安排。

3. 航空运单的内容及缮制

（1）航空运单编号（Airway bill number）：航空运单最上方的编号由航空公司填写。编号前三位一般是各国航空公司的代号，如中国国际航空公司的代号为999，日本航空公司的代号为131等。

（2）承运人（Carrier）：即航空公司。UCP500第27条规定，若信用证要求空运单据，银行将接受表面标明承运人名称的单据。对于分运单，承运人为航空货运代理公司，这里应是航空货运代理公司的名称。

（3）发货人名称及地址（Shipper's name and address）：信用证结算方式一般填写受益人名称；托收结算方式一般填写合同卖方的名称及地址。如果信用证另有规定，则按信用证要求填写。

（4）发货人账号（Shipper's account number）：一般可以不填写。

（5）收货人名称及地址（Consignee's name and address）：此栏在托收结算中一般填写合同中的买方。在信用证结算方式下，有的是以买方为收货人，有的以开证行为收货人，根据信用证的规定填写。因为空运单是不可转让的，所以空运单的收货人不能做成"凭指示"的。

（6）收货人账号（Consignee's account number）：一般可不填写。

（7）签发运单的承运人的代理人名称及城市（Issuing carrier's agent name and city）：本栏若运单由承运人的代理人签发，可填写实际代理人名称及城市名；如果运单直接由承运人本人签发，此栏可不填写。

（8）代理人国际航空运输协会代号（Agent's iata code）：一般可不填写。

（9）代理人账号（Account number）：可填写代理人账号，供承运人结算时使用，一般不填写。

（10）起飞机场和指定航线（Airport of departure and requested routing）：一般填写起航机

场名称即可。

（11）会计事项（Accounting information）：指与费用结算的有关事项，如运费预付、到付或发货人结算使用的信用卡号、账号以及其他必要的情况。

（12）转运机场/首程船/路线及目的地（To/by first carrier/routing and destination）：货物运输途中需转运时按实际情况填写。

（13）目的地机场（Airport of destination）：即货物运输的最终目的地机场。

（14）航班/日期（仅供承运人使用）（Flight/date for carrier's use only）：即飞机航班号及实际起飞日期。但本栏所填内容只能供承运人使用，因而该起飞日期不能视为货物的装运日期（一般以航空运单的签发日期作为装运日期）。UCP500 第 27 条规定，就本条款而言，在空运单据的方格内（注有"仅供承运人使用"或类似意义的词语）所表示的有关航班和起飞日期的信息，将不视为发运日期的专项批注。

（15）货币及费用代码（Currency and chgs code）：货币及费用代码即支付费用使用的货币的国际标准电码，如 USD、HKD 等，费用代码可以不填。

（16）运费/声明价值及其他费用（Wt/val and other）："声明价值费"（Valuation charge），是指下列第 17 栏向承运人声报了价值时，必须与运费一起交付声明价值费。

若该栏费用是预付，则在"PPD"（PREPAID）栏下打"×"。若是到付，则在"COLLECT"栏下打"×"。此栏应注意与第 17 栏保持一致。

（17）供运输使用的声明价值（Declared value for carriage）：指托运人向承运人声明其托运货物的实际价值，此价值是承运人赔偿责任的最高限额。如果所交运的货物毛重每千克不超过 20 美元（或等值货币），则无须填写声明价值金额，只填写"NVD"（NO VALUE DECLARED，无声明价值）；如果货物毛重每千克超过 20 美元（或等值货币），应该填写实际价值；如果本栏目未填写，承运人或其代理可以视为货物无声明价值。

（18）海关声明价值（Declared value for customs）：此栏所填价值是提供给海关的征税依据。当以出口货物报关单或商业发票作为征税依据时，本栏可空白不填或填"AS PER INVOICE"，如果货物是样品等数量少且无商业价值的，可填"NCV"（NO COMMERCIAL VALUE）。

（19）保险金额（Amount of insurance）：在航空公司提供代理保险业务时，如发货人根据本运单背面条款要求保险的，则在本栏内填保险金额；若无，可空白或填"NIL"。

（20）处理情况（Handling information），有的也称为操作信息：可利用本栏填写所需要注明的内容：被通知人；飞机随带的有关商业单据名称；包装情况；发货人对货物在途时的某些特别指示或承运人对货物处理的有关注意事项；对第二承运人的要求等。

（21）货物件数和运价组成点（No. of Pieces RCP, Rate combination point）：填货物包装件数及包装方式。例如 10 包，填"10 BAGS"。当需要组成比例运价或分段相加运价时，在此栏填入运价组成点机场的 IATA 代码。

（22）毛重（Gross weight）：填货物总毛重。

（23）重量单位：选择千克（kg）或磅（lb）。

（24）运价等级（Rate class）：航空运价共有 6 种代码。

M（Minimum），起码运费；

N（Normal under 45 kg rate），45 千克以下普通货物费率；

Q（Quantity over 45 kg rate），45 千克以上普通货物费率；在 45 千克以上又分 100、250、300、500、1 000、2 000 千克等多个档次，不同的档次有不同的运费优惠；

上述以 45 千克为计算运费的界限，又称为重量分界点（Weight Break Point）。

C（Specific commodity rates），特种货物运价：对于某些特种货物，在一定的航线上规定了特定的费率；

S（Surcharge class rate more than normal rate），加价费率：即对某些少数货物，按照"N"费率加一定的百分比；

R（Reduced class rate more than normal rate），减价费率：即对某些少数货物，按照"N"费率减一定的百分比。

（25）商品代码（Commodity item No.）：属于"C"运价分类代号者，标明其商品编号；属于"R"和"S"运价分类代号者，填写其运价加或减的百分比。

（26）计费重量（Chargeable weight）：此栏填入航空公司据以计算运费的计费重量。

（27）运价（Rate/Charge）：填该货物适用的实际费率。如果是"M"运价，填起码运费。

（28）运费总额（Total）：填写运费总额。

（29）货物品名、数量（包括尺寸和体积）（Nature and quantity of goods incl. dimensions or volume）：填写货物品名应详细准确。货物的尺码应以厘米或英寸为单位，尺寸分别以货物最长、最宽、最高边为基础，体积则是上述三边的乘积，单位为立方厘米或立方英寸。

（30）运费总额（Weight charge）：同（28）项。如果是预付的，填在"Prepaid"下，如果是到付的，填在"Collect"下。

（31）声明价值附加费：声明价值附加费＝（声明价值－实际毛重×最高赔偿额）×0.5%。应根据预付还是到付分别填在相应位置。

（32）付与货运代理人（Due agent）的费用：根据 IATA 规则各项费用分别用三个英文字母表示，其中前两个字母是某项费用的代码，如运单费表示为 AW（Air waybill fee），第三个字母是 A，表示费用应支付给货运代理人（Agent）；第三个字母是 C，表示承运人收取的运单费。同样按预付还是到付分别填写。

（33）付与承运人（Due carrier）的费用：第三个字母是 C 表示费用应支付给承运人。例如，AWC 表示承运人收取的运单费。同样按预付还是到付分别填写。

（34）其他费用（Other charges）：如危险品费、起运地仓储费等。同样按预付还是到付分别填写。

以上单据，除了航空运单有规定的填制规范和要求外，其他单据均属于清单性质，没有具体的规范，这里就不再讲述其填制方法。

## 二、交付航空公司的单证

交付航空公司的单证主要包括总运单、分运单和货物交接清单等。航空货运代理在向航空公司交付货物时，通常需要随货物一起交付如下货运单证。

1. 交付的单证

（1）主运单和分运单。空运代理根据托运人提供的托运委托书等单证缮制空运单。

① 如果是直接发给国外收货人的单票货物，仅需缮制航空公司主运单即可。

② 如果是以国外航空代理人为收货人的集中托运货物，还需要缮制分运单。

（2）航空货物清单。当一份主运单下有若干份分运单时，航空货运代理应制作航空货物清单，具体列明货物名称、件数、毛重等。

（3）出库仓单。航空货运代理在根据各航班机型，集装板或集装箱型号、高度、数量对货物进行配载后，应制作出库仓单，以用于仓库安排货物出库计划，以及供装箱、装板部门作为向仓库提货及交货的凭证。出库仓单一般包括出仓日期、承运航班日期以及装载板箱的形式及数量、货物进仓顺序编号、总运单号、件数、重量、体积、目的港三字代码及备注等项目。

（4）装箱单。此装箱单与托运人交付的装箱单并无关联，这个装箱单是指航空货运代理接受托运人货物后，将若干托运人货物装入航空集装箱而制作的装箱单。在实际业务中，经常会有一个集装箱里装着若干个托运人货物的情况，这时的装箱单就是指这个集装箱货物的装箱单，说明集装箱货物名称（可能是多个货物名称）、件数、毛重等。托运人交付的装箱单是指其自己货物的装箱明细，这个装箱是指其货物的外包装箱，而非集装箱。

（5）国际货物交接清单。为办理与航空公司的货物交接，空运货运代理还必须依据出库仓单制作货物交接清单。

2. 交单时限

各航空公司为操作需要，一般在航班起飞前6小时截止接收交单。个别机场截止时间有所不同，在实际业务中，应以当地机场规定为准。

3. 航空货运代理向航空公司办理交单交货之前应该同步办理的事项

（1）检验检疫及海关申报手续。待检验检疫机构检验检疫合格后，再由海关对货物进行查验，办理放行手续，并在正本运单上加盖海关放行章。

（2）航空公司签单。航空货运代理凭加盖海关放行章的正本航空运单申请航空公司签单确认。航空公司签单的主要目的是审核运价是否正确，货物的性质是否适合空运以及有关随附单证是否齐全等。

目前，各航空公司规定，出口空运货物只有在经过签单确认手续后，航空货运代理才能将单、货交承运人。

### 三、与航空公司交接货物的流程

航空货运代理完成上述工作后，应将货物与相关单据一同交付给航空公司（目前，多数航空货运代理均以 EDI 方式向航空公司发送相关单据和信息），办理发运手续。

航空公司在接受货物时，还需进行验货、核单、过磅称重等业务程序，以确保单单相符、单货相符，然后在货物交接清单上签收。对于大宗货物、集中托运货物，以整板、整箱称重交接；对于零散小件货物，按票称重，计件交接。

航空公司在接单接货后，将货物存入出口仓库，单据交航空公司的吨控部门，以便进行缮制舱单、吨位控制与配载。

办理货物发运后的有关事宜：

货物交接发运后，航空货运代理还需要做好航班跟踪、向托运人交付单证、结算费用等后续工作。

航空货运代理应将盖有放行章和验讫章的出口货物报关单、出口货物收汇核销单、运单正本第三联（在集中托运情况下仅交付分运单第三联，总运单留存货运代理人手中）等单据交付托运人，供发货人办理结算、通知收货人接货等事项。

## 【航空运单范例】

| (1) | | | |
|---|---|---|---|
| Shipper's Name and Address (2) | Shipper's Account Number | Not Negotiable<br>Air Waybill<br>ISSUED BY | 中国国际航空公司<br>AIR CHINA<br>BEIJING CHINA<br>Copies1.2 and 3 of this Air Waybill are originals and have the same validity. |
| Consignee's Name and Address<br>Number (3) | Consignee's Acoount | It is agreed that the goods deseribed terein are accepted in apparent good order amd condition (except as noted )for carriage SUBJECT TO THE CONDITIONS OF CONTRACT ON THE REVERSE HERE OF ALL GOODS MAY BE CARRIED BY ANY OTHER MEANS INCLUDING ROADOR ANY OTHER CARRIER UNLESS SPECIFIC CONTRARY INSTRUCTIONS ARE GIVEN HEREON BY THE SHIPPER AND SHIPPER AGREES THAT THE SHIPMENT MAY BE CARRIED VIA INTERMEDIATE STOPPING PLACES, WHICH THE CARRIER DEEMS APPROPRIATE THE SHIPPERS ATTENTION IS DRAWN TO THE NOTICE CONCERNING CARRIERS , LIMITATION OF LIABILITY. Shipper may icerase such Limitation of Liability by dectaring a higher value for carriage and paying a supplemental charge if require | |

Issuing Camier's Agent Name and City　(4)　　　　Aceounting Information

| Agent's IATA Code | Account No. | | |
|---|---|---|---|

Airport of Departure(addr.of first Carrier)and Requested Routing (5)　　Reference Number　　Optional Shipping Information

| TO | By First Carrier | Routing and Destination | to | by | to | by | Currency | CHGS | WT/VAL | | OTHER | | Declared Value for Carriage NCD | Declare Value for Customs NVV |
|---|---|---|---|---|---|---|---|---|---|---|---|---|---|---|
| | | | | | | | | | PPD | COLL | PPD | COLL | | |

| Airport of Destination (6) | Flight/date | for Carriage Use Only | Flight/date (7) | Amount of insurance | INSURANCE If carrier offers insurance and such insurance is required in accordance with the conditions thereof indicate amount to be insured in figures in box marked "amount of insurance" |
|---|---|---|---|---|---|

Handling Information　(8)　　　　　(9)

| No. of pieces RCP | Gross Weight | kg lb | Rate class Commcdity Item No. | Changeable Weight | Rate Charge | Total | Nature and Quantity of Goods (incl Dimensions or Volume) |
|---|---|---|---|---|---|---|---|
| 4 | 538 | k | | | | | |

| prepaid | Weight Charge | Collect | Other Charges |
|---|---|---|---|
| | Valuation Change | | |
| | Tax | | |
| | Total Other Changes Due Agent | | |
| | Total Other Changes Due Carrier<br>50 | | Shipper certify that the particulars on the face hereof are correct and that in so far as any part of the consignment contains dangerous goods such part is properly described by name and is in proper condition for carriage by air according to the applicable adngrous goods Regulations<br>Singnature of shipper or his Agent |
| Total Prepaid | Total Collect | | (10) |
| Currency Conversion Rates | CC Changes in Dest Currency | | Executed on (date)　at (place)　Signature of Issuing carrier or its Agent |
| For Carrier's use only at Destination | Changes at Dastination | Total Collect Changes | |

ORIGINAL　　3　　(FOR SHIPPER)　　A

## 🤖 实训技能

1. 实训内容

广浩国际货运代理有限公司为宁波保税区宇纺国际贸易有限公司制作一份航空运单。

2. 实训目的

掌握航空运单的填制方法。

3. 实训准备

将学生分组，每组 5~6 人。各组分别准备一张空白的航空运单。

4. 实训步骤

步骤一：认识航空运单（见航空运单样式）。
步骤二：根据项目背景，填制航空运单。
步骤三：安排学生代表说明航空运单的填制项目，其他学生分析评价。
步骤四：教师讲解、评价，并归纳总结。
步骤五：学生修正航空运单。

5. 实训评价

航空运单技能训练评价表（表 5 - 6）。

表 5 - 6　航空运单技能训练评价表

| 被考评人 | | | | | | |
|---|---|---|---|---|---|---|
| 考评地点 | | | | | | |
| 考评内容 | 航空运单 | | | | | |
| 考评标准 | 内　容 | 分值 | 自我评价 | 小组评价 | 教师评价 | 实际得分 |
| | 了解航空运单各联的作用 | 25 | | | | |
| | 航空运单填写清晰 | 25 | | | | |
| | 航空运单填写无涂改 | 25 | | | | |
| | 航空运单填写无漏填 | 25 | | | | |
| | 该项技能能级 | | | | | |

注：（1）实际得分 = 自我评价 ×20% + 小组评价 ×40% + 教师评价 ×40%。

（2）考评满分为 100 分，60~74 分为及格，75~84 分为良好，85 分以上为优秀。

# 五、拓展训练

有一托运人准备从上海运往新加坡一只小狗，代理人如何向航空公司交运？
（1）托运人应提交哪些标签？
（2）容器上应贴哪些标签？
（3）在运输中应注意哪些事项？

项目五　授课资料

# 国际航空进口货运代理

## 一、技能目标

1. 具有空运进口货运代理的能力。

（1）具有接单接货的能力。

（2）具有单据录入与分类的能力。

（3）具有填写与寄发到货通知单的能力。

（4）具有提取货物的能力。

2. 具有操作空运进口货运代理软件的能力。

## 二、知识目标

1. 了解国际空运进口货运代理业务。

2. 掌握接单接货业务。

3. 掌握单据录入与分类业务。

4. 掌握到货通知单的填写与寄发业务。

5. 掌握提取货物业务。

## 三、工作任务

完成空运进口货运代理业务。

1. 接单接货。

2. 理单理货。

3. 货物交接。

## 四、实训项目

### 项目背景

广浩国际货运代理有限公司代理完成空运进口业务，货物为海外代理 QA TRANSPORT CO, LTD. 指定货，由 CHI（CHICAGO，IL）至 PVG，运费杂费都为预付。

委托人（国内收货人）为江苏张家港金陵体育器材有限公司：

JIANGSU ZHANGJIAGANG JINLING SPORTS INSTALLATIONS CO.，LTD.

通知人：

SAME AS CONSIGNEE

货物信息：

唛头：N/M

DESC OF GOODS：PACER POLE

PKGS：10PLTS

GW：196KGS

VOL：5.51

航班号：CA90248

到达日期 2016 年 2 月 16 日

MAWB NO.：999 – 4379 9221

HAWB NO.：007705

### 项目分析

本项目是集装箱空运进口货运代理业务，完成此项目，需了解空运进口的具体流程和操作细则，可通过以下几个任务来实现。

# 任务一　认知航空进口货运业务流程

### 知识准备

#### 一、航空公司进港货物的操作程序

国际航空公司进港货物的操作程序指的是从飞机到达目的地机场，承运人把货物卸下飞机直到交给代理人的整个操作流程。

（一）进港航班预报

进港航班预报是填写航班预报记录本，以当日航班进港预报为依据，在航班预报册中逐项填写航班号、机号、预计到达时间。

（二）办理货物海关监管

办理货物海关监管的要求：业务袋收到后，首先检查业务袋的文件是否完备，业务袋通

常包括货运单、货邮舱单、邮件路单等运输文件；检查完毕后，将货运单送到海关办公室，由海关人员在货运单上加盖海关监管章。

（三）分单业务

在每份货运单的正本上加盖或者书写到达航班的航班号和日期，认真审核货运单，注意运单上所列的目的港、代理公司、品名和运输保管注意事项。联程货运单交中转部门。

（四）核对运单和舱单

若有分批货物，则应该把分批货物的总数标在运单号之后，并且注明分批标志，把舱单上列出的特种货物、联程货物圈出。根据分单情况，在整理出的舱单上标明每一票运单的去向，核对运单份数与舱单份数是否一致，做好多单、少单记录，将多运单号码加在舱单上，多单交运单查询部门。

（五）计算机输入

根据标好的一套舱单，将航班号、日期、运单号、数量、重量、特种货物、代理商、分批单、不正常情况输入计算机，打印出国际进口货物航班交接单。

（六）交接

中转货物和中转运单，将舱单交出港操作部门，邮件和邮件路单交邮局。

## 二、航空货运进口运输代理业务流程

航空货物进口运输代理业务程序，是指代理公司对于货物从入境到提取或转运整个流程的各个环节所需办理的手续及相关单证的全过程。

（一）代理预报

在国外发货前，由国外代理公司将运单、航班、件数、重量、品名、实际收货人及其地址、联系电话等内容发给目的地代理公司。到货预报的目的是使代理公司做好接货前的所有准备工作。此时应注意的事项有：注意中转航班，中转点航班的延误会使实际到达时间和预报时间出现差异。注意分批货物，从国外一次性运来的货物在国内中转时，由于国内载量的限制，往往采用分批的方式运输。

（二）交接单、货

航空货物入境时，与货物相关的单据也随机到达，运输工具及货物处于海关监管之下。货物卸下后，将货物存入航空公司或机场的监管仓库，进行进口货物舱单录入，将舱单上总运单号、收货人、始发站、目的站、件数、重量、货物品名、航班号等通过计算机传输给海关留存，供报关用。

同时根据运单上的收货人地址寄发取单、提货通知。航空公司的地面代理人向货运代理公司交接的有国际货物交接清单、总运单、随机文件及货物。

（三）理货与仓储

代理公司自航空公司接货后，即短途驳运进自己的监管仓库，组织理货及仓储。

（四）理单与到货通知

理单：集中托运，总运单项下拆单；分类理单、编号；编制种类单证。

到货通知：尽早、尽快、尽妥地通知货主到货情况。

正本运单处理：计算机打制海关监管进口货物入仓清单一式五份，用于商检、卫检、动检各一份，海关两份。

### （五）制单与报关

#### 1. 制单、报关、运输的形式

货代公司代办制单、报关、运输；货主自行办理制单、报关、运输；货代公司代办制单、报关，货主自办运输；货主自行办理制单、报关后，委托货代公司运输；货主自办制单，委托货代公司报关和办理运输。

#### 2. 进口制单

制单指按海关要求，依据运单、发票、装箱单及证明货物合法进口的有关批准文件，制作"进口货物报关单"。货运代理公司制单时的一般程序如下：

（1）长期协作的货主单位，有进口批文、证实手册等放于货代处的，货物到达，发出到货通知后，即可制单、报关，通知货主运输或代办运输。

（2）部分进口货，因货主单位缺少有关批文、证实，也可将运单及随机寄来的单证、提货单以快递形式寄货主单位，由其备齐有关批文、证实后再决定制单与报关事宜。

（3）无须批文和证实的，可即行制单、报关，通知货主提货或代办运输。

（4）部分货主要求异地清关，在符合海关规定的情况时，制作"转关运输申报单"，办理转关手续。报送单上需由报关人填报的项目有进口口岸、收货单位、经营单位、合同号、批准机关及文号、外汇、进口日期、提单或运单号、运杂费、件数、毛重、海关统计商品编号、货品规格及货号、数量、成交价格、价格条件、货币名称、申报单位、申报日期等，转关运输申报单内容少于报关单，也需按要求具体填列。

#### 3. 进口报关

报关大致分为初审、审单、征税和验放四个主要环节。

报关期限与滞报金：进口货物报关期限为，自运输工具进境之日起的 14 日内，超过这一期限报关的，由海关征收滞报金；征收标准为货物到岸价格的万分之五。

开验工作的实施：客户自行报关的货物，一般由货主到货代监管仓库借出货物，由代理公司派人陪同货主一并协助海关开验。客户委托代理公司报关的，代理公司通知货主，由其派人前来或书面委托代办开验。开验后，代理公司须将已开验的货物封存，运回监管仓库储存。

### （六）发货与收费

海关在报关单和航空运单加盖放行章后，就可以到海关监管仓库提取货物。

### （七）送货与转运

出于多种因素，（或考虑便利，或考虑节省费用，或考虑运力所限）许多货主要求将进口到达货由货运代理人报关、垫税、提货后直接运输到直接收货人手中。

## 实训技能

1. 实训内容

绘制航空进口货运业务流程图，并简要叙述操作步骤。

2. 实训目的

掌握航空出口货运业务流程。

3. 实训准备

将学生分组，每组 5~6 人，教师准备空白纸张，及航空公司、货代、卖方、买方等标志图标，以及笔、剪刀各组一套，分发给每组。

4. 实训步骤

步骤一：组内学生讨论。

步骤二：用分发的工具，在白纸上剪贴图标，画上航空进口流程图。

步骤三：每组选派代表简要叙述操作步骤。

5. 实训评价

航空进口货代流程图绘制技能训练评价表（表 6-1）。

表 6-1　航空进口货代流程图绘制技能训练评价表

| 被考评人 | | | | | | |
|---|---|---|---|---|---|---|
| 考评地点 | | | | | | |
| 考评内容 | 航空进口货代流程图绘制 | | | | | |
| 考评标准 | 内　容 | 分值 | 自我评价 | 小组评价 | 教师评价 | 综合评价 |
| | 航空进口货代业务流程图绘制 | 60 | | | | |
| | 各组上台分享的演讲能力 | 40 | | | | |
| | 该项技能得分 | | | | | |

注：（1）实际得分 = 自我评价 ×20% + 小组评价 ×40% + 教师评价 ×40%。

（2）考评满分为 100 分，60~74 分为及格，75~84 分为良好，85 分以上为优秀。

# 任务二　接单接货

## 知识准备

### 一、接单

航空公司的地面代理人向货运代理公司交接时做到单单核对，即交接清单与总运单核对；单货核对，即交接清单与货物核对。核对后，出现问题的处理方式见表 6-2。

表6-2 交接货物时的处理方式

| 总运单 | 清单 | 货物 | 处理方式 |
|---|---|---|---|
| 有 | 无 | 有 | 清单上加总运单号 |
| 有 | 无 | 无 | 总运单退回 |
| 无 | 有 | 有 | 总运单后补 |
| 无 | 有 | 无 | 清单上划去 |
| 有 | 有 | 无 | 总运单退回 |
| 无 | 无 | 有 | 货物退回 |

另外还需注意分批货物，做好空运进口分批货物登记表。

总之，货代在与航空货站办理交接手续时，应根据运单及交接清单核对实际货物。若存在有单无货或有货无单的情况，应在交接清单上注明，以便航空公司组织查询并通知入境地海关。

## 二、接货

发现货物短缺、破损或其他异常情况，应向民航索要商务事故记录，作为实际收货人交涉索赔事宜的依据。也可以接受收货人的委托，由航空货运代理公司代表收货人向航空公司办理索赔。

货运代理公司请航空公司开具商务事故证明的情况有以下几种：

（1）包装货物受损。

① 纸箱开裂、破损，内装货物散落（含大包装损坏，散落为小包装，数量不详）。

② 木箱开裂、破损，有明显受撞击迹象。

③ 纸箱、木箱未见开裂、破损，但其中液体漏出。

（2）裸装货物受损。

① 无包装货物明显受损，如金属管、塑料管压扁、断裂、折弯。

② 机器部件失落、仪表表面破裂等。

（3）木箱或精密仪器上防振、防倒置标志泛红。

（4）货物件数短缺。

部分货损不属于运输责任，因为在实际操作中，部分货损是指整批货物或整件货物中极少或极小一部分受损，是航空运输较易发生的损失，因此航空公司不一定愿意开具证明，即使开具了"有条件、有理由"证明，货主也难以向航空公司索赔，但可据以向保险公司提出索赔。对货损责任难以确定的货物，可暂将货物留存机场，商请货主单位一并到场处理；或由收货人或受收货人委托，由航空货运代理公司向国家出入境检验检疫部门申请检验，根据检验结果，通知订货公司联系对外索赔。

在实际中，航空货运代理通常拥有自己的海关监管车和监管库，可在未报关的情况下先将货物从航空公司监管库转至自己的监管库。

## 实训技能

1. 实训内容

广浩国际货运代理有限公司为江苏张家港金陵体育器材有限公司代理空运进口业务。

2. 实训目的

掌握接单接货的方法。

3. 实训准备

将学生平均分成三组。分别代表海外货运代理 QA TRANSPORT CO.，LTD.；目的地货运代理（广浩国际货运代理有限公司）；机场货运站。三组学生提前做好信息收发准备。教师提醒学生在进入软件操作前的各组任务完成过程中做好记录，同时公布评价标准。教师提前为单单不符或单货不符做好准备，以便训练学生在单单不符或单货不符时的业务处理能力（实际教学中教师根据时间自选障碍项目）。

4. 实训步骤

程序一：交接前准备

步骤一：教师引导海外货代组向目的地代理（广浩国际货运代理有限公司）发送预报信息（运单、航班、件数、重量、品名、实际收货人及其地址、联系电话）。

步骤二：目的地代理组（广浩国际货运代理有限公司）接受信息，并根据教师预先的提示，核实信息是否完整，同时做好接单接货准备（实时监控航班情况，并注意中转航班和分批装运货物的情况。准备所需单据，同时确认货物是否需要熏蒸，为顺利接货做充分准备），并及时通知教师已做好准备。

步骤三：教师宣布货物到达目的地。

步骤四：机场货运站进行货物舱单录入，将舱单上总运单号、收货人、始发站、目的站、件数、重量、货物品名、航班号传输给教师。

程序二：接单接货

步骤一：教师引导各组学生讨论国际货物交接清单的内容及填写方法，分组制作并填写交接清单，选派代表上台展示交接清单，其他组学生分析、评价、补充；教师点评、总结，并提供标准的交接清单，各组修订。

步骤二：机场货运站组将修订好的货物交接清单、运单、发票、装箱单和货物交给目的地货代组。

步骤三：目的地货代组（广浩国际货运代理有限公司）进行单单核对（交接清单与总运单核对）及单货核对（交接清单与货物核对）；同时做好分批货物的监控及登记。在小组成员配合下解决教师提前设置的单单不符或单货不符的障碍，并做好处理记录。

步骤四：教师总结学生以上各模拟操作步骤。

步骤五：教师操作货代软件系统，系统完成接单事项。

步骤六：学生打开货代软件系统，各自进行模拟操作。

步骤七：选派代表演示操作，教师纠正错误，并指出原因，进行归纳总结。

5. 实训评价

第一部分：模拟操作（50%），如表6-3所示。

表6-3 空运货物入境后办理交接手续评价表

| 序号 | 海外货代 | | | 目的地货代（广浩国际货运有限公司） | | | 机场货运站 | | |
|---|---|---|---|---|---|---|---|---|---|
| | 任务名称 | 分值 | 得分 | 任务名称 | 分值 | 得分 | 任务名称 | 分值 | 得分 |
| 1 | 发送预报信息 | 25 | | | | | | | |
| 2 | | | | 信息跟踪记录 | 5 | | | | |
| 3 | | | | 单证及熏蒸准备记录 | 5 | | | | |
| 4 | | | | | | | 货物仓单录入 | 20 | |
| 5 | 交接清单 | 25 | | 交接清单 | 10 | | 交接清单 | 20 | |
| 6 | | | | 单货交接核实 | 20 | | 单货交接 | 10 | |
| 7 | | | | 障碍解决 | 10 | | | | |
| 总计 | | 50 | | | 50 | | | 50 | |

第二部分：软件操作（50%）。

# 任务三 理货理单

## 知识准备

### 一、理货内容

（1）逐一核对每票件数，再次检查货物破损情况。

（2）按大货、小货；重货、轻货；单票货、混载货；危险品、贵重品；冷冻品、冷藏品；分别堆存、进仓。堆存时要注意货物箭头朝向；总运单、分运单标志朝向；注意重不压轻，大不压小。

（3）登记每票货储存区号，并输入计算机。

### 二、仓储注意事项

鉴于航空进口货物的贵重性、特殊性，其仓储要求较高，须注意以下几点：

（1）防雨淋、防受潮。货物不能置于露天，不能无垫托置于地上。

（2）防重压。纸箱、木箱均有叠高限制，纸箱受压变形，会危及箱中货物安全。

（3）防温升变质。生物制剂、化学试剂、针剂药品等部分特殊物品，有储存温度要求，要防止阳光暴晒。一般情况下：冷冻品置于 -150 ℃ ~ -200 ℃ 冷冻库，冷藏品置放于20 ℃ ~80 ℃ 冷藏库。

（4）防危险品危及人员及其他货品安全。空运进口仓库应设立独立的危险品库。易燃品、易爆品、毒品、腐蚀品、放射品均匀分库安全放置。以上货品一旦出现异常，应及时通知消防安全部门处理。放射品出现异常时，还应请卫生检疫部门重新检测包装，以便保证人员及其他物品安全。

（5）为防止贵重品被盗，贵重品应设专库，由双人制约保管，防止出现被盗事故。

### 三、理单内容

（1）集中托运，总运单项下拆单。将集中托运进口的每票总运单项下的分运单分理出来，审核与到货情况是否一致，并制成清单输入计算机；将集中托运总运单项下的分运清单输入海关计算机，以便实施按分运单分别报关、报验及提货。

（2）分类理单、编号。总运单是直单、单票混载，这两种情况一般无清单；多票混载有分运清单，分运单件数之和等于总运单上的件数；货物的种类有指定货物、非指定货物、单票、混载、总运单到付、分运单到付、危险品和冷冻冷藏货物等，随机文件中有分运单、发票、装箱单和危险品证明等。按照已标有仓位号的交接清单编号并输入计算机，内容有总运单号、分运单号、发票号、合同号、航班、日期、货物分类、贸易性质、实到件数、已到件数、实到重量、计费重量、仓位号、收货单位、代理人、预付、到付、币种、运费和金额等。

运单分类，一般有以下几种分类法：分航班号理单，便于区分进口方向；分进口代理理单，便于掌握、反馈信息，做好对代理的对口服务；分货主理单（指重要的经常有大批货物的货主），将其运单分类出来，便于联系客户，制单报关和送货、转运；分口岸、内地或区域理单，便于联系内地货运代理，便于集中转运；分运费到付、预付理单，便于安全收费；分寄发运单、自取运单客户理单。

分类理单的同时，须将各票总运单、分运单编上各航空货运代理公司自己设定的编号，以便内部操作及客户查询。

（3）编配各类单证。货运代理人将总运单、分运单与随机单证、国外代理人先期寄达的单证（发票装箱单、合同副本、装卸、运送指示等）、国内货主或经营到货单位预先交达的各类单证等进行编配。代理公司理单人员须将其逐单审核、编配。其后，凡单证齐全、符合报关条件的即转入制单、报关程序。否则，应与货主联系，催齐单证，使之符合报关条件。

### 🖊 实训技能

1. 实训内容

对接到的空运进口货物及单据进行分类、整理。

2. 实训目的

掌握分类、整理空运进口货物和单据的方法。

3. 实训准备

将学生分组，每组 5~6 人。教师准备不同性状货物及相关单证资料。

4. 实训步骤

步骤一：教师按照组数公布接收到的货物性状及相关资料，并提出理单理货的要求。

步骤二：各组学生接收资料后进行讨论，根据要求整理货物并将相关单证分类、录入；

教师随时辅导学生完成任务，公布任务完成时间限度，要求各组上传任务成果。

步骤三：选派两组代表上台展示成果。

步骤四：其他组学生分析、评价、补充。

步骤五：教师点评、总结，并提供标准的任务成果。

步骤六：教师操作货代软件系统，系统完成理单理货事项。

步骤七：学生打开货代软件系统，各自进行模拟操作。

步骤八：选派代表演示操作，教师纠正错误，并指出原因，进行归纳总结。

5. 实训评价

空运进口业务代理技能训练见表 6 - 4。

表 6 - 4　空运进口业务代理技能训练表

| 被考评人 | | | | | | |
|---|---|---|---|---|---|---|
| 考评地点 | | | | | | |
| 考评内容 | 空运进口业务代理技能训练 | | | | | |
| 考评标准 | 内　容 | 分值 | 自我评价 | 小组评价 | 教师评价 | 实际得分 |
| | 熟悉空运进口理货业务 | 30 | | | | |
| | 熟练完成空运进口软件系统操作 | 30 | | | | |
| | 具有团队合作精神 | 40 | | | | |
| | 该项技能能级 | | | | | |

注：（1）实际得分 = 自我评价 ×20% + 小组评价 ×40% + 教师评价 ×40%。

（2）考评满分为 100 分，60~74 分为及格，75~84 分为良好，85 分以上为优秀。

# 任务四　货物交接

## 知识准备

### 一、到货通知

1. 通知到货要求

货物到目的地后，货运代理人应从航空运输的时效出发，为减少货主仓库费，避免海关滞报金，尽早、尽快、尽妥地通知到货情况，提请货主配齐有关单证，尽快报关。

早：到货后，第一个工作日内就要设法通知货主。

快：尽可能用传真、电话通知客户，单证需要传递的，尽可能使用特快传递，以缩短传递时间。

妥：一星期内须保证以电函、信函形式第三次通知货主，并应将货主尚未提货情况，告知发货人的代理人。

两个月时，再以电函、信函形式第四次通知货主。

三个月时，货物可能需交海关处理，此时再以信函形式第五次通知货主，告知货主货物将被处理，提醒货主采取补救办法。

2. 到货通知内容

运单号、分运单号、货运代理公司编号；件数、重量、体积、品名、发货公司、发货地；运单、发票上已编注的合同号、随机已有单证数量及尚缺的报关单证；运费到付数额，货运代理公司地面服务收费标准；货运代理公司及仓库的地址（地理位置图）、电话、传真、联系人；提示货主：海关关于超过十四天报关收取滞报金及超过三个月未报关货物上交海关处理的规定。

## 二、收费与发货

1. 收费

货运代理公司仓库在发放货物前，一般先将费用收妥。收费内容有：到付运费及垫付佣金；单证、报关费；仓储费（含冷藏、冷冻、危险品、贵重品的特殊仓储费）；装卸、铲车费、航空公司到港仓储费；海关预录入、动植检、卫检报验等代收代付费用；关税及垫付佣金。

除了每次结清提货的货主外，业务往来频繁、信誉好的货主可与货运代理公司签订财务付费协议，实施先提货，后付款，按月结账的付费方法。

2. 发货

办完报关、报验等进口手续后，货主须凭盖有海关放行章、检验检疫章（进口药品须有药品检验合格章）的进口提货单到所属监管仓库付费提货。

仓库发货时，须再次检查货物外包装情况，遇有破损、短缺，应向货主做出交代。

分批到达的货物，应收回原提货单，出具分批到达提货单，待后续货物到达后，即可通知货主再次提取；航空公司责任的破损、短缺，应由航空公司签发商务记录；货运代理公司责任的破损、短缺，应由代理公司签发商务记录；遇有货代公司责任的破损事项，应尽可能商同货主、商检单位立即在仓库做商品检验，确定货损程度，要避免后面运输中加剧货损的发展。

发货时，应协助货主装车，尤其遇有超大超重、件数较多的情况，应指导货物（或提货人）合理安全装车，以提高运输效率，保障运输安全。

## 三、送货与转运

货运代理公司在代理客户制单、报关、垫税、提货运输到直接收货人手中的一揽子服务中，由于工作熟练、衔接紧密、服务到位，因而受到货主的欢迎。

1. 送货上门业务

送货上门业务主要指进口清关后，货物直接运送至货主单位，运输工具一般为汽车。

2. 转运业务

转运业务主要须由内地货运代理公司协助收回相关费用，同时口岸货代公司也应支付一定比例的代理佣金给内地代理公司。

3. 进口货物转关及监管运输

进口货物转关，是指货物入境后不在进境海关办理进口报关手续，而运往另一设关地点办理进口海关手续，在办理进口报关手续前，货物一直处于海关监管之下，转关运输也称监管运输。

1）转关条件

进口货物办理转关运输必须具备下列条件：

（1）指运地设有海关机构，或虽未设海关机构，但分管海关同意办理转关运输，即收货人所在地必须设有海关机构，或邻近地区设有分管该地区的海关机构。

（2）向海关交验的进境运输单据上列明到达目的地为非首达口岸，须转关运输。

（3）运输工具和货物符合海关监管要求，并具有加封条件和装置。海关规定，转关货物采用汽车运输时，必须使用封闭式的货柜车，由进境地海关加封，指运地海关启封。

（4）转关运输的单位必须是经海关核准、认可的航空货运代理公司。一般运输企业，尤其个体运输者，即使拥有货柜车，也不能办理转关运输。

办理转关运输还应遵守海关的其他有关规定，如转关货物未经海关许可，不得开拆、改装、调换、提取、交付；对海关加封的运输工具和货物，应当保持海关封志完整，不能擅自开启，必须负责将进境地海关签发的关封完整并及时交指运地海关，并在海关规定的期限内办理进口手续。

2）转关手续

转关货物无论采用飞机运输、汽车运输、火车运输，转关申请人（或货运代理）均须先向指运地海关申请"同意接收××运单项下进口货物转关运输至指运地"的关封。

办理进口货物转关运输手续时，应向进境的海关递交：指运地海关同意转关运输的关封；"转关运输申报单"；国际段空运单、发票。

进境地海关审核货运单证同意转关运输后，将货物运单号和指运地的地区代号输入计算机进行核销，并将部分单证留存；将运单、发票、转关货物各准备一份装入关封内，填妥关封号加盖验讫章；在运单正本上加盖放行章；在海关配发给各代理公司的转关登记簿上登记，以待以后收回回执核销；采用汽车转关运输需在海关颁发的货运代理监管运输车辆的"载运海关监管货物车辆登记簿"上登记、待销。

转关货物无论以何种运输方式，无论将货物监管运输至指运地民航监管仓库、货运代理公司监管仓库或收货人单位，等货物转关进入指定地海关监管之下时，指运地海关应将"转关运输货物准单"回执联填妥，盖章后，即还给入境地海关核销。货运代理公司再据以核销自己的转关登记簿上的有关项目，以完成整个转关运输程序。

## 实训技能

1. 实训内容

掌握货物交接的方法。

2. 实训准备

将学生分成对应组，每组5~6人。教师准备空白到货通知书。

3. 实训步骤

程序一：到货通知书的填制与发送。

步骤一：认识到货通知书范本。

步骤二：各组学生讨论，根据以上实训业务分组填制到货通知书；填制完成后发至教师邮箱。

步骤三：选派两组代表上台展示填制的到货通知书。

步骤四：其他组学生分析、评价、补充。

步骤五：教师点评、总结，并提供标准的到货通知书。

步骤六：各对应组相互寄发修改好的到货通知书。

程序二：收费并与货主组完成货物交接

步骤一：教师作为银行角色辅助完成收取费用工作，货代组学生提出具体收费项目及其标准发至教师及对应货主组。

步骤二：货主组核实，通知教师转款；货主提出送货要求或自行提取货物。

步骤三：货代组收取款项并按货主要求交付货物。

程序三：软件操作练习。

步骤一：教师操作货代软件系统，系统完成接单事项。

步骤二：学生打开货代软件系统，各自进行模拟操作。

步骤三：选派代表演示操作，教师纠正错误，并指出原因，进行归纳总结。

4. 实训评价

（1）货物交接（50%）评价表如表6-5所示。

表6-5　与货主进行货物交接程序评价表

| 内容 | 货代组 | | | 货主组 | | |
|---|---|---|---|---|---|---|
| 考核标准 | 任务名称 | 分值 | 得分 | 任务名称 | 分值 | 得分 |
| 1 | 填制到货通知书 | 30 | | 填制到货通知书 | 30 | |
| 2 | 费用收取 | 30 | | 费用结算 | 30 | |
| 3 | 发货 | 40 | | 收货 | 40 | |
| 总计 | | 100 | | | 100 | |

（2）软件操作（50%）。

## 五、拓展训练

广州到北京航空运价分类如下：N 类为 10 元/公斤；Q 类中，45 公斤计费质量分界点的运价为 8 元/公斤，100 公斤计费质量分界点的运价为 7.5 元/公斤，300 公斤计费质量分界点的运价为 6.8 元/公斤。有一件普通货物为 280 公斤，从广州运往北京，请计算该件货物的运费。

项目六　授课资料

# 国际多式联运

## 一、技能目标

1. 具备处理国际多式联运常规工作的基本业务能力。
2. 能设计多式联运方案。
3. 会填制国际多式联运单据。

## 二、知识目标

1. 掌握国际多式联运的概念和特点。
2. 掌握国际多式联运与多式联运经营人的含义。
3. 熟悉国际多式联运的主要业务程序与组织方法。
4. 掌握多式联运方案设计知识。
5. 熟悉国际多式联运单证的含义、特点与签发要求。
6. 理解国际多式联运的业务程序。

## 三、工作任务

1. 国际多式联运方案设计。
2. 组织多式联运业务。

## 四、实训项目

**项目背景**

大众汽车有限公司有一批轿车出口伊朗，轿车的发货地为上海，交货地为伊朗的德黑兰市。这批轿车如果采用传统的单一运输方式，由大众公司分别与铁路、航运或汽车运输公司签订合同进行运输，将会耗费大量的人力和物力。如果委托广浩国际货运代理有限公司进行多式联运运输，享受"门到门"的服务，就会使这项工作变得简单、快捷。

### 项目分析

本项目是多式联运业务代理，完成此项目，需要掌握多式联运的概念特点，学会设计多式联运方案，以及掌握多式联运的组织方式，主要可通过以下几个任务来完成。

# 任务一　认知国际多式联运

### 知识准备

## 一、国际多式联运概述

国际多式联运是在集装箱运输的基础上产生并发展起来的新型的运输方式，也是近年来在国际运输业中发展较快的一种综合连贯运输方式。实践证明，它不仅是实现门到门运输的有效方式，也是符合客观经济规律、取得较好经济效益的一种运输方式。

（一）国际多式联运的概念

目前，联合国国际多式联运公约关于国际货物多式联运的定义最具有权威性和影响力。根据该公约，国际货物多式联运（以下简称国际多式联运），是指按照多式联运合同，以至少两种不同的运输方式，由多式联运经营人将货物从一国境内接管货物的地点运至另一国境内指定交付货物的地点。

（二）国际多式联运的基本条件

（1）必须具有一份国际多式联运合同。国际多式联运合同是多式联运经营人凭其收取运费，使用两种以上不同的运输工具，负责完成或组织完成货物全程运输的合同。

（2）全程运输必须使用一份国际多式联运单据。国际多式联运虽由多种运输方式共同完成一票货物的全程运输，但由多式联运经营人签发的多式联运单据应满足不同运输方式的需要，该单据是证明多式联运合同，以及证明多式联运经营人接管货物并负责按照合同条款交付货物的凭证。

（3）必须使用两种或两种以上的不同运输方式。在一定程度上确定货物是否属多式联运，其中运输方式的组成是一个非常重要的因素。如航空运输长期以来依靠汽车接送货物运输，从形式上来看，这种运输已构成两种运输方式，但这种汽车接送业务习惯上被视为航空运输业务的一个组成部分，只是航空运输的延伸，因而不属于国际多式联运。

（4）必须是国际货物运输。国际多式联运方式所承运的货物必须是从一个国家的境内接管货物地点运至另一国境内指定交付地点的货物。因此，即使采用两种以上不同运输工具所完成的国内货物运输，也不属于国际多式联运货物的范畴。

（5）必须由一个多式联运经营人对全程运输负责。在国际多式联运中，凡是有权签发多式联运单据，并对运输负有责任的人均可视为多式联运经营人，如货运代理人、无船承运人等。货物托运人将货物交给多式联运经营人或其代表接管之后，货物在整个运输过程中的任何运输区段所发生的灭失、损坏，多式联运经营人均以本人的身份直接负赔偿责任。

### （三）国际多式联运带来的运输特点

国际多式联运的运输组织形式所带来的最明显的运输特点是，它将传统的单一运输方式下的港、站之间的运输，发展成为根据货方的需要而进行的"门到门"之间的运输。例如，国际海运"港到港"运输发展成为"门到门"运输。

### （四）国际多式联运的优越性

国际多式联运是一种比区段运输高级的运输组织形式，20世纪60年代末，美国首先试办多式联运业务，受到货主的欢迎。随后，国际多式联运在北美、欧洲和远东地区开始采用；20世纪80年代，国际多式联运已逐步在发展中国家实行。目前，国际多式联运已成为一种新型的重要的国际集装箱运输方式，受到国际航运界的普遍重视。1980年5月，在日内瓦召开的联合国国际多式联运公约会议上产生了《联合国国际多式联运公约》。该公约将在30个国家批准和加入一年后生效。它的生效对国际多式联运的发展产生了积极的影响。

国际多式联运是今后国际运输发展的方向，这是因为，开展国际多式联运具有许多优越性，主要表现在以下几个方面：

（1）简化托运、结算及理赔手续，节省人力、物力和有关费用。在国际多式联运方式下，无论货物运输距离有多远，由几种运输方式共同完成，且不论运输途中货物经过多少次转换，所有一切运输事项均由多式联运经营人负责办理。而托运人只需办理一次托运，订立一份运输合同，一次支付费用，一次保险，从而省去托运人办理托运手续的许多不便。

同时，由于多式联运采用一份货运单证，统一计费，因而也可简化制单和结算手续，节省人力和物力。此外，一旦运输过程中发生货损货差，由多式联运经营人对全程运输负责，从而也可简化理赔手续，减少理赔费用。

（2）缩短货物运输时间，减少库存，降低货损货差事故，提高货运质量。在国际多式联运方式下，各个运输环节和各种运输工具之间配合密切，衔接紧凑，货物所到之处中转迅速及时，大大减少货物的在途停留时间，从根本上保证了货物安全、迅速、准确、及时地运抵目的地，因而也相应地降低了货物的库存量和库存成本。同时，多式联运是通过集装箱为运输单元进行直达运输的，尽管货运途中须经多次转换，但由于使用专业机械装卸，且不涉及槽内货物，因而货损货差事故大为减少，从而在很大程度上提高了货物的运输质量。

（3）降低运输成本，节省各种支出。由于多式联运可实行门到门运输，因此对货主来说，在货物交由第一承运人以后即可取得货运单证，并据以结汇，从而提前了结汇时间。

这不仅有利于加速货物占用资金的周转，而且可以减少利息的支出。此外，由于货物是在集装箱内进行运输的，所以从某种意义上来看，可相应地节省货物的包装、理货和保险等费用的支出。

（4）提高运输管理水平，实现运输合理化。对于区段运输而言，由于各种运输方式的经营人各自为政，自成体系，因而其经营业务范围受到限制，货运量相应也有限。而一旦由不同的运输经营人共同参与多式联运，经营的范围可以大大扩展，同时可以最大限度地发挥其现有设备作用，选择最佳运输线路组织合理化运输。

（5）其他作用。从政府的角度来看，发展国际多式联运具有以下重要意义：有利于加强政府对整个货物运输链的监督与管理；保证本国在整个货物运输过程中获得较大的运费收入分配比例；有助于引进新的先进运输技术；减少外汇支出；改善本国基础设施的利用状况；通过国家的宏观调控与指导职能，保证使用对环境破坏最小的运输方式达到保护本国生态环境的目的。

## 二、国际多式联运经营人

### （一）国际多式联运经营人的定义

对于国际货物多式联运经营人，1980 年《联合国国际货物多式联运公约》定义如下："多式联运经营人是指其本人或通过其代表订立多式联运合同的任何人，他是事主，而不是发货人的代理人或代表或参加多式联运的承运人的代表人或代表，并负有履行合同的责任。"

### （二）国际多式联运经营人的性质和法律特征

（1）国际多式联运经营人是"本人"而非代理人。他对全程运输享有承运人的权利，承担承运人的义务。

（2）国际多式联运经营人同时也可以"代理人"身份兼营有关货运代理服务，或者在一项国际多式联运业务中，不以"本人"身份而是以其他诸如代理人、居间人等的身份开展业务。

（3）国际多式联运经营人具有双重身份，他既以契约承运人的身份与货主（托运人或收货人）签订国际多式联运合同，又以货主的身份与负责实际运输的各区段运输的承运人（实际承运人）签订分运运输合同。

（4）国际多式联运经营人既可以拥有运输工具，也可以不拥有运输工具。当国际多式联运经营人以拥有的运输工具从事某一区段运输时，他既是契约承运人，又是该区段的实际承运人。

### （三）国际多式联运经营人应具备的条件

（1）多式联运经营人本人或其代表就多式联运的货物必须与发货人本人或其代表订立多式联运合同，而且合同至少使用两种运输方式完成全程货物运输，合同中的货物是国际货物。

（2）从发货人或其代表那里接管货物时起即签发多式联运单证，并对接管的货物开始负有责任。

（3）承担多式联运合同规定的与运输和其他服务有关的责任，并保证将货物交给多式联运单证的持有人或单证中指定的收货人。

（4）对运输全过程所发生的货物灭失或损害，多式联运经营人首先对货物受损人负责，并应具有足够的赔偿能力。

（5）多式联运经营人应具有与多式联运相适应的技术能力，对自己签发的多式联运单证确保其流通性，并作为有价证券在经济上有令人信服的担保程度。

### （四）国际多式联运经营人的责任和义务

要确定多式联运经营人的责任，首先要确定多式联运中责任制的类型。所谓责任制（Liability Regime）类型，是指在多式联运当中如何划分或确定各个运输区段承运人责任和多式联运经营人责任及承运人和经营人之间责任关系的制度。目前，有4种责任类型。

（1）统一责任制。

统一责任制（又称同一责任制）就是多式联运经营人对货主负有不分区段的统一原则责任，即货物的灭失和损坏，包括隐蔽损失（即损失发生的区段不明），不论发生在哪个区段，多式联运经营人都要按一个统一原则负责并一律按一个约定的限额进行赔偿。这一做法对多式联运经营人来说，责任较大，赔偿额较高，所以实务中应用较少。

（2）网状责任制。

网状责任制（又称混合责任制），即多式联运经营人的责任范围以各运输区段原有的责任为限。如海上区段按《海牙规则》处理，铁路区段按《国际铁路运输公约》处理，公路区段按《国际公路货物运输公约》处理，航空区段按《华沙公约》处理。在不适用上述国际法时，则按相应的国内法规定处理。同时，赔偿限额也是按各区段的国际法或国内法的规定进行赔偿，对不明区段的货物隐蔽损失，或作为海上区段按《海牙规则》处理，或按双方约定的原则处理。

目前，国际上大多采用的就是网状责任制。根据我国《海商法》第一百零四条至一百零六条的规定，我国国际多式联运经营人也是采用网状责任制。

（3）修正性的统一责任制。

这是介于上述两种责任制之间的责任制，即在责任范围上按统一责任制，在赔偿限额上按网状责任制。也就是说，多式联运经营人在全程运输中对货损事故按统一标准向货主赔偿，但如果该统一赔偿标准低于实际货运事故发生区段的适用法律法规所规定的赔偿标准时，按该区段高于统一赔偿标准的标准，由多式联运经营人负责向货主赔偿。统一修正责任制与统一责任制相比，加大了多式联运经营人的赔偿责任，故实际中应用更少。

（4）责任分担制。

责任分担制是指多式联运经营人和各区段承运人在合同中事先划分运输区段，并按各区段所应适用的法律来确定各区段承运人责任的一种制度。这种责任制实际上是单一运输方式的简单组合，并没有真正发挥多式联运的优越性，故目前很少被采用。

多式联运经营人不管采用哪种规定，都应在其签发的多式联运提单或提单的背面条款中加以明确。

### 三、国际多式联运的组织

#### （一）国际多式联运的组织形式

国际多式联运是采用两种或两种以上不同运输方式进行联运的运输组织形式。这里所指的至少两种运输方式可以是海陆、陆空、海空等。这与一般的海海、陆陆、空空等形式的联运有着本质的区别。后者虽也是联运，但仍是同一种运输工具之间的运输方式。众所周知，各种运输方式均有自身的优点与不足。一般来说，水路运输具有运量大、成本低的优点；公路运输则具有机动灵活，便于实现货物门到门运输的特点，铁路运输的主要优点是不受气候影响，可深入内陆和横贯内陆，实现货物长距离的准时运输；而航空运输的主要优点是可实现货物的快速运输。由于国际多式联运严格规定必须采用两种或两种以上的运输方式进行联运，因此这种运输组织形式可综合利用各种运输方式的优点，充分体现社会化大生产大交通的特点。

　　由于国际多式联运具有其他运输组织形式无可比拟的优越性，所以这种国际运输新技术已在世界各主要国家和地区得到广泛的推广和应用。目前，有代表性的国家多式联运主要有远东/欧洲、远东/北美等海陆空联运，其组织形式如下。

### 1. 海陆联运

　　海陆联运是国际多式联运的主要组织形式，也是远东/欧洲多式联运的主要组织形式之一。目前组织和经营远东/欧洲海陆联运业务的主要有班轮公会的三联集团、北荷、冠航和丹麦的马士基等国际航运公司，以及非班轮公会的中国远洋运输公司、台湾长荣航运公司和德国那亚航运公司等。这种组织形式以航运公司为主体，签发联运提单，与航线两端的内陆运输部门开展联运业务，与大陆桥运输展开竞争。

### 2. 陆桥运输

　　在国际多式联运中，陆桥运输（Land Bridge Service）起着非常重要的作用。它是远东/欧洲国际多式联运的主要形式。所谓陆桥运输是指采用集装箱专用列车或卡车，把横贯大陆的铁路或公路作为中间"桥梁"，使大陆两端的集装箱海运航线与专用列车或卡车连接起来的一种连贯运输方式。严格地讲，陆桥运输也是一种海陆联运形式。只是因为其在国际多式联运中的独特地位，因此将其单独作为一种运输组织形式。目前，远东/欧洲的陆桥运输线路有西伯利亚大陆桥和北美大陆桥。

　　（1）西伯利亚大陆桥（Siberian Landbridge）。

　　西伯利亚大陆桥（SLB）是指使用国际标准集装箱，将货物由远东海运到俄罗斯东部港口，再经跨越欧亚大陆的西伯利亚铁路运至波罗的海沿岸如爱沙尼亚的塔林或拉脱维亚的里加等港口，然后采用铁路、公路或海运运到欧洲各地的国际多式联运的运输线路。西伯利亚大陆桥于1971年由原全苏对外贸易运输公司正式确立。现在全年货运量高达10万标准箱（TEU），最多时达15万标准箱。使用这条陆桥运输线的经营者主要是日本、中国和欧洲各国的货运代理公司。其中，日本出口欧洲杂货的1/3，欧洲出口亚洲杂货的1/5都是经这条陆桥运输的。由此可见，它在沟通亚欧大陆、促进国际贸易中所处的重要地位。

　　西伯利亚大陆桥运输包括"海铁铁"、"海铁海"、"海铁公"和"海公空"等四种运输方式。由俄罗斯的过境运输总公司担当总经营人，它拥有签发货物过境许可证的权利，并签发统一的全程联运提单，承担全程运输责任。至于参加联运的各运输区段，则采用"互为托运、承运"的接力方式完成全程联运任务。可以说，西伯利亚大陆桥是较为典型的一条过境多式联运线路。西伯利亚大陆桥是目前世界上最长的一条陆桥运输线。它大大缩短了从日本、远东、东南亚及大洋洲到欧洲的运输距离，并因此而节省了运输时间。从远东经俄罗斯太平洋沿岸港口去欧洲的陆桥运输线全长13 000千米，而相应的全程水路运输距离（经苏伊士运河）约为20 000千米。从日本横滨到欧洲鹿特丹，采用陆桥运输不仅可使运距缩短1/3，运输时间也可节省1/2。此外，在一般情况下，运输费用还可节省20%～30%，因而对货主有很大的吸引力。

　　由于西伯利亚大陆桥所具有的优势，因而随着它的声望与日俱增，也吸引了不少远东、东南亚以及大洋洲地区到欧洲的运输，使西伯利亚大陆桥在短短的几年时间内就有了迅速发展。但是，西伯利亚大陆桥运输在经营管理上存在的问题，如港口装卸能力不足、铁路集装箱车辆的不足、箱流的严重不平衡以及严寒气候的影响等在一定程度上阻碍了它的发展。尤其随着我国兰新铁路与中哈边境的土西铁路的接轨，一条新的"欧亚大陆桥"形成，为远东至欧洲的国际集装箱多式联运提供了又一条便捷路线，使西伯利亚大陆桥面临严峻的竞争形势。

（2）北美大陆桥（North American Landbridge）。

北美大陆桥是指利用北美的大铁路从远东到欧洲的"海陆海"联运。该陆桥运输包括美国大陆桥运输和加拿大大陆桥运输。美国大陆桥有两条运输线路：一条是从西部太平洋沿岸至东部大西洋沿岸的铁路和公路运输线；另一条是从西部太平洋沿岸至东南部墨西哥湾沿岸的铁路和公路运输线。美国大陆桥于1971年年底由经营远东/欧洲航线的船公司和铁路承运人联合开办"海陆海"多式联运线，后来美国几家班轮公司也投入营运。目前，主要有四个集团经营远东经美国大陆桥至欧洲的国际多式联运业务。这些集团均以经营人的身份，签发多式联运单证，对全程运输负责。加拿大大陆桥与美国大陆桥相似，由船公司把货物海运至温哥华，经铁路运到蒙特利尔或哈利法克斯，再与大西洋海运相接。

北美大陆桥是世界上历史最悠久、影响最大、服务范围最广的陆桥运输线。据统计，从远东到北美东海岸的货物大约有50%以上是采用双层列车进行运输的，因为采用这种陆桥运输方式比采用全程水运方式通常要快1~2周。例如，集装箱货从日本东京到欧洲鹿特丹港，采用全程水运（经巴拿马运河或苏伊士运河）通常需5~6周时间，而采用北美大陆桥运输仅需3周左右的时间。

随着美国和加拿大大陆桥运输的成功营运，北美其他地区也开展了大陆桥运输。墨西哥大陆桥（Mexican Landbridge）就是其中之一。该大陆桥横跨特万特佩克地峡，连接太平洋沿岸的萨利纳克鲁斯港和墨西哥湾沿岸的夸察夸尔科斯港，陆上距离为182海里。墨西哥大陆桥于1982年开始营运，目前其服务范围还很有限，对其他港口和大陆桥运输的影响还很小。

在北美大陆桥强大的竞争面前，巴拿马运河可以说是最大的输家之一。随着北美西海岸陆桥运输服务的开展，众多承运人开始建造不受巴拿马运河尺寸限制的超巴拿马型船（Post-panamax Ship），从而放弃使用巴拿马运河。可以预见，随着陆桥运输的效率与经济性的不断提高，巴拿马运河将处于更为不利的地位。

（3）其他陆桥运输形式。

北美地区的陆桥运输不仅包括上述大陆桥运输，而且还包括小陆桥运输（Minibridge）和微桥运输（Microbridge）等运输组织形式。小陆桥运输从运输组织方式上看与大陆桥运输并无大的区别，只是其运送的货物的目的地为沿海港口。目前，北美小陆桥运送的主要是日本经北美太平洋沿岸到大西洋沿岸和墨西哥湾地区港口的集装箱货物。当然也承运从欧洲到美西及海湾地区各港的大西洋航线的转运货物。北美小陆桥在缩短运输距离、节省运输时间上效果是显著的。以日本/美东航线为例，从大阪至纽约全程水运（经巴拿马运河）航线距离为9 700海里，运输时间21~24天。而采用小陆桥运输，运输距离仅为7 400海里，运输时间为16天，可节省1周左右的时间。

微桥运输与小陆桥运输基本相似，只是其交货地点在内陆地区。北美微桥运输是指经北美东、西海岸及墨西哥湾沿岸港口到美国、加拿大内陆地区的联运服务。随着北美小陆桥运输的发展，出现了新的矛盾，主要反映在：如货物由靠近东海岸的内地城市运往远东地区（或反向），首先要通过国内运输，以国内提单运至东海岸交船公司，然后由船公司另外签发由东海岸出口的国际货运单证，再通过国内运输运至西海岸港口，然后海运至远东。货主认为，这种运输不能从内地直接以国际货运单证运至西海岸港口转运，不仅增加费用，而且耽误运输时间。为解决这一问题，微桥运输应运而生。进出美、加内陆城市的货物采用微桥运输既可节省运输时间，也可避免双重港口收费，从而节省费用。例如，往来于日本和美东内陆城市匹兹堡的集装箱货，可从日本海运至美国西海岸港口（如奥克兰），然后通过铁路直接联运至匹兹堡，这样可完全避免进入美东的费城港，从而节省了在该港的港口费支出。

3. 海空联运

海空联运又被称为空桥运输（Airbridge Service）。在运输组织方式上，空桥运输与陆桥运输有所不同，陆桥运输在整个货运过程中使用的是同一个集装箱，不用换装，而空桥运输的货物通常要在航空港换入航空集装箱。不过两者的目标是一致的，即以低费率提供快捷、可靠的运输服务。海空联运方式始于20世纪60年代，但到80年代才得以较大的发展。采用这种运输方式，运输时间比全程海运少，运输费用比全程空运便宜。20世纪60年代，将远东船运至美国西海岸的货物，再通过航空运至美国内陆地区或美国东海岸，从而出现了海空联运。当然，这种联运组织形式是以海运为主，只是最终交货运输区段由空运承担。1960年年底，苏联航空公司开辟了经由西伯利亚至欧洲航空线，1968年，加拿大航空公司参加了国际多式联运，80年代，出现了经由中国香港、新加坡、泰国等至欧洲的航空线。

目前，国际海空联运线主要有以下几种：

① 远东—欧洲。目前，远东与欧洲间的航线有以温哥华、西雅图、洛杉矶为中转地，也有以中国香港、曼谷、海参崴为中转地。此外，还有以旧金山、新加坡为中转地。

② 远东—中南美。近年来，远东至中南美的海空联运发展较快，因为此处港口和内陆运输不稳定，所以对海空运输的需求很大。该联运线以迈阿密、洛杉矶、温哥华为中转地。

③ 远东—中近东、非洲、澳洲。这是以中国香港、曼谷为中转地至中近东、非洲的运输服务。在特殊情况下，还有经马赛至非洲、经曼谷至印度、经中国香港至澳洲等联运线，但这些线路货运量较小。

总的来讲，运输距离越远，采用海空联运的优越性就越大，因为同完全采用海运相比，其运输时间更短；同直接采用空运相比，其费率更低。因此，从远东出发将欧洲、中南美以及非洲作为海空联运的主要市场是合适的。

（二）国际多式联运的组织方法

多式联运全程运输业务过程是由多式联运全程运输的组织者——多式联运经营人完成的，主要包括全程运输所涉及的所有商务性事务和衔接服务性工作的组织实施。其运输组织方法可以有很多种，但就其组织体制来说，基本上分为协作式联运和衔接式联运两大类。

（1）协作式多式联运的运输组织方法，如图7-1所示。

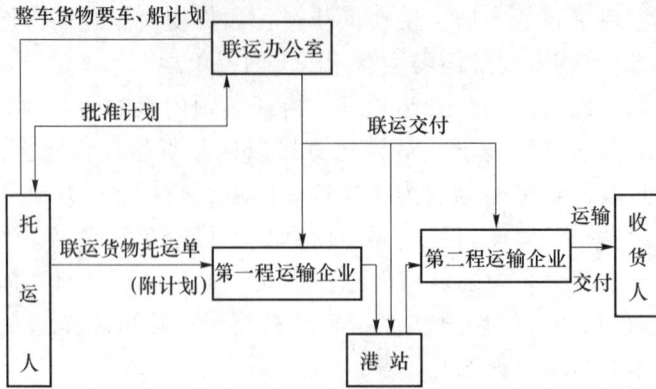

**图7-1　协作式多式联运的运输组织方法**

（2）衔接式多式联运的组织方法，如图7-2所示。

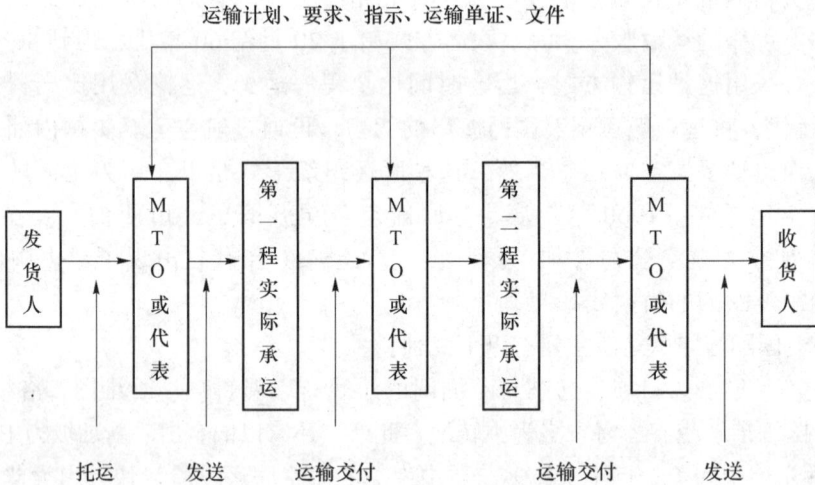

**图7-2　衔接式多式联运的组织方法**

## 四、国际多式联运责任划分

### （一）国际多式联运的责任类型

要确定多式联运经营人的责任，首先要确定多式联运中责任制的类型。所谓责任制（Liability Regime）类型，是指在多式联运当中如何划分或确定各个运输区段承运人责任和多式联运经营人责任，以及承运人和经营人之间责任关系的制度。目前，有4种责任类型。

1. 统一责任制

统一责任制（又称同一责任制）就是多式联运经营人对货主负有不分区段的统一原则责任，也就是说，经营人在整个运输中都使用同一责任向货主负责。即经营人对全程运输中货物的灭失、损坏或延期交付负全部责任，无论事故责任是明显的，还是隐蔽的；是发生在海运段，还是发生在内陆运输段，均按一个统一原则由多式联运经营人统一按约定的限额进行赔偿。但如果多式联运经营人已尽了最大努力仍无法避免的或确实证明是货主的故意行为、过失等原因所造成的灭失或损坏，经营人则可免责。统一责任制是一种科学、合理、手续简化的责任制度。但这种责任制对联运经营人来说责任负担较重，因此目前在世界范围内的采用还不够广泛。

2. 网状责任制

网状责任制（又称混合责任制）就是多式联运经营人对货主承担的全部责任局限在各个运输部门规定的责任范围内，也就是由经营人对集装箱的全程运输负责，而对货物的灭失、损坏或延期交付的赔偿，则根据各运输方式所适用的法律规定进行处理。例如，海上区段按《海牙规则》处理，铁路区段按《国际铁路运输公约》处理，公路区段按《国际公路货物运输公约》处理，航空区段按《华沙公约》处理。在不适用上述国际法时，则按相应的国内法规定处理。同时，赔偿限额也是按各区段的国际法或国内法的规定进行赔偿，对不明区段的货物隐蔽损失，或作为海上区段按《海牙规则》处理，或按双方约定的原则处理。

网状责任制是介于全程运输负责制和分段运输负责制之间的一种责任制，因此又称为混合责任制。也就是说该责任制在责任范围方面与统一责任制相同，而在赔偿限额方面则与区段运输形式下的分段负责制相同。目前，国际上大多采用的是网状责任制。我国自实施"国际集装箱运输系统（多式联运）工业性试验"项目以来，发展建立的多式联运责任制采用的也是网状责任制。

3. 修正性的统一责任制

修正性的统一责任制也被称为"可变性的统一责任制"，是由联合国多式联运公约所确立的以统一责任制为基础，以责任限额为例外的一种责任制度。根据这一制度，不管是否能够确定货运事故发生的实际运输区段，都适用公约的规定。但是，若货运事故发生的区段适用的国际公约或强制性国家法律规定的赔偿责任限额高于联合国公约规定的赔偿责任限额，则多式联运经营人应该按照该国际公约或国内法的规定限额进行赔偿。所以，在修正性的统一责任制下，统一责任制是多式联运经营人承担责任的总体规则，但对责任限额，则适用网状责任制形式。

很明显，联合国公约确立的责任制度有利于货主，而不利于多式联运经营人。而且这种责任制还产生了双层赔偿责任关系问题，即多式联运经营人与货主之间的赔偿责任关系，受联合国多式联运公约约束；而多式联运经营人与其分包人（各区段承运人）之间的赔偿责任关系，联合国多式联运公约则未作规定，这导致多式联运经营人和分包人之间责任承担可能不一致，很容易产生纠纷。因为联合国多式联运公约尚未生效，所以实践中适用该责任制的情况也较少。

4. 责任分担制

责任分担制是指多式联运经营人和各区段承运人在合同中事先划分运输区段，并按各区段所应适用的法律来确定各区段承运人责任的一种制度。这种责任制实际上是单一运输方式的简单组合，并没有真正发挥多式联运的优越性，因此目前很少被采用。

（二）国际多式联运的责任期间

在各种国际公约和国内法规中，关于多式联运的责任期间具有很高的一致性。国际多式联运公司明确规定：多式联运经营人对多式联运货物的责任期间为接受货物时起至交付货物时止。这一规定表明不论货物的接收地和目的地是港口还是内陆，不论多式联运合同中规定的运输方式如何（但其中之一必须是海上运输），也不论多式联运的经营人是否将部分或全部运输任务委托给他人履行，他都必须对全程货物运输负责，包括货物在两种运输方式下交换的过程。

## 实训技能

1. 实训内容

在地图上绘制重要的枢纽港口。

2. 实训目的

掌握多式联运线路和途经的港口。

3. 实训准备

将学生分组，每组 5~6 人，教师准备空白电子地图和纸质地图，并粘贴标识。

4. 实训步骤

步骤一：组内学生讨论；

步骤二：在电子地图上标识重要航线和枢纽港口；

步骤三：每组选派代表上台，在纸质地图上用标识展示，并做简单介绍。

5. 实训评价

多式联运线路和途经的港口绘制技能训练评价表（表 7-1）。

表 7-1 多式联运线路和途经的港口绘制技能训练评价表

| 被考评人 | | | | | | |
|---|---|---|---|---|---|---|
| 考评地点 | | | | | | |
| 考评内容 | 多式联运线路和途径的港口绘制技能 | | | | | |
| 考评标准 | 内容 | 分值 | 自我评价 | 小组评价 | 教师评价 | 综合评价 |
| | 多式联运线路和途经的港口绘制 | 60 | | | | |
| | 各组上台分享的表述能力 | 40 | | | | |
| | 该项技能得分 | | | | | |

注：（1）实际得分＝自我评价×20%＋小组评价×40%＋教师评价×40%。

（2）考评满分为100分，60~74分为及格，75~84分为良好，85分以上为优秀。

# 任务二 国际多式联运方案设计

## 知识准备

### 一、国际多式联运方案设计概述

国际多式联运方案设计是指国际多式联运企业针对客户的运输需求，运用系统理论和运输管理的原理和方法，合理地选择运输方式、运输工具与设备、运输路线以及货物包装与装卸等过程。

1. 国际多式联运方案设计的影响因素

国际多式联运方案设计的最终目的在于满足客户的需求，因此，以下客户需求特征应该成为国际多式联运方案设计时应考虑的主要因素：

（1）货物特征方面。主要包括货物的种类，单件体积与毛重，外包装规格与性能，可堆码高度，货物价值，是否是贵重、冷藏、危险品等特种商品等。

（2）运输与装卸搬运特征。主要包括每次发运货物数量（数量有无增减）、装运时间、发运频率、到达时间、可否拼装及分拼装与转运、装货与卸货地点是否拥挤或罢工、运输距离的长短等。

（3）储运保管特征。主要是指货物的物理与化学性质对储运与保管的要求等。

（4）客户其他要求。例如，对运输价格、运输方式、运输工具、运输线路、装卸搬运设备、运输时间、运输单证等有无具体要求。

2. 国际多式联运方案设计的内容与程序

如图7-3所示，国际多式联运方案设计主要包括运输方式、运输工具与设备、运输路线和自营与分包等四个方面的决策。国际多式联运方案设计是一项复杂的系统工程，最佳的设计方案往往是通过对各种方案的多次修正与调整后获取的。一方面，国际多式联运企业应以客户的需求为导向，为客户"量身定做"国际多式联运运作方案。一个好的方案，必须得到客户的认可，因而方案设计时应与客户不断沟通、交流，这样作出的方案才能运行达到预期的目标和效果。另一方面，国际多式联运方案设计所包括的四个模块都应以客户的运输需求为中心，并依此确立的评价准则为依据，设计出最佳的方案。同时对这些模块设计方案的评价结果，也可能会影响客户的运输需求，从而引起客户运输需求的调整。此外，这些模块之间也相互影响、相互补充。

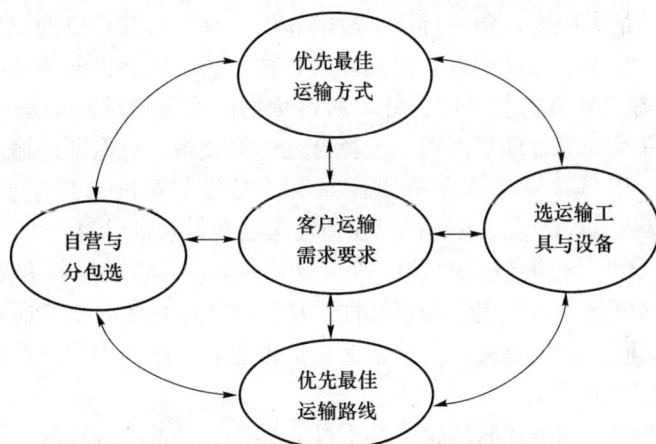

图7-3　国际多式联运方案设计（1）

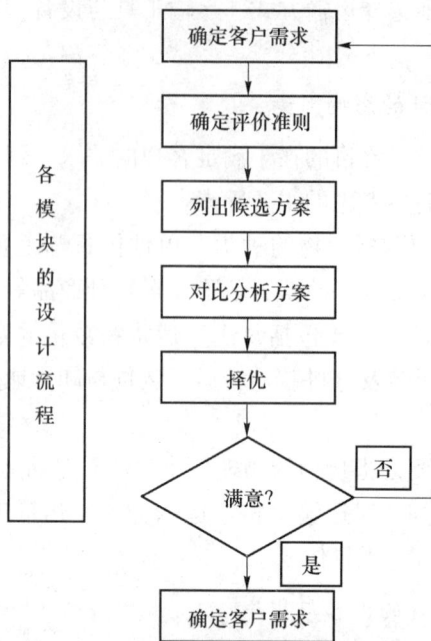

图 7 – 3　国际多式联运方案设计（2）

首先应该对运输工具与设备的选择及分营与分包商的选择作出安排。

（1）运输工具与设备的选择。

① 运输工具的选择。在同一运输路线上使用技术性能与经济性能不同的运输工具，将会产生不同的经济效果；同一运输工具在不同的运输路线上营运其经济效果也会不同。因此，研究各类运输工具在运输路线上的合理配置是国际多式联运方案设计的重要内容之一。

运输工具选择主要是指对运输工具的类型、吨位（载重量）、国籍、出厂日期等有关指标的选择。

② 装卸搬运设备的选择。选用合理的装卸搬运设备，对于提高装卸搬运效率、加速运输工具的周转，以及最大限度地防止货运事故的发生，有着极其重要的意义。尤其对于那些超长、超宽、超高、超重、移动困难、易损坏的货物，装卸搬运设备的选择更是如此。

③ 集装箱的选择。在货物装箱前，针对所运货物的实际情况和运输要求、运输线路和港口、内陆场站条件及经济合理等因素，选择合适的集装箱，对保证运输质量、提高运输效率、减少运输时间、降低运输成本都有重要意义。对集装箱的选择主要是指集装箱种类（箱型）的选择、集装箱规格尺度的选择以及所需集装箱数量的计算。

④ 运输包装的设计。运输包装的设计和造型多种多样，包装用料和质地各不相同，包装程度也有差异，这就导致运输包装的多样性。在设计运输包装时要考虑对运输方式的适应性和方便性，以及何时、何地将运输包装转换为销售包装，以达到货物运输既安全又快捷。

（2）自营与分包的选择。

实际上，任何一个国际多式联运企业都不可能具备最完备、最经济的海、陆、空运输资源和最合适的仓储资源，每个多式联运企业都不同程度地建立了使用自有运力和对外采购运力相结合的双重能力。在采购外部运输运作资源时，各个企业基本都是运用市场机制，但在使用自有运输运作资源时，则根据管理模式的不同，有不同的价格采购标准。

## 二、客户需求开发流程

在实际业务中，国际多式联运企业销售人员可依据以下步骤开发和确认客户的需求。

1. 探察聆听，以探测客户的需求

此阶段的目标就是引发并探测客户的需求（问题）。销售人员通过与客户交流，其主要目的是收集与客户需求相关的信息，以探明客户有无需求。同时也要将客户的需求从原来的"满意"状态向"不满意"状态转化，让客户意识到现状的不足和存在的问题，即针对客户可能存在的难点、困难、不满来询问，而且每一个都是在引诱客户说出隐含需求。

2. 试探冲击，了解客户的购买欲望

此阶段的关键任务是要把客户的问题（需求）聚焦，并扩大可以使之寻求解决方案的理由。

3. 确认需求

这个步骤主要是确定影响客户购买决策的关键因素，实际上就是了解客户的每一项真实需求的细节，以便精确地制定出满足客户需求的个性化解决方案。

4. 展示说服，迎合需求

此阶段的目的在于针对客户的核心需求进行产品的差异化、个性化的设计并展示给客户。该解决方案应突出展示本公司产品或服务的性能及由此可给客户带来的利益。FABE 法就是一种常见的介绍产品的演示技术。其中，F（Feature）代表特征，是指公司产品或服务的特征；A（Advantage）代表由这一特征所产生的优点，是指该特征的说明及其在市场上的独特性，与同类产品相比的差异化往往可作为满足特定人群的产品优势；B（Benefit）代表这一优点能带给顾客的利益，是指该特征对客户的意义及可为客户带来的好处；E（Evidence）代表证据（如技术报告、客户来信、报刊文章、照片、示范等）。

## 三、运输方式和运输线路的选择

1. 运输方式的选择

铁路、公路、水运、民航和管道五种基本运输方式的优缺点及适用范围见表7-2。

表7-2　五种基本运输方式的优缺点及适用范围

| 运输方式 | 优点 | 缺点 | 主要运输对象 |
|---|---|---|---|
| 铁路 | 1. 大批量货物能一次性有效运送<br>2. 运费负担小<br>3. 轨道运输，事故相对少、安全<br>4. 铁路运输网完善，可运达各地<br>5. 受自然和天气影响小，运输准时性较高 | 1. 近距离运费费用高<br>2. 不适合紧急运输要求<br>3. 由于需要配车编组，中途停留时间较长<br>4. 非沿线目的地需汽车转运<br>5. 装卸次数多，货损率较高 | 长途、大量、低价、高密度商品，比如，采掘工业产品、重工业产品及原料、制造业产品及原料、农产品等 |

续表

| 运输方式 | 优点 | 缺点 | 主要运输对象 |
|---|---|---|---|
| 公路 | 1. 可以进行门到门运输<br>2. 适合于近距离运输，较经济<br>3. 使用灵活，可以满足多种需要<br>4. 输送时包装简单、经济 | 1. 装载量小，不适合大量运输<br>2. 长距离运输运费较高<br>3. 环境污染较严重<br>4. 燃料消耗大 | 短距离具有高价值的加工制造产品和日用消费品，比如，纺织和皮革制品、橡胶和资料制品、润滑金属产品、通信产品、零部件、影像设备等 |
| 水运 | 1. 运量大<br>2. 成本低<br>3. 适于超长超宽笨重的货物运输 | 1. 运输速度慢<br>2. 港口装卸费用较高<br>3. 航行受天气影响较大<br>4. 运输正确性和安全性较差 | 主要是长途的低价值、高密度大宗货物，比如，矿产品、大宗散装货、化工产品、远洋集装箱等 |
| 民航 | 1. 运输速度快<br>2. 安全性高 | 1. 运费高<br>2. 重量和体积受限制<br>3. 可达性差<br>4. 受气候条件限制 | 通常适用于高价、易腐烂或急需的商品 |
| 管道 | 1. 运量大<br>2. 运输安全可靠<br>3. 连续性强 | 1. 灵活性差<br>2. 仅适用特定货物 | 石油、天然气、煤浆 |

运输方式选择的基本标准一般来说主要考虑以下十个方面：运费的高低，运输时间的长短，可以运输的次数（频率），运输能力的大小，运输货物的安全性，运输货物时间的准确性，运输货物的适用性，能适合多种运输需要的伸缩性，与其他运输方式衔接的灵活性，提供货物所在位置信息的可能性。

2. 运输线路的选择

国际多式联运线路可以归纳为以下三种类型：

（1）往复式运输路线。往复式运输线路是指车辆在两个装卸作业点之间的线路上，做一次或多次重复运行的运输线路。这种运输线路的几个形状可近似看作直线型，可分为单程有载往复式、回程部分有载往复式和双程有载往复式三种。这三种线路类型，以双程有载往复式线路的里程利用率高，而单程有载往复式里程利用率最低。在实际的运输组织工作中，应尽量避免选择单程有载往复式运输线路。

（2）环行式运输线路。环行式运输线路是指车辆在若干个装卸作业点组成的封闭回路上，做连续单项运行的运输线路。在环行式运输线路的选择中，以里程利用率最高为原则。

（3）汇集式运输线路。汇集式运输线路是指车辆沿分布运行线路上各装卸作业点，依次完成相应的装卸作业，且每次货物装卸量均小于该车额定载重，知道整个车辆装满后返回出发点的行驶路线。

运输路线的选择应注意以下三点：

（1）运输线路选择与运输方式选择的协同。

（2）注重装卸地点的选择。

（3）注重不同装货量的拼装，以实现集运、拼装模式，从而影响运输路线的选择。

### 实训技能

1. 实训内容

大众汽车有限公司现有一批轿车出口伊朗，轿车的发货地为上海，交货地为伊朗的德黑兰市。现委托广浩国际货运代理有限公司组织多式联运，广浩国际货运代理有限公司为大众汽车有限公司设计多式联运方案，确定运输路线。

2. 实训目的

掌握国际多式联运方案设计的运输路线的选择。

3. 实训准备

把学生分成 5～6 人一组，打开网络，准备世界地图一张。

4. 实训步骤

步骤一：在世界地图上找到上海、伊朗的德黑兰市。

步骤二：设计从上海到伊朗德黑兰市的线路。

步骤三：选几组学生来分别就各自设计的路线进行分析；其他组学生对其进行评议，并提出理由。

步骤四：教师进行点评。

5. 实训评价

国际多式联运运输路线的选择评价表（表 7-3）。

表 7-3  国际多式联运运输路线的选择评价表

| 被考评人 | | | | | |
|---|---|---|---|---|---|
| 考评地点 | | | | | |
| 考评内容 | 国际多式联运运输路线的选择 | | | | |
| 考评标准 | 内容 | 分值 | 自我评价 | 小组评价 | 教师评价 | 实际得分 |
| | 路线选择合理 | 50 | | | | |
| | 表述清晰 | 50 | | | | |
| 总分 | | | | | | |

注：（1）实际得分＝自我评价×20%＋小组评价×40%＋教师评价×40%。

（2）考评满分为 100 分，60～74 分为及格，75～84 分为良好，85 分以上为优秀。

# 任务三  组织国际多式联运业务

### 知识准备

## 一、国际多式联运业务流程

多式联运经营人从事多式联运业务时，大致需要经过受托申请、订立多式联运合同→空箱发放、提取及运送→出口报关→货物装箱及接收货物→向实际承运人订舱及安排货物运送→办理保险→签发多式联运提单、组织完成货物的全程运输→办理运输过程中的海关业务→货物交付→货物事故处理等环节。

**1. 接受托运申请，订立多式联运合同**

多式联运经营人根据货主提出的托运申请和自己的运输线路等情况，判决是否接受该托运申请。发货人或其代理人根据双方就货物的交接方式、时间、地点、付费方式等达成协议并填写场站收据，并将其送至多式联运经营人进行编号，多式联运经营人编号后留下货物托运联，将其他联交还给发货人或其代理人。

**2. 空箱的发放、提取及运送**

多式联运中使用的集装箱一般由多式联运经营人提供，这些集装箱的来源可能有三种情况：一是多式联运经营人自己购置使用的集装箱；二是向借箱公司租用的集装箱；三是由全程运输中的某一分运人提供。如果双方协议由发货人自行装箱，则多式联运经营人应签发提箱单或租箱公司或分运人签发提箱单交给发货人或其代理人，由他们在规定日期到指定的堆场提箱，并自行将空箱拖运到货物装箱地点，准备装货。

**3. 出口报关**

若多式联运从港口开始，应在港口报关；若从内陆地区开始，则应在附近内陆地海关办理报关出口。报关事宜一般由发货人或其代理人办理，也可委托多式联运经营人代为办理。报关时应提供场站收据、装箱单、出口许可证等有关单据和文件。

**4. 货物装箱及接受货物**

若是发货人自行装箱，发货人或其代理人提取空箱后在自己的工厂和仓库组织装箱，装箱工作一般要在报关后进行，并请海关派员到装箱地点监装和办理加封事宜。如需理货，还应请理货人员现场理货，并与其共同制作装箱单。

对于由货主自行装箱的整箱货物，发货人应负责将货物运至双方协议规定的地点，多式联运经营人或其代表在指定地点接受货物。如果是拼箱货，则由多式联运经营人在指定的货运站接收货物，验收货物后，代表多式联运经营人接收货物的人应在场站收据正本上签章，并将其交给发货人或其代理人。

**5. 订舱及安排货物运送**

多式联运经营人在合同订立后，应立即制定该合同涉及的集装箱货物的运输计划。该计划应包括货物的运输路线、区段的划分、各区段实际承运人的选择及确定各区段衔接地点的到达、起运时间等内容。

这里所说的订舱泛指多式联运经营人要按照运输计划安排确定各区段的运输工具，与选定的各实际承运人订立各区段的分运合同，这些合同的订立由多式联运经营人本人或委托的代理人办理，也可请前一区段的实际承运人代为向后一区段的实际承运人订舱。货物运输计划的安排必须科学并留有余地，工作中应相互联系，根据实际情况调整计划，避免彼此脱节。

**6. 办理保险**

在发货人方面，应投保货物运输保险，该保险由发货人自行办理，或由发货人承担费用而由多式联运经营人代为办理。货物运输保险可以是全程投保，也可以是分段投保。在多式联运经营人方面，应投保货物责任险和集装箱保险，由多式联运经营人或其代理人向保险公司或以其他形式办理。

7. 签发多式联运提单，组织完成货物的全程运输

多式联运经营人的代表收取货物后，多式联运经营人应向发货人签发多式联运提单。在将提单交给发货人之前，应注意按双方议定的付费方式及内容、数量向发货人收取全部应付费用。

多式联运经营人有完成和组织完成全程运输的责任和义务。在接受货物后，多式联运经营人要组织各区段实际承运人、各派出机构及代表人共同协调工作，完成全程中各区段运输之间的衔接工作，并做好运输过程中所涉及的各种服务性工作和运输单据、文件及有关信息等的组织和协调工作。

8. 运输过程中的海关业务

按照国际惯例，国际多式联运的全程运输均应视为国际货物运输。因此，该环节的工作主要包括货物及集装箱进口国的通关手续，进口国内陆段保税运输手续及结关等内容。如果陆上运输要通过其他国家海关和内陆运输线路，还应包括这些海关的通关及保税运输手续。

如果货物在目的地港交付，则结关应在港口所在地海关进行。如果在内陆地交货，则应在口岸办理保税运输手续，海关加封后方可运往内陆目的地，然后在内陆海关办理结关手续。

9. 货物支付

当货物运往目的地后，由目的地代理通知收货人提货，收货人需凭多式联运提单提货。多式联运经营人或其代理人需按合同规定，收取收货人应付的全部费用，收回提单签发提货单，提货人凭提货单到指定堆场和地点提取货物。

如果是整箱提货，则收货人要负责至掏箱地点的运输，并在货物掏出后将集装箱运回指定的堆场，此时，运输合同终止。

10. 货运事故处理

如果全程运输中发生了货物灭失、损害和运输延误，无论能否确定损害发生的区段，发（收）货人均可向多式联运经营人提出索赔，多式联运经营人根据提单条款及双方协议确定责任并作出赔偿。如果能确定事故发生的区段和实际责任者，可向其进一步索赔；如果不能确定事故发生的区段，一般按在海运段发生处理；如果已对货物及责任投保，则存在要求保险公司赔偿和向保险公司进一步追索问题。如果受损人和责任人之间不能取得一致意见，则需要通过在诉讼时效内提起诉讼和仲裁来解决。

## 二、多式联运合同

1. 多式联运合同的概念

多式联运合同又称为"多式联合运输合同""混合运输合同"，是指以两种以上（含两种）的不同运输方式将旅客（及其行李）或货物运输到约定地点的运输合同。按《合同法》第三百十七条规定，多式联运经营人负责履行或者组织履行多式联运合同实施，对全程运输

享有承运人的权利，承担承运人的义务。

2. 多式联运合同的主要内容

国际多式联运合同的主要内容如下：

（1）承运货物的名称、种类、包装、件数、重量、尺码等货物状况。

（2）承运人的责任范围，货物接收地和交付地。

（3）双方费用约定以及结算时间。

（4）承运人的除外责任。

（5）承运人的赔偿限额。

（6）违约责任规定。

（7）合同争议解决方式和适用法律。

【多式联运合同范本】

### 多式联运合同

甲　方：（托运人）

法定代表人：

法定地址：　　　　　　邮编：

经办人：　　　　　联系电话：　　　　　传真：

银行账户：

乙　方：（承运人）

法定代表人：

法定地址：　　　　　　邮编：

经办人：　　　　　联系电话：　　　　　传真：

银行账户：

甲乙双方经过友好协商，就办理甲方货物多式联运事宜达成如下合同：

1. 甲方应保证如实提供货物名称、种类、包装、件数、重量、尺码等货物状况，由于甲方虚报给乙方或者第三方造成损失的，甲方应承担损失。

2. 甲方应按双方商定的费率在交付货物＿＿＿天之内将运费和相关费用付至乙方账户。甲方若未按约定支付费用，乙方有权滞留提单或者留置货物，进而依法处理货物以补偿损失。

3. 托运货物为特种货或者危险货时，甲方有义务向乙方做详细说明。未做说明或者说明不清的，由此造成乙方的损失由甲方承担。

4. 乙方应按约定将甲方委托的货物承运到指定地点，并应甲方的要求，签发联运提单。

5. 乙方自接货开始至交货为止，负责全程运输，对全程运输中乙方及其代理或者区段承运人的故意或者过失行为而给甲方造成的损失负赔偿责任。

6. 乙方对下列原因所造成的货物灭失和损坏不负责任：

（1）货物由甲方或者代理人装箱、计数或者封箱的，或者装于甲方的自备箱中；

（2）货物的自然特性和固有缺陷；

（3）海关、商检、承运人行使检查权所引起的货物损耗；

（4）天灾，包括自然灾害，例如但不限于雷电、台风、地震、洪水等，以及意外事故，例如但不限于火灾、爆炸、由于偶然因素造成的运输工具的碰撞等；

（5）战争或者武装冲突；

（6）抢劫、盗窃等人为因素造成的货物灭失或者损坏；

（7）甲方的过失造成的货物灭失或者损坏；

（8）罢工、停工或者乙方雇佣的工人劳动受到限制；

（9）检疫限制或者司法扣押；

（10）非由于乙方或者乙方的受雇人、代理人的过失造成的其他原因导致的货物灭失或者损坏，对于第（7）项免除责任以外的原因，乙方不负举证责任。

7. 货物的灭失或者损坏发生于多式联运的某一区段，乙方的责任和赔偿限额，应该适用该区段的法律规定。如果不能确定损坏发生区段的，应当使用调整海运区段的法律规定，不论是根据国际公约还是根据国内法。

8. 对于逾期支付的款项，甲方应按每日万分之五的比例向乙方支付违约金。

9. 由于甲方的原因（如未及时付清运费及其他费用而被乙方留置货物或滞留单据，或提供单据迟延而造成货物运输延迟）所产生的损失由甲方自行承担。

10. 合同双方可以依据《合同法》的有关规定解除合同。

11. 乙方在运输甲方货物的过程中应尽心尽责，对于因乙方的过失而导致甲方遭受的损失和发生的费用承担责任，以上损失不包括货物因延迟等原因造成的经济损失。在任何情况下，乙方的赔偿责任都不应超出每件_____元人民币或每公斤_____元人民币的责任限额，两者以较低的限额为准。

12. 本合同项下发生的任何纠纷或者争议，应提交中国海事仲裁委员会，根据该会的仲裁规则进行仲裁。仲裁裁决是终局的，对双方都有约束力。

本合同的订立、效力、解释、履行、争议的解决均适用中华人民共和国法律。

13. 本合同从甲乙双方签字盖章之日起生效，合同有效期为_____天，合同期满之日前，甲乙双方可以协商将合同延长_____天。合同期满前，如果双方中任何一方欲终止合同，应提前_____天，以书面的形式通知另一方。

14. 本合同经双方协商一致可以进行修改和补充，修改及补充的内容经双方签字盖章后，视为本合同的一部分。

本合同正本一式_____份。

甲方：　　　　　　　　　　　　　　　乙方：

签字盖章　　　　　　　　　　　　　　签字盖章

　　　　　　　　　　　　　　　　　　　年　月　日

## 三、国际多式联运提单

1. 国际多式联运提单的定义

《公约》对多式联运单证所下的定义："是指证明多式联运合同及证明多式联运经营人接管货物并负责按合同条款交付货物的单据。"在实践中一般称为多式联运提单，它是发货人与多式联运经营人订立的国际货物多式联运合同的证明；是多式联运经营人接管货物的证明和收据；是收货人提取货物和多式联运经营人交付货物的凭证；是货物所有权的证明，可以用来结汇、流通和抵押等。

### 2. 国际多式联运提单的签发

多式联运经营人在收到货物后，凭发货人提交的收货收据（在集装箱运输时一般是场站收据正本）签发多式联运提单，根据发货人的要求，可签发可转让或不可转让提单中的任何一种。签发提单前应向发货人收取合同规定和应由其负责的全部费用。

### 3. 国际多式联运提单的内容

根据《公约》规定，国际多式联运提单应载明下列事项：

（1）货物的品类、识别货物所必需的主要标志。如属危险货物，其危险特性应明确声明，包件数、货物的毛重或其他方式表示的数量等，所有这些事项均由发货人提供。

（2）货物的外表状况。

（3）多式联运经营人的名称和主要营业场所。

（4）发货人、收货人（必要时可有通知人）的名称。

（5）多式联运经营人接管货物的地点和日期。

（6）交付货物的地点。

（7）双方明确协议的交付货物地点，交货的时间、期限。

（8）表示该提单为可转让或不可转让的声明。

（9）多式联运提单签发的地点和日期。

（10）多式联运经营人或经其授权的人的签字。

（11）经双方明确协议的有关运费支付的说明，包括应由发货人支付的运费及货币，或由收货人支付的其他说明。

（12）有关运输方式、运输路线、转运地点的说明。

（13）有关声明与保留。

（14）在不违背签发多式联运提单所在国法律的前提下，双方同意列入提单的其他事项等。

## 实训技能

### 1. 实训内容

国际多式联运企业调研。

### 2. 实训目的

通过实训调查，使学生了解国际多式联运的组织过程、多式联运适用的各种单证，培养学生调查、收集与整理相关信息的能力，了解多式联运过程中货损案例的处理方法。

### 3. 实训准备

了解该企业选择运输方式考虑的主要因素是什么、货损案件的处理方法及法律依据、多式联运组织方法和使用的各种单证。

### 4. 实训步骤

步骤一：把全班学生平均分为几个小组，以小组为单位到企业进行调查，并做好调查记录。

步骤二：以小组为单位写出调查分析报告。

步骤三：在全班组织召开一次交流讨论会。

步骤四：根据分析报告和个人在交流中的表现进行成绩评估。

5. 实训评价

多式联运企业调研分析报告评价表（表7-4）。

表7-4　多式联运企业调研分析报告评价表

| 被考评人 | | | | | | |
|---|---|---|---|---|---|---|
| 考评地点 | | | | | | |
| 考评内容 | 多式联运企业调研分析报告 | | | | | |
| 考评标准 | 内　容 | 分值 | 自我评价 | 小组评价 | 教师评价 | 实际得分 |
| | 调研报告信息是否详尽 | 35 | | | | |
| | 调查报告信息是否准确 | 35 | | | | |
| | 交流中的个人表现 | 30 | | | | |
| 总分 | | | | | | |

注：（1）实际得分 = 自我评价×20% + 小组评价×40% + 教师评价×40%。

（2）考评满分为100分，60～74分为及格，75～84分为良好，85分以上为优秀。

# 五、拓展训练

有一批安防产品需从中国山西运至西班牙的塞维利亚（Seville），应如何设计运输线路？

假如您是一家多式联运企业的业务经理，负责这批安防产品的运输，请设计多式联运运输方案。

（1）货物情况说明：

品名：机器设备

数量：320吨

合同价值：USD500000

件数：160PAGS

（2）信用证要求：

装货港：中国港口

卸货港：西班牙任何港口

最迟装运日：2016年11月20日

贸易条款：CIF SEVILLE, SPAIN

实训目的：

通过实训调查，使学生了解多式联运运输方案的设计过程。

实训要求：

1. 把全班学生平均分为几个小组，以小组为单位分别制定自己的多式联运运输方案。

2. 以小组为单位对自己的方案进行可行性分析。

3. 在全班组织召开一次讨论会，对各组方案进行分析。

# 货运事故与索赔

## 一、技能目标

1. 清晰货运事故的发生。
2. 会划分货运事故的责任。
3. 会处理国际货运事故。

## 二、知识目标

1. 了解货运事故发生的原因。
2. 掌握货运事故的责任划分。
3. 掌握索赔理赔业务流程。

## 三、工作任务

1. 认知货运事故。
2. 货运事故索赔。

## 四、实训项目

### 项目背景

广浩国际货运代理有限公司揽取苏州某出口公司 5 个 20 英尺集装箱羽绒服销往美国的业务，提单上记载：CY – CY 运输条款（堆场至堆场交接），SLAC（由货主自行装载并计数）。该批货物通过货运代理向船公司订舱，货主要求订舱托运单上指示："不准配装甲板，应装载舱内。"收货人在进口国家码头堆场提箱时对箱体外表状况、关封状况未提出任何异议。但在拆箱时，却发现有 3 个集装箱中部分羽绒服水渍，经商检认定水渍系海水所致。作为货代，需处理该事故赔偿。

**项目分析**

本项目需要认知货运事故，划分货运事故责任，理解货运索赔的程序，可通过以下几个任务：

# 任务一　认知货运事故

**知识准备**

## 一、货运事故的发生

国际贸易下的货物运输、仓储保管、交付货物等工作时间很长、空间跨度大、作业环节多、单证文件繁杂、环境条件多变，所以在整个货物运输保管接受和交付的过程中，经常会出现货物质量上的问题、货物数量上的问题、货方不及时提货的问题、承运人错误交付货物和延迟交付等问题。

### （一）货运事故的概念

货运事故是指在各种不同运输方式下，承运人在交付货物时发生的货物质量变差、数量减少的事件。在国际海上货物运输中，主要指运输中造成的货物灭失或损坏。因此，狭义上的货运事故是指运输中发生的货损货差事故，广义的货运事故还可以包括运输单证差错，迟延支付货物，海运中的"无单放货"情况。

### （二）产生货运事故的主要原因

国际货物代理行业人员应该了解造成货运事故产生的主要原因，并根据这些原因采取相应的措施，以达到防止或减少货运事故发生的目的。另外，货运代理人了解了造成货运事故发生的主要原因，就可以在发生货运事故时，能够根据具体情况采取相应措施以减少损失；还可以在货运事故发生后，能够了解原因、明确责任方，以便及时、正确地解决争议。

1. 海上运输中产生货运事故的主要原因

由于从事国际海上货物运输的船舶经常在海洋上航行，同时海洋环境多变，船舶随时可能遭遇狂风巨浪等袭击，所以船舶在海上运输中的环境相对比较恶劣，另外，工作上的差错也会造成货运事故的发生。

造成货差事故的原因主要是货物标识不清，误装，误卸，理货差错，中转处理错误。

由于载货船舶的沉没、触礁、火灾，抛货，政府法令禁运和没收，盗窃，海盗行为，船舶被拘留、扣留和货物被扣留，战争行为等原因可能造成货物的全部损失。

造成部分货物损失的主要原因和受损的结果：

（1）盗窃、抛货、遗失、落海等原因会造成这部分货物的灭失。

（2）包装不良或破损、盗窃、泄漏、蒸发等原因会造成货物的内容短缺。

（3）积载不当（超高或积载地点不当等）导致船舶航行时发生货物移动、倒垛，包装脆弱、装卸操作不当造成货物碰撞及坠毁，使用手钩等原因都会造成货物的破损。

（4）雨、雪中装卸，驳运过程中河水浸湿，消防救火过程中的水湿，船内管系故障导致淡水浸湿等原因会造成货物的水湿。

（5）海上风暴、驳载过程中船内海水管系故障、船体破损等导致海水浸入，消防救火过程中的海水水湿等原因会造成货物的海水湿。

（6）通风不良，衬垫、隔离不当，积载不当等原因会造成货物的汗湿。

（7）不适当的混载，衬垫、隔离不充分等原因会造成货物的污染。

（8）驱虫、灭鼠不充分，船内清扫、消毒不充分，对货物检查不严致虫、鼠被带入舱内等原因会造成货物被虫蛀、鼠咬。

（9）潮湿、海水溅湿、不适当的混载等原因会造成货物的锈蚀。

（10）易腐货物未按要求积载的位置装载，未按要求控制船内温度，温、湿度过高，换气通风不充分，冷藏装置故障等原因会造成货物的腐烂、变质。

（11）标志不清，隔票不充分，倒垛，积载不当等原因会造成货物的混票。

（12）自燃、火灾、漏电等原因会造成货物的焦损。

（13）温度过高，换气通风过度，货物本身的性质等原因会造成货物的烧损。

（14）集装箱运输中，在集装箱的装箱过程中存在货物包装不良、积载不当、箱内不清洁等各种情况，都同样会造成货物受损。

2. 航空运输中产生货运事故的主要原因

由于从事航空运输的飞机经常处于空中飞行状态，飞机飞行安全要求高，航空货物在飞机机舱中的机载要求也高，因此，货物在航空运输中的飞机飞行阶段遭受灭失、损坏的可能性大大减少，但是，在空运货物的交接、机场堆放、装机和卸机等过程中，仍然存在着工作差错而造成的货运事故。

航空运输中产生的货运事故主要是指由于承运人的原因造成货物丢失、短缺、变质、污染、损坏的情况。发生这些情况的主要原因是：

（1）货物在承运人掌管期间内发生盗窃、遗失等原因造成货物的丢失。

（2）承运人原因造成货物包装方法或容器质量不符合运输要求，使包装破损、货物泄漏等原因造成货物的内容短缺。

（3）承运人没有注意到货物本身性质所引起的变质、污染、损坏。

（4）不适当的积载造成货物的污染、损坏。

（5）承运人没有按照指示标志进行装卸作业造成货物的变质、污染、损坏。

（6）运输过程中保管货物不当造成货物变质、污染、损坏。

3. 陆路运输中产生货运事故的主要原因

由于从事陆路运输的火车和汽车经常处于路面上的状态，陆路运输环境对货物运输质量有很大的影响，而且货物被盗的可能性也较大。因此，陆路运输中采用集装箱等封闭式方式对减少货物被偷盗和损坏将大有帮助，另外，在陆路运输货物的交接、堆放、装车和卸车等过程中，还会存在因承运人工作差错所造成的货运事故。

陆路运输中产生的货运事故主要是指由于承运人的原因造成货物发生灭失、混票、溢短、包装破损、货物毁损的情况。发生这种情况的主要原因是：

（1）盗窃、遗失等原因造成货物的灭失。

（2）隔票不充分，倒垛，积载不当等原因造成货物的混票。

（3）误装、误卸等原因造成有货无票的货物溢短。

（4）野蛮装卸，衬垫、积载不当等原因造成包装破损和货物毁损。

（5）运输过程中报关货物不当造成货物毁损。

### 4. 非货运事故

在国际货物运输中，除由于承运人的原因会造成货运事故外，还有一些情况也会使货物发生数量、质量变化，但是，这些情况的发生不属于运输合同下承运人所应承担的责任，而是要根据买卖合同等其他合同条款的规定才能确定由哪一方来承担责任。因此，此时货物虽然发生了数量、质量上的变化，但不能认为是发生了货物事故。以下情况就是典型的例子：

如果在贸易合同中规定了货物买卖的数量，但卖方在货物包件内所装的货物数量不足，而承运人又无法知道包件内实际装的货物数量，这就会造成所谓的"原装货物数量不足"。这种情况不属于货运事故，承运人只要在包件外表状况良好的情况下交付货物，就不用承担任何责任。"原装货物数量不足"的问题应该由买卖双方在贸易合同中做出了相应的规定才能解决。

如果在贸易合同中规定了买卖货物的品质，但卖方交付运输的货物与贸易合同中规定的货物品质不符，承运人显然无法确切知道所有货物的化学成分等情况，造成承运人在目的地向收货人交付的货物"品质与买卖合同不符"。这种情况不属于货运事故。除特别约定外，承运人只需在包件外表状况良好的情况下交付货物，就不承担任何责任。"货物品质与合同不符"的问题是贸易合同问题，所以也应该由买卖双方在贸易合同中做出相应的规定才能解决。

### 5. 其他情况造成的货物损失

在国际海上货物运输中，由于不可抗力等原因也会造成货物数量、质量上的损失，承运人在这种情况下通常可以免于承担赔偿损失的责任。由于货方对货物包装不良、不牢固而造成的货物损失，承运人通常也不承担赔偿责任。对于散装货物的水尺计量不准，则应根据具体情况对待。运输或者贸易上的欺诈行为等可能使有关的关系人遭受无法弥补的损失。

## 二、货运事故的责任划分

运输中发生货运事故的原因有很多，其中大部分是由于承运人的原因所致。但是，实践中还有一些货运事故是由货方（托运人、收货人）、第三方（如港口、集装箱货运站等），甚至由于不可抗力所致。不同原因所导致运输中的货物数量减少、质量变差的损失将由不同当事人所承担，这里的当事人可能是运输合同、买卖合同、保险合同等不同合同中的当事人。运输合同中的当事人是承运人和托运人。只有了解货运合同下的责任分配问题，才能明确货运事故的责任划分。涉及承运人和托运人责任分配的主要问题包括承运人的责任期间等几个方面。

### （一）承运人的责任

#### 1. 承运人的责任期间

货物在承运人监管过程中发生的货损事故，除由于上述的托运人的原因和不可抗力的原因外，原则上都由承运人承担责任。承运人的责任期间是指承运人对货物应负责的期间。承运人在这段时间内，由于他不能免责的原因使货物受到灭失或者损坏，应当负赔偿责任。在国际海上货物运输中，根据中国《海商法》第46条的规定，承运人对集装箱装运的货物的责任期间，是指从装货港接受货物时起至卸货港交付货物时止，货物处于承运人掌管之下的全部期间。承运人对非集装箱装运的货物的责任期间，是指从货物装上船时起至卸下船时止，货物处于承运人掌管之下的全部期间；但是，承运人与托运人可以就非集装箱货物运输下承担人的责任期间另做约定。在承运人的责任期间，货物发生灭失或者损坏，除另有规定外，承运人应当负赔偿责任。中国《海商法》的这些规定与有关海上货物运输的国际公约中的规定是相似的。

2. 承运人运输货物的责任

在适应于不同运输方式下的国际货物运输公约或者有关货物运输的国际公约中，都有承运人运输货物责任的规定。这些规定主要有运输工具、保管货物、合理速移、延迟交付等几个方面。

在运输工具方面，各个国家和国际社会都对各种运输工具的技术要求作出明确的规定，只有符合技术要求的运输工具才能投入货物运输；运输公司作为承运人将运输工具投入营运还需要符合市场准入规定。在运输货物时，运输工具还应该符合适合特定运输风险和货物特性的总体要求。在国际海上货物运输中，对海上货物承运人提供船舶的规定是明确的。

在保管货物方面，在各种运输方式下都规定承运人应对货物的运输负责。在国际海上货物运输中，对承运人保管货物的规定是明确的。

承运人在货物运输过程中，应尽合理地快速将货物运到目的地。特别是在国际海上货物运输中，对船舶绕航问题做了规定，如："承运人应当按照约定的或者习惯的或者地理上的航线将货物运往卸货港。船舶在海上为救助或者企图救助人命或者财产而发生的绕航或者其他合理绕航，不违反前款规定的行为。"

货物运输合同是一种运输合同，一方面应对违反合同造成的对另一方面的损失进行赔偿。承运人违反合同时，货方因此而遭受的损失有两种主要形式，一种是实际损失，即货物发生实际灭失或者损坏；另一种是经济损失，即货物虽然没有发生灭失或者损坏，但是超过了合同约定的时间，导致货物无法继续出售或者无法实现本应实现的利润。因此，国际货物运输中对承运人因迟延交付货物应承担的责任都做了规定。

3. 承运人的免责与责任限制

承运人对货物在责任期间发生的灭失或者损坏应该承担责任。但是，国际公约和各国法律又都规定了一系列承运人对货物在其责任期间发生的灭失或者损坏可以免于承担责任事项。这些事项是法定的，承运人可以通过合同减少或者放弃，但不能增加。在各种运输方式和多式联运下，都规定有承运人的法定免责事项。

即使承运人根据合同或者法规应对货损差负责，在国际货物运输的有关公约和各国法律中，都赋予了承运人一项特殊的权利，即承运人可以将赔偿责任限制在一定数额以内。在各种运输方式和多式联运下，也都有承运人单位赔偿责任限制的规定。两种情况下不得使用责任限制，依中国情况是有特别约定，如托运人在货物装运时已经申报货物性质和价值，并办理了相应手续，另一种情况是承运人丧失了享受赔偿责任限制的权利，如货物的灭失、损坏或延迟交付是承运人故意或明知可能造成损失而轻率地作为或者不作为造成的，承运人就不得援引限制赔偿责任的规定。

## （二）托运人的责任

### 1. 正确提供货物资料

托运人托运货物，应该将货物的品名、标志、件数、重量、体积等相关资料向承运人申报。托运人必须保证其申报的资料正确无误。托运人对申报不实所造成的承运人的损失承担赔偿责任。托运人为了少交运费，谎报货物重量，造成承运人起重设备的损坏，则托运人应对此承担赔偿责任。应当引起重视的是，各种运输方式下，对危险货物运输时托运人进行申报的问题都做了特别规定。

### 2. 妥善包装货物

包装货物时托运人的基本义务。良好的包装应该是正常的或者习惯的包装，在通常的照管和运输条件下，能够保护货物避免几乎大多数轻微的损害。托运人没有义务使用可能的最安全的包装而导致额外的费用。承运人应该根据货物的包装情况进行适当的装卸和照料。但是，这种适当的装卸和照料不应该超过运输此类货物一般应负的谨慎责任。货损发生时，其原因是包装不良还是承运人照料货物不适当而造成有时难以判断。因此，对双方的要求都应该根据通常标准来确定。如果货物包装不良或者标志欠缺、不清，由此引起货物本身的灭失或损坏，承运人可免除对托运人的赔偿责任。

## （三）货运事故的发生与责任判断

货物运输事故的发生可能在货物运输过程中的任何环节上。而发现货损、货差，则往往是在最终目的地收货时或者收货后。当然，在运输途中发生的货损事故，也可能会被及时发现。货运事故发生后，第一发现人具有报告的责任。如在船舶运输途中发生时，船长有责任发表海事声明（note of sea protest）。而当收货人提货时，发现所提取的货物数量不足，或货物外表状况，或其品质与提单上记载的情况或与贸易合同的记载不符，则应根据提单条款的规定，将货损或货差的事实，以书面的形式通知承运人在卸货港的代理人，即使货损、货差不明显，也必须在提货后的规定时间内，向承运人或其代理人报明情况，作为以后索赔理赔的依据。

无论索赔理赔工作日后如何进行，记录和保留有光事故的原始记录十分重要。提单、运单、收货单、过驳清单、卸货报告、货物溢短单、货物残损单、装箱单、积载图等货运单证均是货损事故处理和明确责任方的依据。货物单证上的批注是区分或确定货运事故责任的原始依据。单证上的批注既证明承运人对货物的负责程度，也直接影响着货主的利益，如能否持提单结汇，能否提出索赔等。各方关系人为了保护自己的利益和划清责任，应妥善保管这些书面文件。对于已经发生的货运事故，如果收货人与承运人不能对事故的性质和损坏程度取得一致时，则应在彼此同意的条件下，双方共同指定检验人对所有应检验的项目进行检验，检验人签发的检验报告是日后确定货损责任的重要依据。

事故的处理和日后的赔偿均是以这些证据或依据为准来确定责任人及其责任程度的，不同事故当事人的责任可以通过实际情况和法律规定进行判断。

1. 托运人的责任

首先，不论是海上货物运输、航空货物运输，还是公路或者铁路货物运输；也不论是单一运输方式的货物运输，还是货物多式联运的组织方式，托运人根据运输合同将货物交付承运人或者多式联运经营人之前所发生的一切货损、货差均由托运人自己负责。

例如，在海上货物运输中，尽管货物运抵了港口，当租船合同使用了 FI 或类似条款时，在货物没有交付给承运人以前，在港期间发生的货物灭失或者损坏，由托运人自己承担损失；此时还可能包括装货所造成的货物损坏或灭失。在集装箱货物运输情况下，拼箱货交至 CFS 前，或整箱货交至 CY 前，所发生的货物损坏灭失，也属于托运人的责任。

当货物交付承运人，货物处于承运人监管下时，也并不是说托运人就能百分之百地免除对货损发生的责任。

例如，由于货物的包装不坚固、标志不清，或由于托运人隐瞒货物种类或者其特性，或潜在缺陷等原因造成货损时，则由托运人负责。在航次租船合同中订立 FIOST 条款的情况下，如果由于积载不当或绑扎不牢，从而造成了货损，根据租船合同的规定也可能由托运人负责。我国《海商法》第 66 条第 1 款规定，"托运人托运货物，应当妥善包装，并向承运人保证，货物装船时所提供的货物品名、标志、包装或者件数、重量或者体积的正确性；由于包装不良或者上述资料不正确，对承运人造成损失的，托运人应当负赔偿责任"。

2. 承运人的责任

货物在承运人监管过程中所发生的货损、货差事故，除由于托运人的原因和不可抗力等原因外，原则上都由承运人承担责任。

承运人管理货物的时间不仅仅指货物装载在运输工具之上的阶段，也可能包括货物等待装运和等待提货阶段。这要由运输合同的条款约定来决定。

在国际海上货物运输中，如果航次租船合同订立了 FIO 条款时，托运人负责装卸港的装卸货操作，包括装卸工人的雇佣，所以，承运人的责任仅限于货物在船舶积载阶段。在海上集装箱货物运输中，如果约定以 CFS 交付货物，则在拼箱作业过程中，或拆箱过程中出现货损也应由承运人负责。而货物在船运阶段，承运人则既有保证船舶适航的义务，还有对货物给予充分保管的义务。即承运人及其雇佣人员在货物的接受、装船、积载、运送、保管、卸船、交付等环节中，对因其疏忽而造成的货损、灭失等，负有损害赔偿责任。

承运人或者代其签发提单或者运单的人，知道或者有合理的根据怀疑提单或者运单记载的货物品名、标志、包数或者件数、重量或者体积与实际接收的货物不符，在签发已装船提单的情况下怀疑与已装船的货物不符，或者没有适当的方法核对提单或者运单记载的，可以在提单或者运单上批注，说明不符之处、怀疑的根据或者说明无法核对。对于承运人在提单或者运单做出保留的单证，承运人可以在做出保留批注的范围内对收货人免除责任。承运人或者代其签发提单或者运单的人未在单证上批注货物表面状况的，表示货物的表面状况良好。在提单或者运单上未做保留的情况下，承运人须向收货人交付与单证记载相符的、表面状况良好的货物，否则，承运人应承担赔偿责任。

在国际海上货物运输中还有一些特别的规定，如国际公约或者一些国家的海商法，包括我国的《海商法》都规定，对船长、船员、引航员或承运人的其他受雇人在驾驶船舶或管理船舶中的航行过失所引起的，或承运人的非故意行为所引起的火灾而带来的货损，承运人可以免责；且还规定了其他因海上固有危险所造成损害的免责事项。根据有关公约、法律和提单上通常记载的免责条款，承运人对以下原因造成的货损事故承担赔偿责任：

（1）船舶不适航造成的损害。

船舶的适航包括两个要件。其一是，船舶的技术状态符合其确定的等级航区；这些技术状态既指船体、船机、属具等设备的状态，也包括船员、航行资料、船舶备品和必要消耗品等的配备状态。其二是，船舶处于适于收受、载运和保管货物的状态。要使货舱及其他载货处适合积载货物，并使其处于良好的保管状态，包装货物安全运达目的港。

保证船舶适航是承运人对货物及托运人应承担的义务。不过，《海牙规则》和一些国家的海商法中规定了"谨慎处理"的条款。条款规定，承运人对船舶的适航已尽了"谨慎处理"，对仍不能发现的潜在缺陷所引起货物的损坏或灭失可以免责。中国《海商法》第50条对此做了相应的规定。但是，在由于没有对适航给予"谨慎处理"，从而未使船舶保持能承受航次中"通常海上危险"的适航能力，而造成货损的情况下，承运人要承担其赔偿责任。在货损发生后，如果不能举证证明已经对船舶的适航性给予了"谨慎处理"，承运人也要承担赔偿责任。

（2）对货物的故意或过失造成的损害。

在货物处于承运人监管期间，包括货物在装船、积载、运输、保管、卸货等各个环节都应尽"谨慎处理"义务，并承担相应的责任。有关公约、法律或提单条款中的"疏忽条款"，仅指承运人对船长、船员、引航员或承运人的受雇人员在驾驶或管理船舶上的行为或疏忽等航行过失所造成的货损，可以免责。而对于商业过失，即有关货物的接受、装船、积载、运送、保管等方面的过失不能免责。因船员或承运人的受雇人员的故意行为所造成的货损，承运人都负有赔偿责任。

3. 第三者的责任

严格讲，在货物的运输过程中，货物仅处于承运人或托运人的监管之下。因此，对于货损事故，尽管确定了是第三者的责任，承运人或托运人都不能免予承担责任。只不过是承运人与托运人在解决完了货损、货差的赔偿问题之后，再根据事故的责任，来确定追究第三方的责任。

在国际海上货物运输中，第三方责任人一般是港口装卸企业，陆路及水路运输企业，第三方船舶、车辆以及仓储企业等。在装卸作业过程中会由于装卸工人操作不当或疏忽致使货物损害；水路运输中会由于驳船方面的原因导致货物受损；陆路运输中也会由于交通事故、管理不善的原因而发生货物灭失。仓储过程中，不良的保管条件、储存环境会使货物变质、失窃，与其他船的碰撞事故也是导致货损的现象之一。理货失误等也会造成货差事故的出现。对于这些损害，承运人和托运人如何分担负责，如何向第三方索赔等事务处理，要根据货损、货差发生的时间和地点而定。

为了确定货损事故的责任方，重要的一点是要首先明确货损发生的阶段。前述的收货单、理货计数单、积载计划、积载检验报告、过驳清单或卸货报告、货物残损单和货物溢短单、检验证书等都是划分船方、托运方、其他第三方责任的必要证据。要根据事故的直接或间接原因确定责任。

总而言之，事故的责任划分，应以货物在谁的有效控制下为准。而且，对于任何货损、货差事故，首先是托运人与承运人之间的赔偿问题的解决，然后才是承运人或托运人与第三方之间的追偿问题。

## 实训技能

1. 实训内容

货代公司对赔偿责任进行划分。

2. 实训目的

通过实训调查使学生了解货运事故处理业务。

3. 实训准备

了解货运事故及索赔的相关知识。把全班学生平均分为小组，分组探讨货运事故处理事项。

4. 实训步骤

步骤一：分析此次货运产生的原因。
步骤二：划分事故责任。
步骤三：分组撰写分析报告。
步骤四：各组选派小组进行交流。
步骤五：教师点评。

5. 实训评价

货运责任划分技能评价表（表8-1）。

表8-1 货运责任划分技能评价表

| 被考评人 | | | | | | |
|---|---|---|---|---|---|---|
| 考评地点 | | | | | | |
| 考评内容 | 货运责任划分 | | | | | |
| | 内　容 | 分值 | 自我评价 | 小组评价 | 教师评价 | 实际得分 |
| 考评标准 | 责任划分清晰 | 35 | | | | |
| | 报告论证充分 | 35 | | | | |
| | 交流中的个人表现 | 30 | | | | |
| 该项技能能级 | | | | | | |

注：（1）实际得分＝自我评价×20%＋小组评价×40%＋教师评价×40%。

（2）考评满分为100分，60～74分为及格，75～84分为良好，85分以上为优秀。

# 任务二 货运事故索赔

**知识准备**

货物运输中发生了货损、货差后，受到损害的一方向责任方索赔和责任方处理受损方提出的索赔要求是货运事故处理的主要工作。货主对因货运事故造成的损失向承运人等责任人提出赔偿要求的行为称为索赔。承运人等处理货主提出索赔要求的行为称为理赔。

## 一、索赔提出的原则和条件

任何诉讼或者仲裁案件通常都是从索赔开始的。索赔时，索赔方坚持实事求是、有根有据、合情合理、注重实效的原则。索赔方应该明白货运事故的索赔应根据运输合同的规定，其索赔对象是运输合同中的承运人。索赔人还应该清楚一项合理的索赔必须具备的条件。

1. 提出索赔的原则

导致货运事故发生的原因多样，其规模和损失事故不同而异。在客观上，认定损失的大小和原因就比较困难；而在主观上，由于托运人或收货人与承运人分别考虑各自的利益，对货运事故原因归结和损失大小更是认知不同，从而难以界定事故的责任，这也是法律诉讼的起因。所以，坚持提出索赔的原则更加重要。

（1）实事求是的原则。

实事求是是双方沟通的基础，也是解决纠纷的关键。实事求是就是根据所发生的实际情况，分析其原因，确定责任人及其责任范围。

（2）有根有据的原则。

在提出索赔时，应掌握造成货损事故的有力证据，并依据合同有关条款、国际公约和法律规定，以及国际惯例，有根有据地提出索赔。

（3）合情合理的原则。

合情合理就是根据事故发生的事实，准确地确定损失程度和金额，合理地确定责任方应承担的责任。根据不同情况，采用不同的解决方式、方法，使事故合理、尽早地得以处理。

（4）注重实效的原则。

注重实效是指货物索赔中应注重实际效益。如果已不可能得到赔偿，而仍然长期纠缠在法律诉讼中，则只能是浪费时间和财力。如果能收回一部分损失，切不可因等待全额赔偿而放弃。

2. 索赔对象的确定

发生货损、货差等货运事故后，通常应根据货物运输合同，由受损方向承运人提出赔偿损失的要求，即索赔对象是承运人，但是，在国际贸易实践中，货物到达收货人手里时，可能发生数量、质量等各种问题。

买方通常应该根据货物买卖合同的规定，向卖方提出索赔的情况主要有：

（1）原装货物数量不足。

（2）货物的品质与合同规定不符。

（3）包装不牢致使货物受损。

（4）未在合同规定的装运期内交货等原因。

以上情况下，收货人（通常是买卖合同中的买方）凭有关机构出具的简单证书，并根据买卖合同有关条款的规定，向托运人（通常是买卖合同中的卖方）提出索赔。

收货人通常应该根据货物运输合同的规定，向承运人提出索赔的情况主要有：

（1）承运人在目的地交付的货物数量少于提单、运单等运输单证中所记载的货物数量。

（2）承运人在运输单证上未对所运输的货物做出保留批注时，收货人提货时发现货物发生残损、缺少，且系承运人的过失。

（3）货物的灭失或损害是由于承运人免责范围之外的责任所致等原因。

以上情况下，收货人、其他有权提出索赔的人凭有关机构出具的鉴定资料，并根据货物运输合同有关条款的规定，向承运人提出索赔。

被保险人通常应该根据货物保险合同的规定，向保险人提出索赔的情况主要有：

（1）承保责任范围内，保险人应予赔偿的损失。

（2）承保责任范围内，由于自然灾害或意外原因等事故使货物遭受损害等原因。

此时，受损方收货人作为被保险人，凭有关证书、文件向保险公司提出索赔。之后，保险公司可根据实际情况，在取得代位求偿权后，向有关责任人索赔。

除上述根据货物买卖合同、运输合同及保险合同可以向不同的责任方索赔外，货主还可能根据其他合同，如仓储合同等，要求责任方承担损失的索赔责任。

**3. 索赔必须具备的条件**

一项合理的索赔必须具备以下四个基本条件。

（1）索赔人具有索赔权。

提出货物索赔的人原则上是货物所有人，或提单上记载的收货人或合法的提单持有人。但是，根据收货人提出的"权益转让书"（Letter of Subrogation），也可以由代位求偿权货物保险人或其他有关当事人提出来的货物保险人或其他有关当事人提出索赔，货运代理人接受货主的委托，也可以办理货运事故的索赔事宜。

在实践中，我国的某些部门和单位还通过委托关系，作为索赔人的代理人进行索赔。如在 CIF 和 CFR 价格条件下，港口的外轮代理公司就可以是受货主委托成为向国外航运公司提出货运事故赔偿的索赔人。

（2）责任方必须负有实际赔偿责任。

收货人作为索赔方提出的索赔应是属于承运人免责范围之外的，或属保险人承保责任内的，或买卖合同规定由卖方承担的货损、货差。

（3）索赔的金额必须是合理的。

合理的索赔金额应以货损实际程度为基础。要注意在实际中责任人经常受到赔偿责任限额规定的保护。

（4）在规定的期限内提出索赔，索赔必须在规定的期限，即"索赔时效"内提出。否则，索赔人提出的索赔在时效过后就很难得到赔偿。

## 二、索赔的一般程序

各种运输方式下进行索赔的程序基本上是相同的，即由索赔方发出索赔通知、提交索赔函，进而解决争议。如果无法解决争议，则可能进入诉讼或仲裁程序。

1. 发出索赔通知

（1）海上货物运输中的规定。

我国《海商法》和有关的国际公约，如《海牙规则》《维斯比规则》《汉堡规则》以及各承运人的提单条款，一般都规定，货损事故发生后，根据运输合同或提单有权提货的人，应在承运人或承运人的代理人、雇佣人交付货物的当时或规定的时间内，向承运人或其代理人提出书面通知，声明保留索赔的权利，否则承运人可免除责任。

关于发出索赔通知的时限，我国《海商法》第 81 条第 1 款规定："承运人向收货人交付货物时，收货人未将货物灭失或者损坏的情况书面通知承运人的，此项交付视为承运人已经按照运输单证的记载交付以及货物状态良好的初步证据。"该条的第 2 款又规定："货物灭失或者损坏的情况非显而易见的，在货物交付的次日起连续 7 日内，集装箱货物交付的次日起 15 日内，收货人未提交书面通知的，适用前款规定。"

《海牙规则》则规定："根据运输契约有权收货的人，除非在卸货港将货物灭失和损害的一般情况，于货物被移交他监督之前或者当时（如果灭失或损害不明显，则在 3 天之内），已用书面通知承运人或其代理人，这种移交便应作为承运人已经按照提单规定交付货物的证据。"

不过，根据规则、法律、国际公约、提单条款及航运习惯，一般都把交付货物时是否提出货损书面通知看作是按提单记载事项将货物交付给收货人的初步证据。也就是说，即使收货人在接受货物时未提出货损书面通知，以后在许可的期限内仍可根据货运单证（过驳清单、卸货记录、货物溢短单或残损单等）的批注，或检验人的检验证书，作为证据提出索赔。同样，即使收货人在收货时提出了书面通知，在提出具体索赔时，也必须出具原始凭证，证明其所收到的货物不是清洁提单上所记载的外表良好的货物。因而，索赔方在提出书面索赔通知后，应尽快地备妥各种有关证明文件，在期限内向责任人或其代理人正式提出索赔要求。

在某些情况下，索赔人在接受货物时可以不提出货损书面通知。例如，货物交付时，收货人已经会同承运人对货物进行了联合检查或检验的，无须就所查明的灭失或者损坏的情况提交书面通知。

（2）国际航空货物运输中的规定。

在国际航空运输中，《海牙议定书》第 26 条规定："关于损坏事件，收件人应于发现损坏后，立即向承运人提出异议，如系行李，最迟应在收到行李后 7 天内提出，如系货物，最迟应在收到货物后 14 天内提出，关于延误事件，最迟应在行李或货物交付收件人自由处置之日起 21 天内提出异议。"

2. 提交索赔申请书或索赔清单

索赔申请书、索赔函或索赔清单是索赔人向承运人正式要求赔偿的书面文件。索赔函的提出意味着索赔人正式向承运人提出了赔偿要求。因此，如果索赔方仅仅提出货损通知而没有递交索赔申请书或索赔清单，或出具有关的货运单证，则可解释为没有提出正式索赔要求，承运人不会受理货损、货差的索赔，即承运人不会进行理赔。索赔申请书或索赔清单没有统一的格式和内容要求，主要内容应包括：

（1）文件名称及日期。

（2）承运人名称和地址。

（3）运输工具名称（如船名、航次、航班号），装/卸货地点（如港口、机场、车站），抵达日期，接货地点名称。

（4）货物名称，提单、运单号等有关情况。

（5）短卸或残损情况、数量。

（6）索赔日期，索赔金额，索赔理由。

（7）索赔人的名称和地址。

对于正式索赔，有一个时效问题。如果提出索赔超过了法律或合同规定的时效，则就会丧失索赔的权利。确定时效时，应当考虑：

（1）检查提单、运单背面的条款，确定适用的法律或公约。

（2）根据适用的法律，确定时效的区间。

（3）索赔接近时效时，是否要求事故责任人以书面形式延长时效。

（4）注意协商延长的时效，是否为适用法律所承认。

3. 提起诉讼或仲裁

因发生货运事故而产生的索赔可以通过当事人双方之间的协调、协商，或通过非法律机关的第三人的调停予以解决。但是，这种协商、调停工作并不能保证出现可预见的解决问题的结果。这样，双方最终可能只有通过法律手段解决争议，也就是要进入司法程序，提起诉讼。另外，双方还可以仲裁解决争议。

法律对涉及索赔的诉讼案件规定了诉讼时效。因此，无论向货损事故的责任提出了索赔与否，在解决问题没有希望的前提下，索赔人应在规定的诉讼时效届满之前提起诉讼。否则，就失去了起诉的权利，往往也就失去了索赔的权利和经济利益。

在国际海上货物运输中，《海牙规则》和《海牙—维斯比规则》关于诉讼时效，规定期限为1年。英国的判例表明，在1年内向有适当管辖权的法院提起诉讼，即可保护时效。但最好是向有最终管辖权的法院提出。我国《海商法》第257条规定："就海上货物运输向承运人要求赔偿的请求权，时效期为一年，自承运人交付或者应当交付货物之日起计算。"

国际航空货物运输中的规定是，除非承运人方面有欺诈行为，如果在前面所述的规定期限内没有提出异议，就不能向承运人起诉。

除通过诉讼途径解决争议外，在当事人双方在合同中事先已经约定或者事后同意的情况下，还可以通过仲裁的手段解决纠纷。仲裁的主要问题包括仲裁协议的有效性、仲裁程序的合法性、仲裁的司法监督等。目前，我国调整仲裁的法律主要是1995年颁布的《仲裁法》。我国海事仲裁的常设机构是中国海事仲裁委员会。

## 三、索赔权利的保全措施

为了保证索赔得以实现，需要通过一定的法律程序采取措施，使货损事故责任人对仲裁机构的裁决或法院的判决的执行履行责任，这种措施就称为索赔权利的保全措施。

实践中，货方作为索赔人采取的保全措施主要是留置承运人的运输工具，如扣船，以及要求承运人提供担保两种等方式。

1. 提供担保

提供担保是指使货损事故责任人对执行仲裁机构的裁决或法院的判决提供的担保。主要有现金担保和保函担保两种形式。

（1）现金担保。

货损事故责任人提供一定数额的现金，并以这笔现金作为保证支付赔偿的担保。现金担保在一定期间内影响着责任人的资金使用，因此较少采用。在实际业务中通常都采用保函担保的形式。

（2）保函担保。

保函担保是使用书面文件的担保形式。保函可由银行出具，银行担保的保函比较安全可靠，保函中一般应包括：受益人，担保金额，造成损失事故的运输工具（如船名及国籍），有效期，付款条件，付款时间和地点。

2. 留置运输工具

在货损事故的责任比较明确地判定属于承运人，又不能得到可靠的担保时，索赔人或对货物保险的保险公司可以按照法律程序，向法院提出留置运输工具的请求，如扣船请求，并由法院核准执行。

扣留运输工具，如船舶，其目的是通过对船舶的临时扣押，保证获得承运人对承运人责任的货损赔偿的担保。这样可避免货损赔偿得不到执行的风险。在承运人按照要求提供保证承担赔偿责任的担保后，应立即释放被扣船舶。

同样，扣船也会带来风险。如果法院判决货损责任不在承运人，则因不正确的扣船而给承运人带来的经济损失，要由提出扣船要求的索赔人承担，同时也会产生不必要的纠纷和负面影响。因此，一些国家，如欧洲大陆国家及日本，规定索赔人提出扣船要求时，必须提供一定的担保作为批准扣船的条件。

## 四、索赔单证

1. 海运中主要的索赔单证

（1）提单正本。

提单既是承运人接受货物的收据，也是交付货物与收货人时的交货凭证，还是确定承运人与收货人之间责任的证明，是收货人提出索赔依据的主要单证。提单的货物收据作用，表明了承运人所收货物的外表状况和数量，交付货物时不能按其提交这一事实本身就说明了货损或货差的存在，提单作为运输合同，规定了承运人的权利义务、赔偿责任和免责项目，是处理承运人和货主之间争议的主要依据。

（2）卸货港理货单或货物溢短单、残损单等卸货单证。

这些单证是证明货损或货差发生在船舶运输过程中的重要单证，如果这些卸货单证上批注了货损或货差情况，并经船舶大副签认，而在收货单上又未作出同样的批注，就证明了这些货损或货差是发生在运输途中的。

（3）重理单。

船方对所卸货物件数或数量有疑问时，一般要求复查或重新理货，并在证明货物溢短的单证上做出"复查"或"重理"的批注。这种情况下，索赔时必须同时提供复查结果的证明文件或理货人签发的重理单，并以此为依据证明货物有否短缺。

（4）货物残损检验报告。

在货物受损的原因不明显或不易区别，或无法判定货物的受损程度时，可以申请具有公正资格的检验人对货物进行检验，在这种情况下，索赔时必须提供检验人检验后出具的"货物残损检验证书"。

（5）商业发票。

商业发票是贸易中由卖方开出的一般商业票据。它是计算索赔金额的主要依据。

（6）装箱单。

装箱单也是一种商业票据，列明了每一箱内所装货物的名称、件数、规格等，用以确定损失程度。

（7）修理单。

用来表明被损坏的仪器设备、机械等成套货物的修理所花费的费用。

（8）有关的文件证明索赔的起因和索赔数目的计算依据。

（9）权益转让证书。

所谓的权益转让，就是收货人根据货物保险合同从保险公司得到赔偿后，将自己的索赔权利转让给保险公司，由保险公司出面向事故责任人或其代理人提出索赔的行为。

权益转让的证明文件就是《权益转让证书》，它表明收货人已将索赔权益转让给了保险公司。保险公司根据《权益转让证书》取得向事故责任人提出索赔的索赔权，并且取得了以收货人名义向法院提出索赔诉讼的权利。

《权益转让证书》的内容包括：收货人将有关其对该项货物的权利和利益转让给保险人；授权保险人可以以收货人的名义向有关政府、企业、公司或个人提出认为合理的赔偿要求或法律诉讼；保证随时提供进行索赔和诉讼所需要的单证和文件。这也约定了被保险人保证向保险人提供索赔中所需各种单证、文件的保证书的义务。

除了以上所述单证外，凡是能够证明货运事故的原因、损失程度、索赔金额、责任所在的单证都应提供。如有其他能够进一步说明责任人责任的证明，如船长或大副出具的货损报告或其他书面资料也应提交。索赔案件的性质、内容不同，所需要的索赔单证和资料也就不同。至于提供何种索赔单证没有统一规定。总之，索赔单证必须齐全、准确，内容衔接一致，不能自相矛盾。

2. 空运中主要的索赔单证

航空货物运输办理索赔时，索赔人也要提供能够证明货运事故的原因、损失程度、索赔金额、责任所在，以及索赔人具有索赔权利的单证，这些单证主要是：

（1）索赔函。

（2）货运单正本或副本。

（3）货物商业发票、装箱清单和其他必要资料。

（4）货物舱单（航空公司复印）。

（5）货物运输事故签证（货物损失的客观详细情况）。

当航空地面代理人在卸货时，发现货物破损，即由航空公司或航空公司地面代理人填写《货物运输事故签证》，这份签证主要是指在目的站的货物出现问题的一个证明。在填写这份签证之前，收货人需要进一步确认内装物的受损程度，可以同航空公司的货运人员共同开箱检查，确认货物的具体受损程度，在开箱检查时，会出现两种情况，一是外包装破损，内装物完好；二是外包装破损，内装物破损，在第二种情况时，又会出现由于货主没有按照航空货物包装的要求来进行包装而导致的货物受损，这种情况就需要货物和承运人共同承担责任。这份证明要客观地描述货物出现问题的状况，尽量不要出现"短少"等模糊性词语。这份签证由航空公司的货运部门签完后，再由收货人签字，其中一份航空公司留存，另一份由收货人留存。

（6）商检证明（货物损害后由商检等中介机构所做的鉴定报告）。

（7）运输事故记录。

（8）来往电传。

## 实训技能

1. 实训内容

广浩货代公司为货主制作索赔申请书。

2. 实训目的

掌握索赔申请书的制作，有针对性地提出索赔。

3. 实训准备

了解索赔申请书所包含的内容。

4. 实训步骤

步骤一：把全班学生平均分为几个小组，以小组为单位，讨论索赔申请书包含的内容与索赔责任的划分，以及索赔函模板。

步骤二：以小组为单位写出索赔申请书。

步骤三：在全班组织召开一次交流讨论会。

步骤四：根据分析报告和个人在交流中的表现进行成绩评估。

5. 实训评价

索赔申请书制作技能评价表（表8-2）。

表8-2 索赔申请书制作技能评价表

| 被考评人 | | | | | | |
|---|---|---|---|---|---|---|
| 考评地点 | | | | | | |
| 考评内容 | 索赔申请书制作 | | | | | |
| | 内　容 | 分值 | 自我评价 | 小组评价 | 教师评价 | 实际得分 |
| 考评标准 | 索赔申请书信息是否详尽 | 80 | | | | |
| | 交流中的个人表现 | 20 | | | | |
| | 该项技能能级 | | | | | |

注：（1）实际得分＝自我评价×20%＋小组评价×40%＋教师评价×40%。

（2）考评满分为100分，60～74分为及格，75～84分为良好，85分以上为优秀。

## 五、拓展训练

某货主委托承运人的货运站装载 1 000 箱小五金，货运站在收到 1 000 箱货物后出具仓库收据给货主，在装箱时，装箱单上记载 980 箱，货运抵进口国货运站，拆箱单上记载 980 箱，由于提单上记载 1 000 箱，同时提单上有加注"由货主装箱、计数"，收货人便向承运人提出索赔，但承运人拒赔。分析回答下列问题

（1）承运人是否是要赔偿收货人的损失，为什么？

（2）承运人如果承担赔偿责任，应当赔偿多少箱？

索赔案例分析　　　索赔函内文

# 参 考 文 献

[1] 中国国际货运代理协会. 国际货运代理理论与实务 [M]. 北京：中国商务出版社，2012.

[2] 朱岩，王贵斌. 国际货运代理理论与实务操作 [M]. 杭州：浙江工商大学出版社，2012.

[3] 陈言国. 国际货运代理实务 [M]. 北京：电子工业出版社，2014.

[4] 张清，皇甫艳东. 国际物流与货运代理 [M]. 大连：东北财经大学出版社，2015.

[5] 郑海棠，王学锋，等. 国际货运代理理论与实务 [M]. 北京：中国商务出版社，2007.

[6] 蒋长兵. 国际物流实务 [M]. 北京：中国物资出版社，2008.

[7] 刘树密. 国际货运代理 [M]. 南京：东南大学出版社，2004.

[8] 陈智刚，张垠，晏威，等. 国际货运代理与报关实务 [M]. 北京：清华大学出版社，2008.

[9] 邓传红. 国际货运代理实务 [M]. 大连：大连理工大学出版社，2009.

[10] 张良卫，朱强. 国际物流实务 [M]. 北京：电子工业出版社，2008.

[11] 孙敬宜. 国际货运代理实务 [M]. 北京：电子工业出版社，2007.

[12] 大学物理编写组. 大学物理 [M]. 天津：天津大学出版社，2005.

[13] 白世贞，李楠. 国际物流与货运代理 [M]. 北京：中国人民大学出版社，2009.

[14] 黄中鼎. 国际物流与货运代理 [M]. 北京：高等教育出版社，2008.

[15] 陶广华，武立波，杨国荣. 国际货运代理 [M]. 北京：高等教育出版社，2010.

[16] 李洪奎，孙明贺. 国际货运代理 [M]. 北京：高等教育出版社，2010.

[17] 安仲文，秦强. 国际货运代理实务 [M]. 北京：对外经济贸易大学出版社，2009.

[18] 张颖，韩丽. 货运代理 [M]. 北京：高等教育出版社，2007.